वोट ले, दरिया में डाल

वोट ले, दरिया में डाल

शरद जोशी

राजकमल प्रकाशन

ISBN : 978-81-267-1953-2

मूल्य : ₹495

पहला संस्करण : 2010
चौथा संस्करण : 2019

प्रकाशक : राजकमल प्रकाशन प्रा. लि.
1-बी, नेताजी सुभाष मार्ग, दरियागंज
नई दिल्ली-110 002

शाखाएँ : अशोक राजपथ, साइंस कॉलेज के सामने, पटना-800 006
पहली मंजिल, दरबारी बिल्डिंग, महात्मा गांधी मार्ग, इलाहाबाद-211 001
36 ए, शेक्सपियर सरणी, कोलकाता-700 017

वेबसाइट : www.rajkamalprakashan.com
ई-मेल : info@rajkamalprakashan.com

मुद्रक : बी.के. ऑफसेट
नवीन शाहदरा, दिल्ली-110 032

VOTE LE, DARIYA MEIN DAL
by Sharad Joshi

अनुक्रम

चुनाव में खड़ा आदमी

आज वे दो वर्ष बाद मुस्कुराए। बल्कि हँसे। वे हँसते नहीं हैं। उन्हें हँसते देखने वाले बहुत कम हैं इस देश में। उनकी पार्टी में कुछ हो सकते हैं जिन्होंने उन्हें हँसते देखा हो। पर चुनाव के इन दिनों में उनके दाँत होंठों की क़ैद से बाहर आए। सूरज की किरण में चमके। उनूकी मुस्कुराहट मानो कोई कम्पनी बोनस बाँट रही हो, दिल और आत्मा पर असर कर रही है। आज उन्हें जनता ने मुस्कुराते देखा। एक फ़ोटोग्राफ़र ने उन्हें हँसते देखा और कैमरा सामने ला अपने कर्तव्य का शटर दबा दिया।

आज नेता महोदय ने पुराना कुरता निकाल कर पहना। उस कुरते का पुराना होना अखरा नहीं। आज उन्होंने एक घिसी हुई, फटी हुई चप्पल पहनी। उन्होंने अपने फूले हुए पैर फटी हुई चप्पलों में फँसा दिये और अपने चुनाव-क्षेत्र के लिए वे घर से निकले।

आज वे कार में नहीं बैठे। कार खड़ी रही, मगर वे नहीं बैठे। आज वे जनता के बीच पैदल चले। जनता को अपने आस पास से हटाने के लिए उन्होंने किसी पुलिस वाले की मदद नहीं ली। आज वे भीड़ से घिरे रहे। आज उन्होंने जनता की ओर ऐसे देखा, जैसे हरी घास की ओर गधा देखता है। उन्होंने हाथ जोड़े और अपनी गरदन को झुकाया। यदि उनका पेट पतला होता तो आज वे अवश्य पूरा झुकते। आज वे प्रणाम कर रहे हैं। उनका नमस्कार सभी तक पहुँच रहा है। उनका नमस्कार एक काँटा है, जो वे बार-बार वोटरों के तालाब में डालते हैं और मछलियाँ फँसाते हैं। उनका प्रणाम एक चाबुक है, हंटर है, जिससे वे सबको घायल कर रहे हैं। उनका यह काँटा, यह चाबुक कितने दिनों बाद पड़ा है!

वे राजमार्गों पर चलने वाले आज गलियों में धँसे। जिस लगन से कोलम्बस अमरीका खोजने निकला था, उसी लगन से वे आज अपना चुनाव-क्षेत्र खोजने निकले। वे हर गली और हर घर में जाना चाहते हैं। वे देखना चाहते हैं कि सब कहाँ हैं। वे सब कहाँ हैं जो यहाँ थे। क्या ये सब वही हैं? क्या ये वैसे और वही हैं जो यहाँ थे? वे जाँच रहे हैं। हज़ारों आँखों के आईने में वे अपने को जाँच रहे

हैं। कई बार वे डर जाते हैं। आईना कहीं धुँधला न हो जाए कि उनकी छवि चमक न सके। वे अपनी मुस्कुराहट के रूमाल से जनता की आँखों के आईने को चमका रहे हैं।

देखो, उन्होंने किसी को पहचान लिया। उन्होंने याद किया और वह उन्हें याद आया। यह उनकी कितनी महानता है कि वे भूले नहीं हैं। उनकी यादों की कचरा-पेटी में इस चुनाव-क्षेत्र का भी स्थान है।

लीजिए, उन्होंने एक बच्चे को उठा कर चूम लिया। चार साल का बच्चा। उनके पिछले चुनाव के बाद जन्मा। उनके वोटों की फुलवारी में नन्हा अंकुर। कल वह बड़ा होगा और उन्हें वोट देगा। उस बच्चे की मुस्कुराहट में उन्हें अपना भविष्य सुरक्षित नज़र आ रहा है। बच्चे को चूम कर वे बच्चे के माता-पिता को प्रभावित कर रहे हैं। लोग देख रहे हैं। राजनीति के कीचड़ के बीच कैसा कमल-सा मन है उनका!

उन्हें आगे बढ़ कर किसी ने हार पहना दिया। उन्होंने वह हार फिर उसे पहना दिया जिसने उन्हें हार पहनाया था। यह हार उनके ही पैसे से ख़रीदा गया है मगर आप भावना देखिए। आज समझ नहीं आ रहा है कि कौन किसका आराध्य है। कौन किसका देवता है। आज भगवान अपने पुजारी की पूजा कर रहे हैं। मुझे बाहर मत निकालो। मुझे फिर से पसन्द कर लो। पुजारी ने मन्दिर के बाहर 'टु लैट', 'किराए से देना है' की तख़्ती टाँग दी है। यह 'रिचुअल' का क्षण है। पुजारी चाहे तो आज अपने मन्दिर में नया देवता बिठा सकता है। देवता नम्र झुका हुआ खड़ा है। वह पुजारी की कृपा का पात्र है। वह चाहे तो देवता को संविधान का मन्दिर वापस मिल जाए। देवता फिर देवता हो जाए, पुजारी फिर पुजारी।

वे धीरे-धीरे बढ़ रहे हैं। जनता की भीड़ के बीच वे हिस्सा-हिस्सा क़िस्तों में बढ़ रहे हैं। वे रेंगते हुए, छूते हुए, धीरे-धीरे बढ़ रहे हैं। वे लोकप्रियता की फ़सल काटने निकले हैं। जनता के खेत में उन्हें लहराते जिस्म दिखाई दे रहे हैं। उनकी आँखें गेंद की तरह यहाँ-वहाँ टप्पा खा रही हैं।

लो, उन्होंने किसी के गले में हाथ डाल दिया। एक युवक है। इस वर्ष वह जीवन में पहली बार वोट देगा। वे उसके गले में हाथ डाले मुस्कुरा रहे हैं।

कुछ महिलाएँ नज़र आईं। सुन्दर, रसीली, भरी-भरी। पर आज? आज वे सब माँ हैं, बहनें हैं, बहू हैं, बेटियाँ हैं। वे आज किसी को बुरी नज़र से नहीं देख रहे। आज वे अपना पशुत्व घर छोड़ आए हैं। राजनीति की धूल झटक आज उन्होंने अपना देवत्व ओढ़ा है। आज वे कितने आदर से महिलाओं को देख रहे हैं!

उन्हें पता लगा कि कोई बीमार है। वे उससे फ़ौरन मिलने गए। उसके पास बैठे, उससे हाल चाल पूछा। चार दिन बाद चुनाव है। उन्हें डर लग रहा है कि उसके पहले उनका वोटर कहीं मर न जाए। वे उसके स्वास्थ्य की कामना कर रहे हैं।

वे सबसे मिलते हुए, रुकते हुए जा रहे हैं। अभी-अभी अनाथाश्रम के बच्चे अपना बैंड बजाते निकल गए। उन्होंने उन अनाथों की ओर नहीं देखा। अभी-अभी एक बस निकली, जिसमें लोग लटके हुए थे। उन्होंने बस की ओर नहीं देखा। अभी-अभी एक लावारिस लाश ठेले पर रखी निकल गई। उन्हें पता भी नहीं चला। वे उसी तरह झुकते, उठते, रुकते, मुस्कुराते, हँसते, गर्दन हिलाते, हार पहनते, बच्चों को चूमते, हज़ारों चेहरों में अपना वर्तमान और भविष्य तलाशते चले जा रहे हैं।

नेतृत्व की ताक़त

नेता शब्द दो अक्षरों से बना है–'ने' और 'ता'। इनमें एक भी अक्षर कम हो, तो कोई नेता नहीं बन सकता। मगर हमारे शहर के एक नेता के साथ अजीब ट्रैजेडी हुई। वह बड़ी भाग-दौड़ में रहते थे। दिन गेस्टहाउस में गुज़ारते, रातें डाकबँगलों में। लंच अफ़सरों के साथ लेते, डिनर सेठों के साथ। इस बीच जो वक़्त मिलता, उसमें भाषण देते। कार्यकर्ताओं को सम्बोधित करते। कभी-कभी ख़ुद सम्बोधित हो जाते। मतलब यह कि बड़े व्यस्त। 'ने' और 'ता' दो अक्षरों से तो मिल कर बने थे। एक दिन यह हुआ कि उनका 'ता' खो गया। सिर्फ़ 'ने' रह गया।

इतने बड़े नेता और 'ता' ग़ायब। शुरू में तो उन्हें पता ही नहीं चला। बाद में सेक्रेटरी ने बताया, ''सर, आपका 'ता' नहीं मिल रहा। आप सिर्फ़ 'ने' से काम चला रहे हैं।''

नेता बड़े परेशान। नेता का मतलब होता है, नेतृत्व करने की ताक़त। ताकत चली गई, सिर्फ़ नेतृत्व रह गया। 'ता' के साथ ताक़त गई। तालियाँ ख़त्म हो गईं, जो 'ता' के कारण बजती थीं। ताज़गी नहीं रही। नेता बहुत चीख़े–मेरे ख़िलाफ़ यह हरकत विरोधी दलों ने की है। इसमें विदेशी शक्तियों का हाथ है। यह मेरी छवि धूमिल करने का प्रयत्न है। पर जिसका 'ता' चला गया, उस 'नेता' की सुनता कौन है? सी.आई.डी. लगाई गई, सी.बी.आई. ने जाँच की, रॉ की मदद ली गई–'ता' नहीं मिला।

नेता ने एक सेठ जी से कहा, ''यार, हमारा 'ता' ग़ायब है। तुम्हारे ताले में से 'ता' हमें दे दो।''

सेठ कुछ देर सोचता रहा, फिर बोला, ''यह सच है कि 'ले' की मुझे ज़रूरत रहती है, क्योंकि 'दे' का तो काम नहीं पड़ता, मगर ताले का 'ता' चला जाएगा, तो 'ले' को रखेंगे कहाँ? सब इनकम टैक्स वाले ले जाएँगे। तू नेता रहे कि न रहे, मैं ताले का 'ता' तो तुझे नहीं दूँगा। 'ता' मेरे लिए बहुत ज़रूरी है। कभी तालाबन्दी करनी पड़ी तो? ऐसे वक़्त तू तो मज़दूरों का साथ देगा। मुझे 'ता' थोड़े देगा।''

सेठ जी को नेता ने बहुत समझाया, ''जब तक नेता रहूँगा, मेरा 'ता' आपके ताले का समर्थन और रक्षा करेगा। आप 'ता' मुझे दे दें और फिर 'ले' आपका। लेते रहिए, मैं कुछ नहीं कहूँगा।''

सेठ जी नहीं माने। नेता क्रोध में उठ कर चले आए।

विरोधी मज़ाक बनाने लगे। अख़बारों में ख़बर उछली कि कई दिनों से नेता का 'ता' नहीं रहा। अगर 'ने' भी चला गया, तो यह कहीं का नहीं रहेगा। ख़ुद नेता के दल के लोगों ने दिल्ली जा कर शिकायत की, ''आपने एक ऐसा नेता हमारे सिर पर थोप रखा है, जिसके 'ता' नहीं है।''

नेता दुखी था, पर उसमें इतनी हिम्मत नहीं थी कि वह जनता में जाए और कुबूल करे कि उसमें 'ता' नहीं है। यदि वह ऐसा करता, तो जनता शायद अपना 'ता' उसे दे देती। पर उसे डर था कि जनता के सामने उसकी पोल खुल गई तो क्या होगा?

एक दिन उसने अजीब काम किया। कमरा बन्द कर जूता में से 'ता' निकाला और 'ने' से चिपका कर फिर नेता बन गया। यद्यपि उसके व्यक्तित्व से दुर्गन्ध आ रही थी, मगर वह ख़ुश था कि चलो, नेता तो हूँ। केन्द्र ने भी उसका समर्थन किया। पार्टी ने भी कहा, ''जो भी नेता है, ठीक है। हम फ़िलहाल परिवर्तन के पक्ष में नहीं।''

समस्या सिर्फ़ यह रह गई कि लोगों को इस बात का पता चल गया। आज स्थिति यह है कि लोग नेता को देखते हैं और अपना जूता हाथ में उठा लेते हैं। उन्हें डर है कि कहीं वह उनके जूतों में से 'ता' न चुरा ले।

पत्रकार अक्सर प्रश्न पूछते हैं, ''सुना, आपका 'ता' ग़ायब हो गया था पिछले दिनों?''

वे धीरे से कहते हैं, ''ग़ायब नहीं हो गया था। वो बात यह थी कि माता जी को चाहिए था, तो मैंने उन्हें दे दिया था। आप तो जानते हैं, मैं उन्हें कितना मानता हूँ। आज मैं जो भी कुछ हूँ, उनके ही कारण हूँ। वे 'ता' क्या, मेरा 'ने' भी ले लें, तो मैं इन्कार नहीं करूँगा।''

ऐसे समय नेता की नम्रता देखते ही बनती है। लेकिन मेरा विश्वास है मित्रो, कि जब भी संकट आएगा, नेता का 'ता' नहीं रहेगा, लोग निश्चित ही जूता हाथ में ले आगे बढ़ेंगे और प्रजातन्त्र की प्रगति में अपना योग देंगे।

उस दिन की दोपहरी

पोलिंग-बूथ की तरफ़ तेज़-तेज़ जाते हुए मुन्नी लाल ने उनकी तरफ़ देखा और बोला, ''काहे वोट-भोट देने नहीं जा रहे?''

''अब जाएँगे, ऐसी जल्दी भी क्या है!'' कहते हुए सिरीराम बाबू अहाते के तारों को पैर से झुलाते खड़े रहे। कब से देख रहे हैं, पोलिंग-बूथ की तरफ़ जाने वालों का ताँता लगा है। 'सो तो होना ही था, चुनाव जो है।' सिरीराम बाबू ने सोचा।

वातावरण में सारी चहल-पहल के बावजूद ख़ामोशी है। सुबह सबसे पहले केसरीमल ने अपनी तरफ़ के चौबीस आदमियों को लाइन में खड़ा कर फटाफट वोट डलवा दिया और उन्हें दुकान पहुँचने को कह स्कूटर पर चल दिया। तब से कभी लाइन 15-25 से ज़्यादा नहीं बढ़ी। नेताओं को फ़िक्र थी कि बाबुओं की बस्ती का वोट किधर गिरेगा।

'वहाँ चाल यह है कि मरद जिधर वोट करेगा, लुगाई उधर ही करेगी।' सुबह-सुबह की सुस्ती से ख़ुद पोलिंग एजेंट हैरान थे। सोचा, लोग नहाने-खाने के बाद आराम से आएँगे। जो भी हो, धीरे-धीरे वोट पड़ रहे थे।

सिरीराम बाबू आँगन की धूप से हट घर में आ गए। पत्नी बरतनों को पल्ले से पोंछती करीने से जमा रही थी। बोले, ''सब वोट देने जा रहे हैं।''

''तुम नहीं जाओगे?'' पत्नी ने पूछा।

''यही सोच रहे हैं, जाएँ, और क्या करें?''

''हो आओ।''

''हूँ। मगर दें किसे, सो समझ में नहीं आ रहा।''

''अब अख़बार तुम पढ़ते हो, कोई हम तो नहीं पढ़ते।'' पत्नी ने कटोरियाँ सजाते हुए कहा।

सिरीराम बाबू चुप सोचते रहे, फिर आईने में अपने दाँत देखने लगे। दो दाँतों के बीच एक काला-सा कण जमा था सो नाख़ून से कुरेद कर फेंक दिया।

जीपों में कुछ राजनीतिक कार्यकर्ता पोलिंग-बूथ पर आए। ''यार, यहाँ बड़ी सुस्ती है। क्या बात है?''

"लोग आ ही नहीं रहे।" जवाब मिला।

"निकालो यार, वोटरों को घर से निकालो।"

चार-पाँच लड़कों का जत्था बना—घर-घर जा कर पूछने के लिए।

"अंकल जी, आपने वोट दिया कि नहीं? दे आइए न! प्लीज़, इसी निशान पर वोट दीजिए।" वे लोग सिरीराम बाबू के यहाँ भी चक्कर लगा गए।

सिरीराम बाबू ने कहा, "खाना खा कर आएँगे।"

पराँठे के साथ भरवाँ बैंगन सिरीराम बाबू की ख़ास पसन्द है। पत्नी जानती है उनकी यह कमज़ोरी। कल सब्ज़ी वाले के पास ताजा बैंगन थे। सोचा, कल वोटिंग के रोज़ छुट्टी रहेगी तो बना देंगे। सुबह-सुबह पहला काम उसने यह किया कि बैंगनों को चीर-काट मसाला भर रख दिया और फिर गई नल का काम निपटाने।

"तुम दोगी वोट?" सिरीराम बाबू ने खाट की रस्सियाँ खींचते हुए पत्नी से पूछा।

"उँहूँ, तुम ही दे आओ।"

"इच्छा हो तो दे आओ, आस पास वालियाँ जा रही होंगी, साथ चली जाओ।"

"अब किसे दें? हमें कुछ पता नहीं, क्या! रहने भी दो।" वह भरा घड़ा उठा मटके में डाल आई।

"किसी को दे आओ!" सिरीराम बाबू बोले।

"अरे, वहाँ कौन खड़ा रहे लाइन में। हमें नहीं देना वोट।"

"लाइन तो होगी। सुबह से सब उधर ही भीड़ लगा रहे हैं।"

"तुम दे आओ।"

"हूँ!" सिरीराम बाबू ने तकिया खाट पर डाला और लेट गए।

फिर पोलिंग-बूथ पर भीड़ बढ़ने लगी। बाबू बस्ती के वे लोग जो घर में बैठे बोर हो चुके थे, अब बूथ के आस पास आ रहे थे। कुछ स्त्रियाँ और ख़ास कर नई दुल्हनें जो मोहल्ले में नई साड़ी के प्रदर्शन के इस अवसर का लाभ लेना चाहती थीं, बूथ तक आईं, लजाती-शरमाती इधर-उधर देखती रहीं और वोट देने के बाद स्याही के निशान को मिटाने का प्रयत्न करती लौट आईं।

"सुनो!" सिरीराम बाबू ने धीरे से कहा।

कोई जवाब नहीं मिला।

"सुनो, क्या कर रही हो?"

"हूँ...क्या है?" पत्नी के उत्तर देने के ढंग से स्पष्ट था कि वह सिरीराम बाबू का आशय समझ गई है।

बाहर के दरवाज़े बन्द थे।

वह धीरे-धीरे पास आई। सिरीराम बाबू ने हाथ खींच कर बिठा लिया।

"वोट देने नहीं जाना है?" वह सिरीराम बाबू के बनियान से खेलती हुई बोली।

"अरे, चले जाएँगे, अभी बहुत वक़्त है।" वह एक चतुर रसीली मुस्कान से पत्नी की तरफ़ देख कर मुस्कुराए।

"अरे, दोपहर को? यह भी कोई बख़त है! कोई आ गया तो?" पत्नी ने हटने का असफल प्रयत्न किया।

"कौन आता है, सब वोट देने गए हैं।"

वह हँसी। एक शरारत-भरी चोरी की कार्यवाही की कल्पना में मग्न।

और वाक़ई दोपहर बाद बाबू बस्ती के पोलिंग-बूथ पर भीड़ एकाएक बढ़ गई। हुआ यह कि मज़दूर-मज़दूरनियों का एक जत्था जो सुबह से चुनाव-केन्द्र तलाश रहा था, दोपहर बाद यहाँ पहुँच गया। कुछ दिन पहले नए क्वार्टर बनाने के लिए पानी की टंकी के पास वाले पूरे मैदान पर बनी झोंपड़पट्टियों को सरकार ने साफ़ करवा दिया था और उन लोगों को एक पहाड़ी के बाजू में जगह दे दी थी। सुबह से वे लोग यह पता लगा रहे थे कि उनके नाम कहाँ हैं। बमुश्किल तमाम दोपहर को कुछ कार्यकर्ताओं की मदद से वे इस बूथ पर पहुँचे। उन लोगों के आ जाने के कारण आख़िरी समय में क्यू बहुत लम्बा हो गया था।

चार बज गए। सिरीराम बाबू के क्वार्टर का नल सूँ-सूँ करने लगा था। पत्नी सोच रही थी कि अब उठना है, बरतन साफ़ करने हैं। पास में सिरीराम बाबू आँखें मूँदे लेटे थे।

"मिसेज दुबे गेहूँ के लिए बोल रही थीं।"

"क्या?" सिरीराम बाबू ने पूछा।

"चार क्विंटल मँगवा रही हैं गाँव से। दो अपने लिए, दो शर्मा जी के लिए। गेहूँ अच्छा है, जैसा पार साल लिया था।"

"गेहूँ तो अच्छा है।"

"कह रही थीं कि लेना हो तो जल्दी बता दें, साथ ही आ जाएगा।"

"गेहूँ तो अच्छा है। अभी तो होंगे दुबे जी घर पर?"

मुँह पर पानी के छींटे डाल वह फुरती से आए और कुरता पहन लिया।

"चाय पी लो, फिर चले जाना!" पत्नी ने कहा।

"दुबे जी अभी मिल जाएँगे, सो कह ही दें उनसे। गेहूँ अच्छा है और सस्ता भी। दो बोरा डलवा लें तो सालभर की बेफ़िक्री हो जाए।" सिरीराम बाबू कहते हुए तेज़ी से घर से बाहर निकले।

"वोट देने नहीं जाओगे?"

"अब छोड़ो, गेहूँ ज़्यादा ज़रूरी है।"

पोलिंग-बूथ पर शायद चहल-पहल अभी भी शेष थी। पत्नी के साथ सुखद दोपहरी बिताने के बाद सिरीराम बाबू सस्ते गेहूँ की तलाश में चले जा रहे थे।

सूअर चले फिर गंगा नहाने

सारे ऊँट पुनः पहाड़ के नीचे आ रहे हैं। हर बार यह अनुष्ठान पाँच वर्ष में होता है, इस बार ढाई वर्ष में हो रहा है। राष्ट्र की यदि यही दशा रही तो प्रतिवर्ष होगा।

घोषणा-पत्र लेखन चल रहा है। खुर्राट ज्ञानी जुटे हुए हैं, भिन्न पार्टियों के कक्ष में। भाषा में झूठ भरने का पर्व है यह। असत्य की स्याही में पद-स्वार्थ की कलम डुबो कर आशावाद के काग़ज़ काले करने का वक़्त फिर आ गया। आओ, फिर साधारण आदमी को धोखे में डालें!

एकाएक कुर्सीहीन, उदास नितम्बों का देश हो गया है भारत। टपकती लार इतनी जल्दी सूख गई। चुभने लगा डनलपपिलो। फिर जाना है। लोगों के ऐन बीच हमें फिर जाना है। कोई बचाओ। कोई बचाओ इन्हें जूता लिए खड़ी भारतीय आत्मा से। इन्हें लोगों के बीच फिर जाना है। ये सीढ़ियाँ तोड़ कर ऊपर चढ़े थे। इन्हें नीचे उतर फिर चढ़ना है।

इस देश का हिमालय कुर्सी है। इस देश का बदरीधाम कुर्सी है। यात्री जा रहे हैं, अपनी-अपनी औक़ात के साथ।

तरकटी पर बैठे मुर्दे वोट माँग रहे हैं। चमचों के कन्धों पर बैठ सारे देश की यात्रा पर चले हैं ये कुर्सी के प्रेत। राम नाम सत्य है। आम नाम सत्य है। जनता नाम सत्य है। समूची वोटर लिस्ट सत्य है। दूध पीने निकले हैं राष्ट्र के चन्दन से लिपटे साँप। पगडंडियाँ तलाश रहे हैं क़स्बों में घुसने की। वादों और इरादों के गलियारे खोजते झूठ के पुराने मसीहा। लोकसभा से मुँह चुराने वाले, न्यायालय से मुँह चुराने वाले। कुर्सी पर बैठने के बाद लगे कलंकों को ढकते ये नंगे फिर आए हैं, लोकतन्त्र से तौलिया माँगने। यदि वोट मिल जाए, तो ये आपके थूक से स्नान कर लेंगे। ये ही वे नपुंसक हैं, जिन्हें गीत गा-गा कर हम सुहाग-कक्ष तक छोड़ कर आए थे। अब फिर आए हैं सेहरा बँधवाने। राजनीति के इन मगरमच्छों को कीचड़ में छप-छप करना ख़ूब आता है। अभी देखना, ये अपनी लीलाएँ फिर चालू करेंगे। आँखों में झोंकेंगे धूल, मारेंगे एक-दूसरे को दुलत्ती। हम बार-बार मूर्ख बनते आए हैं। इस बार फिर बनेंगे। फूलों की डाल इनके हाथों में शस्त्र बन जाती है और ये

उससे ही करेंगे हम पर प्रहार। संविधान इनकी निजी लँगोटी है। उसे अपनी ज़रूरतों के मुताबिक़ ये ढीली कर सकते हैं, कस सकते हैं। आप इन पहलवानों का क्या बिगाड़ लेंगे!

कटते हैं वोटों के जंगल हर बार। जंगल से बनती हैं कुर्सियाँ। इन कुर्सियों पर बैठते हैं पशु। गुर्राते हैं समूचे असभ्य जंगल पर, जिससे मिली हैं कुर्सियाँ और चबाने को हड्डियाँ। हम जो नसबन्दी नहीं करवाते, हम जो शराब पीते हैं, हम जो पौधे नहीं उगाते, हम जो अधिक वेतन माँगते हैं, हम जो इन्तज़ाम चाहते हैं, अपने लिए रोटी और अपने बच्चों के लिए न्याय। गुर्राते हैं हम पर कुर्सी पर बैठे प्रशासन के प्रभु। अपनी भूमि को दुर्गन्धित करते हैं कुकुरमुत्ते। इज़्ज़तदार बँगलों में बैठे कुकुरमुत्ते। बहुत शर्मिन्दा करते हैं, बार-बार देश को। बड़ा नीचा दिखाते हैं यार! गांधी-नेहरू की बातों का इत्र अपने गन्दे मलिन कपड़ों पर डाल नाक-भौं सिकोड़ते हैं हम पर। सदा अपराधी का जीवन जिया है हमने। तीस साल से लगातार हम ही अपराधी रहे हैं। पता नहीं क्यों, हम ही रहते हैं दोषी और ये हमेशा सही। सत्य इनका लौंडा चपरासी है, न्याय इनका कुत्ता है, व्यवस्था इनकी रखैल है। हमेशा ये ही सच हैं और हम ग़लत। हम जनम-जनम के अपराधी, इन्हें ही बार-बार वोट देने के लिए अभिशप्त। हम इस देश में क्या इन चन्द पदलोलुपों और इस क़िस्म के षड्यन्त्र करने के प्रवीण लोगों को ही प्रधानमन्त्री बनाने के लिए जनमे हैं? और कोई लक्ष्य नहीं है हमारे इस जीवन का? इसे या उसे, उसे या इसे। कुत्ता हो गया है देश इन सत्ताधारियों का। मालिक गण पूछ रहे हैं, क्यों यार कुत्ते, इस बार अपनी ज़ंजीर किसके हाथ में देना पसन्द करेंगे? सब ही साहब लोग एक-से हैं। सब ही ने मिल कर कुत्ता बनाया है हमें। किसी के भी हाथ में ज़ंजीर हो, कोई फ़र्क़ नहीं पड़ता। कोई रोटी छीनेगा, कोई गुर्राने का हक़ छीनेगा, कोई लात लगाएगा। किसके हाथों में दें ज़ंजीर? गम्भीर प्रश्न है। दुम दाब कर चिन्तन करना है। ऐसा करें, क्यों न काट खाएँ इन्हें एक बार? निकलें तो गली में। पर कैसे काटोगे भाई, पूँजी के हाथी पर बैठ गुज़रेंगे हर बार की तरह। भूँकते हुए भी परिहास तुम्हारा ही होगा।

इतने साल बाद अब क्या रह गया हमारे पास एक ज़िन्दगी के सिवा! अर्थशास्त्र दलालों के हाथ चला गया, दर्शन उल्लू के पट्ठों के पास, मुज़रा करने वाले इतिहास लिखने के ज़िम्मेदार हैं, कला-संस्कृति सत्ता के भड़वों के पास है, सिद्धान्त टायलेट पेपर हो गए हैं, नपुंसक आत्मकथाएँ डिक्टेट करवाते हैं, सेठों के एजेंट नैतिकता के दावेदार हैं, बेईमानों को व्यवहारकुशल मान लिया गया है, पद पाना राजनीति का परम लक्ष्य है और देश उसका माध्यम है। हम सब माध्यम हैं। लोकतन्त्र ट्रैफ़िक पुलिस है, जो मन्त्रियों की कारों को दिशा देता है। क्या रह गया

हमारे पास एक ज़िन्दगी और एक वोट के सिवा! यह वोट मगरमच्छों का दाना है। पहले इसे खाएँगे, फिर हमें खाएँगे। वे आएँगे और इसे ले जाएँगे। उनका जो भी नाम हो, जो भी झंडा हो, जो भी नारा हो, सब एक ही हैं। अन्तर क्या है? इक्कीस, बाईस, तेईस के अन्तर हैं। इंच-इंच के अन्तर हैं आपस में।

देखिए, यह आया, वह दूसरा आया, वह तीसरा। चले आ रहे हैं ससुर इस-उस दिशा से गंगा को गन्दी कर फिर यहीं स्नान के आकांक्षी। कैसा नज़ारा है, सूअर गंगा नहाते हैं। वाह!

राजनीति

राजनीति के चरित्र में एक ही ख़ूबी है कि उसका कोई चरित्र नहीं होता। न चरित्र होना ही उसका चरित्र है। चरित्रवान लोग जब राजनीति करते हैं, वे निरन्तर अपने को सच्चरित्र और दुश्चरित्र करते हुए एक क़िस्म से चरित्र-रहित हो जाते हैं। व्यक्तित्व जहाँ बेपेंदी के लोटे होने लगते हैं, वहाँ से राजनीति की शुरुआत होती है। राजनीति एक केन्द्रहीन गोल चक्कर या चक्करों का सिलसिला है, जिसका व्यास, परिधि और केन्द्रबिन्दु अनिश्चित होते हैं। दसों दिशाओं में उसकी गति है जो अपने-आपमें दुर्गति है, मगर किया क्या जा सकता है, क्योंकि यही राजनीति है। जहाँ अधोगति अक्सर प्रगति और प्रगति दुर्गति लगती हो, उस बिन्दु को राजनीति कहते हैं। शब्दों के खेल को आगे बढ़ाते हुए कहूँ कि यही उसकी सद्‌गति है।

राजनीति में शब्द झूठ के माध्यम हैं और वे लगातार भार ढोते हैं। राजनीति में शब्द केंचुए का जीवन जीते हैं, जिनकी न रीढ़ होती है और न दिशा। वे लगातार एक ही गन्दगी पर चल रही सक्रियता की पहचान बने लगातार वहीं-वहीं हिलते चलते रहते हैं। राजनीति में शब्द भूसे के ढेर हैं, जिसमें से एक भी दाना नहीं निकलता। दाना सत्य होता है और सत्य का राजनीति में एक सिरे से अभाव होता है। राजनीति में सत्य का झूठ की तरह इस्तेमाल किया जाता है। यदि ज़रूरत हो तो राजनीतिज्ञ सच बोल जाता है, जिससे वह बाद में इन्कार कर देता है कि यह झूठ है। राजनीति में अपना-अपना झूठ ही अपना-अपना सच होता है। दूसरे का सच अक्सर झूठ और अपना झूठ सदैव सच होता है; अर्थात् पता नहीं, क्या झूठ और क्या सच होता है। शब्द इसका भार ढोते हैं। वे नहीं जानते, वे क्या कर रहे हैं, क्या भार ढो रहे हैं।

राजनीति में झूठ बयान की स्पष्टता और गरिमा से सामने आता है। आकाश में बयानों का मेला—जमघट बना रहता है। बयान से बयान टकराते हैं, कई बार दो बयान मिल कर एक हो जाते हैं, कई बार एक ही बयान दो भागों में बँट जाता है और दोनों भाग एक-दूसरे के ख़िलाफ़ बन जाते हैं। बयान होने पर भी निरर्थक होते हैं, निरर्थक होने पर भी बयान होते हैं। अक्सर ख़ामोशी बयान होती है। शब्द

अर्थहीन और अर्थ शब्दहीन हो जाता है। दोनों हीन होते हैं, महीन होते हैं, ज़हीन कभी नहीं होते। आकाश में ऐसे बयानों के जमघट और गरज-तरज से राजनीति चूती है, टपकती है, चुचुआती है। लोग आसमान निहारते रहते हैं। वे छाता लगाए आसमान निहारते हैं। वे पूरी आत्म-सुरक्षा के साथ राजनीति के टपकने, धरती तक आने का इन्तज़ार करते हुए बड़ी प्यासी मुद्रा में पानी पी-पी कर आसमान निहारते हैं और कोसते हैं कि वह नहीं टपकती। सब-कुछ होने पर भी न हो सकने का नाम राजनीति है।

राजनीति एक स्त्री है जो ऐसे सुकोमल बच्चों को जन्म देती है, जो आगे चल कर विषैले साँप और भुजंग बन जाते हैं। हम राजनीति को एक खूसट माँ की तरह देखते हैं, जो अपने इन भुजंगों के सिर पर हाथ फेरती रहती है। राजनीति एक वेश्या है, जिसे हर ग्राहक पतिव्रता समझता है। राजनीति निष्ठावानों और ईमानदारों की मालकिन और बेईमानों और धोखेबाज़ों की दासी है। राजनीति सबकी हो कर भी किसी की नहीं है। रात की पार्टी में आई चालू औरत की तरह वह सबको निकटता का आभास देती हुई वाक़ई निकट हो सकती है, मगर वह उसकी नहीं है जिसके निकट है। राजनीति किसी की नहीं, यों जब जिसकी हो जाए, उसकी है। सब अपनी-अपनी राजनीति लिए घूमते हैं। वे नहीं जानते कि वास्तव में राजनीति उन्हें लिए घूम रही है। राजनीति आपको ऐसा सुख देती है, जैसे वह आपकी गोद में बैठी हो।

राजनीति एक कचरापेटी है, जिसे खुली तिजोरी की गरिमा प्राप्त है। कचरापेटी में जो कचरा है, वह तिजोरी का रत्न कहलाता है। यह कचरापेटी लगातार हिलती रहती है और कचरा ऊपर-नीचे होता रहता है अर्थात् रत्नों के ढेर में रत्न देखे-परखे जाते हैं। जिस रत्न का भाग्य होता है, वह मुकुट पर लग जाता है। मुकुट पहनने वाला पूरा देश यह नहीं जान पाता कि वह सिर पर कचरा रखे है। राजनीति कचरे को रत्न का ग्लैमर देती है। पत्थर-कंकड़ सितारे लगने लगते हैं। और उन्हें बरसों बाद पता चलता है कि उनकी गतिविधियों का स्वर्ग वास्तव में एक विराट कचरापेटी है। सिद्धान्त रंग के डिब्बों का विभिन्न नाम है। राजनीति अलग-अलग रंग के डिब्बों का प्रयोग कर कचरापेटी का सौन्दर्य बदलती रहती है।

राजनीति महायात्रा है। वह कुर्सियों के प्रदेश तक भेड़ियों की महायात्रा है। ये भेड़िये बकरियों और भेड़ों के गाँव में अपनी पगडंडियाँ तलाशते लगातार आगे बढ़ते जाते हैं। जिसके कब्ज़े में जितनी भेड़-बकरियाँ आती हैं, उसकी यात्रा उतनी ही सुखद और सुरक्षित हो जाती है। बकरियाँ एक भेड़िये से पीछा छुड़ा, दूसरे भेड़िये के चंगुल में फँस जाती हैं। राजनीति की महायात्रा में भेड़-बकरियों का यही योगदान है। भेड़िये बढ़ते रहते हैं। एक-दूसरे को चकमा देते, भूलभुलैया में डालते, घायल

करते, नोचते, मारते वे जल्दी-से-जल्दी कुर्सियों के प्रदेश तक पहुँचना चाहते हैं। महायात्रा की अन्तिम मंज़िलों में भेड़िये वेजीटेरियन हो जाते हैं और बकरियों का विश्वास अर्जित करने लगते हैं।

चॉकलेट की कुर्सी है, जिस पर मावे का बँगला बना है और बाहर आइसक्रीम की कार खड़ी है। मंज़िल एक विशाल केक की तरह सामने है। भेड़िये कुर्सी पर चढ़ बँगले में घुस जाते हैं, अन्दर टुकड़ा खाने के लिए बाहर भेड़-बकरियाँ जय-जयकार के नारे लगाती हैं। भेड़िये प्रसन्न हैं, अपनी मंज़िल पर पहुँच कर।

राजनीति ऊष्मा है, गर्मी है, जो चॉकलेट की कुर्सी और मावे के बँगले को पिघला देती है और चाटता हुआ, मुँह पोंछता हुआ भेड़िया फिर लपलपाती निगाहों से बकरियों की ओर देखता नज़र आता है। अपने उच्चतम रूप में राजनीति सिर्फ़ इतनी है।

समाजवाद : एक उपयोगी चिमटा

मुख्यमन्त्री तीन क़िस्म के होते हैं—चुने हुए मुख्यमन्त्री, रोपे हुए मुख्यमन्त्री और तीसरे वे, जो इन दोनों की लड़ाई में बन जाते हैं। चुने हुए मुख्यमन्त्रियों की तीन जात होती है : एक तो क़ाबिलीयत से चुने जाते हैं; दूसरे वे, जो गुट, जाति, रुपयों आदि के दम पर जीतते हैं और तीसरे वे, जो कोई विकल्प न होने की स्थिति में चुन लिए जाते हैं। जैसे एक ज़माने में राजा नरेशचन्द्र सिंह हो गए थे। रोपे हुए मुख्यमन्त्री दो तरह के होते हैं। एक तो जो जड़ें जमा लेते हैं और दूसरे वे, जो उखड़े-उखड़े रहते हैं। जो भी हो, वे होते रोपे हुए ही हैं। जब तक प्रदेशों की राजनीतिक मिट्टी नरम होती है, हवा आर्द्र, तब तक वे पनपते हैं। मिट्टी के सख़्त होते ही, असहनीय रूखी हवा चलते ही वे बेसहारा हो जाते हैं। यह उनकी जड़ों का परीक्षा-काल होता है, दिल्ली द्वारा बुरकी गई खाद की जाँच हो जाती है। 'नाई-नाई बाल कितने?' समक्ष प्रस्तुत हो जाते हैं।

हर मुख्यमन्त्री दो जगह नज़रें गड़ाए रहता है। एक प्रशासन पर, दूसरे संगठन पर। वह प्रशासन के सिर चढ़ संगठन पर रौब ग़ालिब करता है ताकि संगठन के सिर पर बैठ प्रशासन में बना रहे। प्रशासन की दो क़िस्में होती हैं : एक चुस्त प्रशासन, दूसरा ढीला-ढाला। वास्तव में ये दोनों एक ही क़िस्में होती हैं। मुख्यमन्त्री जब आता है तब वह कहता है कि प्रशासन ढीला और गड़बड़ है। जब वह कुछ दिनों मुख्यमन्त्री रह लेता है, तब वह कहता है कि प्रशासन अब चुस्त और सक्षम है। जब वह जाने लगता है तब सब कहते हैं कि प्रशासन ढीला था, अक्षम था। प्रशासन वही होता है जो होता है, जब वह ढीला होता तब भ्रष्ट होता है। जब चुस्त होता है तब अधिक भ्रष्ट होता है। प्रशासन में चुस्ती की हवा बनाने पर पैसा खाने वाला अफ़सर अपने रेट बढ़ा देता है, क्योंकि वह स्पष्ट कहता है कि प्रशासन चुस्त है, अतः काम कराना कठिन है।

अफ़सर कई क़िस्म के होते हैं। कुछ बिलकुल नहीं खाते, कुछ बिलकुल खाते हैं, कुछ कभी-कभी खाते हैं, कुछ स्वयं नहीं खाते, अपने भ्रष्ट मातहतों द्वारा बटोरी रिश्वत से अंश लेते हैं। शासन यही सब होता है जिसके सम्मान की रक्षा करना

मुख्यमन्त्री अपनी नैतिक ज़िम्मेदारी मानते हैं। संगठन प्रभावित होता है। मगर जब तक होना होता है तभी तक होता है। एक दिन वह होना बन्द कर देता है। संगठन वाले प्रशासन को अक्षम, अयोग्य घोषित करने लगते हैं और मुख्यमन्त्री की टाँग खींचने लगते हैं। प्रशासन तटस्थ दर्शक की मुद्रा अख़्तियार कर लेता है। संगठन में कुछ समाजवादी होते हैं, कुछ उनसे ज़्यादा समाजवादी होते हैं, शेष उनसे ज़्यादा समाजवादी होते हैं। अतः हर टक्कर समाजवाद बनाम समाजवाद की टक्कर होती है। जनता समझती है–हमारी इसी में भलाई है। वह अख़बार पढ़ती है।

समाजवाद सबका सहारा है। वह उखड़ने वाले मुख्यमन्त्री का अन्तिम सहारा है, उखाड़ने की कोशिश करने वालों का वही शस्त्र है। पिछले वर्षों में पदाभिलाषी नेता कुर्सी के लिए लड़ते थे। आजकल बेहतर समाजवादी बेहतर समाजवाद के लिए लड़ते हैं। रोपा हुआ मुख्यमन्त्री समाजवाद में स्थायित्व टटोलता है। उखड़ा हुआ मुख्यमन्त्री समझता है कि उसके बाद समाजवाद क्यों आने लगा। समाजवाद बहुत क़िस्मों का होता है, मगर सारी क़िस्मों की एक विशेषता होती है, वह निरन्तर आता रहता है। आते रहने की सूचना समाजवाद की एकमात्र पहचान है। आ रहा है! वह सिनेमा नहीं जो एक दिन वाक़ई शहर में लग जाए। वह आता रहता है। मुख्यमन्त्री, संगठन, प्रशासन उसे बुलाते रहते हैं। असली लड़ाई समाजवाद लाने की नहीं, समाजवाद को बुलाते रहने के अधिकार की लड़ाई है। दोनों पक्ष बुलाना चाहते हैं। बाभन, बनिया, ठाकुर–सब समाजवाद बुला रहे हैं। कान्यकुब्ज, ग़ैर-कान्यकुब्ज–सभी चाहते हैं कि हम उसे बुलाएँ। घनघोर सद्भावना है!

समाजवाद के कई अर्थ होते हैं। एक राजनीतिक अर्थ होता है, एक प्राइवेट और गुट का अर्थ होता है। शब्द सबका होता है, अर्थ अपना होता है। यह नारा है, सहारा है, दाँव-पेंच है, प्राइवेट कोशिश है। मुंडे-मुंडे समाजवाद भिन्न होता है। यह पोस्टर है, डंडा है, कीचड़ है। समाजवाद ब्रह्म है या किसी और ब्रह्म की महामाया है। सबसे लिपटा हुआ है। बहुअर्थी है, बहुस्वार्थी है। वही जमता है, वही उखड़ता है। वही जीता है। वही खाता है। वही आसान है, वही ॐ फट् है!

प्रान्तीय राजनीति के कनकटे जोगी चिमटा लेकर खड़े हो गए हैं। ओम् ह्रीं क्लीम् समाजवाद जयते! समाजवाद को ख़तरा है, अतः मारो समाजवाद को। वही मारा जाएगा जो अमर है। वे चिमटे ले टूट पड़े हैं एक-दूसरे पर।

चुनाव : एक मुर्ग़ाबीती

दड़बे से बाहर आ उसने अपनी दाहिनी आँख आसमान पर फेरी तो झाग जैसे बादल घिरे हुए थे। वातावरण ठंडा था जिसमें कीड़े गर्मी पाने की बेमतलब चेष्टाएँ करते हैं। पंडित अपनी कोठरी के घुप्प अँधेरे में चालीसे का पाठ कर रहा था और पंडिताइन के चेहरे पर स्मृतियों वाली नींद बकाया थी।

मुर्ग़े ने धीरे से कूँ-कूँ करके अन्दर बैठी अपनी आलसी मुर्ग़ी को पुकारा जो अंडा देने के बाद उठी दार्शनिक गुत्थियाँ सुलझा रही थी। जैसे दो बच्चे होने के बाद आज की बहुओं में चंचलता नहीं रहती, वैसा ही कुछ यह मुर्ग़ा अपनी मुर्ग़ी में अनुभव करने लगा है। शायद, यह वातावरण का प्रभाव हो या मौसम का हो।

धीरे-धीरे क़िल्गी हिलाता, कूल्हे ठुमकाता, वह अपने परिचित टीले की ओर चला जहाँ उसे रोज़ धूप और ताज़े दाने मिल जाते थे। क़िल्गी कँपा जब उसने बाँग लगाई और सामने दीवार को देखा तो देखता रह गया।

एक पोस्टर पर मुर्ग़े की तस्वीर बनी हुई थी और नीचे लिखा था : 'को वोट दो।' देख मुर्ग़ा हैरान हो गया। उसके साथ यह क्या मज़ाक किया जा रहा है? किस बदतमीज़ ने फ़ोटो निकाल चिपकाया है यहाँ? बिलकुल उसी का है। वैसे ही पंख, वैसे ही पैर, वही क़िल्गी। फिर नीचे लिखा है : 'को वोट दो।' यह वोट क्या होता है? मुर्ग़े ने चीख़ कर अपनी धर्ममुर्ग़ी को बुलाया। वह पतिव्रता की फुर्ती से दौड़ती आई और प्रश्नवाचक पोज़ में खड़ी हो गई।

"देख रही हो, यह क्या है?"

"तुम्हारी तस्वीर है।" फिर लजाते हुए बोली, "अच्छी है।"

"अच्छी तो है, पर किसने लगाई?" वह चिल्लाया।

मुर्ग़ी काँप उठी, "मैंने नहीं लगाई।"

"यह तो मैं भी जानता हूँ, और इसके नीचे यह क्या लिखा है?"

मुर्ग़ी ने सिर झुका लिया।

"निरक्षर भट्टाचार्य! अरे इसके नीचे लिखा है : 'को वोट दो।' "

"वोट क्या होता है?" मुर्ग़ी ने फिर प्रश्नवाचकी पोज़ लिया।

मुर्ग़ा सोच में पड़ गया, फिर बोला, "शायद कोई दवाई होती है जिसके दिये जाने से तुम अंडे अधिक दे सकोगी।"

"ऊँह, मैं कोई कम अंडे दे रही हूँ! दवाई की क्या ज़रूरत है?" वह तुनक चली।

"अरे, ठहरो भी, मैं मज़ाक कर रहा था।"

"फिर बताओ, वोट क्या होता है?"

"मुझे नहीं पता, पर यह है ख़तरा ही।"

"नहीं-नहीं, ऐसा मत कहो।" मुर्ग़ी अपीली।

"और नहीं, तो क्या होगा यह? तुम समझती हो, मनुष्य कभी मुर्ग़े को समझ सकेगा, उसका सम्मान कर पाएगा? उसे तुम्हारे अंडों से मतलब है, मेरी गर्दन पर किसी भी क्षण छुरी फेर सकता है।"

मुर्ग़ी रुआँसी हो गई। अपने पति के मुँह से उसने ऐसी बातें कभी नहीं सुनी थीं। इतना वह समझ गई कि आज का बादल ढका दिन बड़े अपशकुन लेकर आया है।

मुर्ग़े ने देखा, दो व्यक्ति उसकी तस्वीर देख आपस में बातें कर रहे हैं। वह ध्यान से सुनने लगा।

"तुम दोगे मुर्ग़े को वोट?"

"अवश्य दूँगा। और तुम?"

"मैं तो मुर्ग़े को वोट देने के ज़रा भी पक्ष में नहीं हूँ।"

मुर्ग़ा-मुर्ग़ी एक-दूसरे की ओर डर कर देखने लगे।

"इसका अर्थ है कुछ मनुष्य हमें वोट देना चाहते हैं और कुछ नहीं। पर इस खींचतान में हमारी बड़ी छीछालेदर होगी।" मुर्ग़े ने लम्बी साँस खींची, "देखो, ज़माना क्या-क्या दिखाता है!"

वे कभी मनुष्यों की बातों में रुचि नहीं लेते, पर अब परिस्थितियाँ बदल गई थीं। मुर्ग़ा जहाँ चार लोग खड़े देखता, चुगने का बहाना कर पहुँच जाता और ध्यान से सब सुनता। मुर्ग़ी डर के मारे कहीं नहीं जाती। सहमी-सहमी अपने दड़बे में बैठी रहती—अब क्या होगा?

उस दिन मुर्ग़ा परेशान लौटा और मुर्ग़ी से बोला, "रानी, और चार दिन हैं, हम एक-दूसरे को देख लें, प्यार कर लें, गुरुवार को वोट पड़ेंगे।"

"क्या कह रहे हो?"

"ठीक कह रहा हूँ। गली के कोने में सभा हुई थी जिसमें एक व्यक्ति कह रहा था—याद रखें, आपको गुरुवार के दिन मुर्ग़े को वोट देना है।"

इधर एक जुलूस नारे लगाते निकला, "वोट किसको दोगे?"

"मुर्ग़े को!"

मुर्ग़ा-मुर्ग़ी दुबक कर दड़बे में घुस गए। वे थर-थर काँपने लगे और एक-दूसरे से सट कर बैठ गए।

जुलूस आगे बढ़ गया। आवाज़ हल्की होते-होते मुहल्ले के कोने में पूरी तरह फेड ऑफ़ हो गई। कुछ देर बाद मुर्ग़े ने बाहर गर्दन निकाली। वातावरण ठीक था। मौत का रेला निकल गया था।

गुरुवार का दिन। नहीं, पहले बुधवार की रात।

दोनों सो नहीं सके। आकाश में चुनाव का काला भय फैल रहा था। आँसू डूबी आँखें एक-दूसरे को देख रही थीं।

"कहीं भाग चलें चुपके से?" मुर्ग़ी ने सुझाया।

"मुर्ग़े कभी परिस्थितियों से भागे हैं! फिर मैं क्यों भागूँ? कल सारी दुनिया वोट देगी। हम भाग कर कहाँ जा सकेंगे?"

रात भर मुर्ग़ी मनाती रही–हे राम, हमें इस वोट से बचा!

सूरज उगा, किरण बही, चालीसा फूटा, पंडिताइन जगीं, बड़े बाबू की पत्नी ने बच्चे नाली के पास बिठाए, इधर आदमियों की हल चल आरम्भ हुई। कई बार बातचीत के टुकड़े सुनने को मिले।

"किसे दिया वोट?"

"मुर्ग़े को।"

"मैं भी मुर्ग़े को ही दूँगा।"

मुर्ग़ा बोला, "मेरे सामने तो कोई वोट जैसी चीज़ नहीं आई, यह क्या मज़ाक है, धोखेबाज़ी है, षड्यन्त्र है!"

वह बाहर निकला। मुर्ग़ी ने रोकना चाहा पर नहीं रुका। ज़ोर से बाँग लगाई, "मैं यहाँ हूँ, कुकड़ूँ-कूँ!"

कोई उत्तर नहीं।

हल चल बनी रही। मुर्ग़ा उसे वोट डाले जाने की बात सुनता रहा और नासमझ परेशानी में मुहल्ले के एक कोने से दूसरे कोने तक घूमता रहा। "क्या है वोट, मुझे कहाँ मिल रहा है? यह आदमियों का पागलपन है या धोखेबाज़ी!"

मुर्ग़ी भी खीज गई थी। भूखे, दानों की ओर से लापरवाह, दोनों इधर-उधर भागते रहे। शाम तक लोगों की बातचीत चलती रही। फिर शोर-शराबा बढ़ने लगा। इन दोनों ने सुना कि मुर्ग़े को ही सबसे अधिक वोट मिले हैं और ये विरोध में चिल्लाने लगे।

सारे मुहल्ले में ख़ुशी की हुड़दंग मच रही थी। उन जागीरदार साहब के यहाँ जिनके ये मुर्ग़े-मुर्ग़ी हैं, जश्न की तैयारियाँ हो रही थीं। क्योंकि वे चुनाव में जीतने

वाले थे। आज उनके चुनाव-चिह्न मुर्ग़े को सबसे अधिक वोट पड़े। उनके सारे चमचे पार्टी माँग रहे थे।

साँझ हो गई। मुर्ग़ा-मुर्ग़ी थक कर अपने दड़बे के पास आ गए। मुर्ग़ा हैरान था अभी तक और मुर्ग़ी कह रही थी कि भगवान का शुक्र है। तभी वह भोंडी शक्ल वाला ख़ानसामा आया और मुर्ग़े को टाँगों से पकड़ उलटा लटका जागीरदार साहब के पिछवाड़े की ओर ले गया।

मुर्ग़ी पीछे भागी। मुर्ग़ा चिल्लाया, ''क्या यही वोट है? क्या कर रहे हैं? क्या कर रहे हैं?''

किसी ने नहीं सुना। रात तक उसका मसालेदार इलेक्शन कर दिया और सजा कर प्लेटों में रख दिया गया। सारी रात मुर्ग़ी रोती रही और वोट को गाली देती रही।

अभी वह पोस्टर फटा नहीं है। रोज़ सुबह मुर्ग़ी कूड़े के ढेर के पास आती है, पोस्टर पर लगी मुर्ग़े की स्वस्थ तस्वीर की ओर देख जाने किस ख़याल में डूब जाती है।

हमारे शहर में चुनाव

अख़बारों में जो ख़बर छपी थी कि हमारे शहर में पोलिंग उत्साह से हुआ, वह सही ख़बर थी। मैं गवाह हूँ कि लोगों में उत्साह था। हमारे शहर के लोग नागरिक ज़िम्मेदारियों के काम आमतौर पर नहीं करते और यदि करना पड़ ही जाए तो उसमें हल्की-सी शर्म अनुभव करते हैं। इसीलिए मुझे शक था कि हमारे यहाँ मतदान कम होगा या होगा ही नहीं क्योंकि लोगों के पास दीगर ज़रूरी काम हैं, वे उन्हें करेंगे या मतदान करेंगे? मगर बात उलटी हुई। मतदान के मामले में ऐसा उत्साह देखा गया जैसा कि हड़ताल के वक़्त होता है। ताज्जुब नहीं, कुछ लोग इस सिलसिले में जल्दी सुबह उठ गए हों, जैसा कि आमतौर पर नहीं होता। लोगों ने मुझे बताया कि आज मतदान केन्द्र पर सुबह से भीड़ लग गई। ऐसा हमारे शहर में तभी होता है जब नई पिक्चर लगी हो। लोग खिड़की खुलने के पहले जाकर डँट जाते हैं। मुझे पता लगा कि मतदान केन्द्रों पर भीड़ है तो मैंने सोचा, चक्कर लगा कर देखा जाए। जब मैं घर से निकला तब मुझे कुछ लोग मतदान केन्द्र से वापस आते नज़र आए। वे मेरे यार अपना वोट डाल आए थे। हमेशा होता यह है कि लोग, ख़ास कर हमारे शहर के लोग, दोपहर तक इस टोह में इधर-उधर भटकते रहते हैं कि पता लगे, कौन जीत रहा है। अगर उन्हें पता लग जाए कि कांग्रेस जीत रही है तो वे कांग्रेस को वोट डाल आते हैं और अगर उन्हें पता लगे कि जनसंघ जीत रही है तो वे जनसंघ को वोट डाल आते हैं। इससे वे कभी ग़लत नहीं होते; अर्थात् जिसे वोट देते हैं, वह जीत जाता है और जो जीत जाता है, वे उसी को वोट देते हैं।

मैं सारा दिन यहाँ-वहाँ घूमता रहा और लोगों की भीड़ देखता रहा और परिचितों से बातें करता रहा। यों आमतौर पर बहुत ख़ामोशी का वातावरण था, एक हद तक तिलस्मी। मगर उस बीच में कुछ मज़ेदार किस्से सुनने को मिले।

हमारे शहर के एक पोलिंग बूथ के पास एक भिखारिन कटोरा लिये खड़ी थी और कह रही थी, ''भगवान के नाम पर एक वोट मुझे भी मिल जाए।'' मैं क़रीब से गुज़र गया और मुझे समझ में नहीं आया, मगर बाद में ठिठक कर मैंने सुना कि वह यही कह रही है। मैंने उससे रुक कर पूछा कि तू वोट क्यों माँग रही है? वह

मुझसे भी वोट माँगने लगी। मैंने फिर पूछा और उसे समझाया तो बोली कि सुना, लोग आज वोट दे रहे हैं। तो भैया, एक वोट मुझ ग़रीब को भी मिल जाए। भगवान तेरी आस-औलाद सुखी रखे। बड़ी अजीब स्थिति थी। मैंने उससे कहा कि माँगना बेकार है। तुझे कोई वोट नहीं देगा, तो वह कहने लगी कि मुझे एक वोट ही तो चाहिए। जब उसे बताया कि कोई तुझे वोट नहीं देगा तो वह बड़ी निराश हो गई, जैसे चुनाव में खड़ी हुई हो! मैं उसे समझा कर आगे बढ़ गया मगर मैंने देखा कि वह फिर कोशिश में लग गई–भगवान के नाम पर एक वोट मुझे भी मिल जाए, अन्धी-लूली पर दया करो भगवान।

दोपहर को पोलिंग बूथ पर मुझे एक विचित्र शख़्स मिला जो अपनी बात पर अड़ा हुआ था। वह लोगों से पूछ रहा था कि 'श्रीमती इन्दिरा गांधी कहाँ हैं? मैं उन्हें वोट देना चाहता हूँ।'

"वे यहाँ नहीं हैं।"

"फिर क्या किया जाए, मैं उन्हें वोट देना चाहता हूँ।"

"वे नहीं हैं तो क्या हुआ, उनकी पेटी तो है।" एक ने समझाया।

"अगर उनकी पेटी यहीं है तो वे ज़रूर लौट कर यहाँ आएँगी। मैं इन्तज़ार कर लेता हूँ। कहाँ गई हैं?" वह बोला।

"वे नहीं आएँगी।"

"क्यों, उनकी पेटी तो यहीं है?"

वह इसी तरह अजीब-सी बातें करता रहा और बड़ी मुश्किल से तैयार हुआ कि इन्दिरा गांधी का वोट उनकी पेटी में डाल दिया जाए। बाहर आने पर फिर वह लोगों से निवेदन करता रहा कि उस पेटी को, जिसमें उसने वोट डाला है, श्रीमती गांधी को भिजवा दिया जाए।

एक पोलिंग बूथ पर एक नव-विवाहित युवक अपनी नवेली को लेकर आया और रिटर्निंग ऑफ़िसर से कहने लगा कि मेरी पत्नी भी वोट डालना चाहती है।

"वोटर लिस्ट में नाम है?" अफ़सर ने पूछा।

"जी नहीं, मगर यह कह रही है कि मैं भी वोट डालूँगी।"

"यह कैसे हो सकता है?"

"मैंने इसे कहा मगर यह मानती नहीं है।" वह युवक बोला।

अफ़सर ने दुल्हन से बात की, "देखिए, आपका नाम लिस्ट में नहीं है, आप वोट नहीं दे सकतीं।"

दुल्हन कुछ लजाई खड़ी रही, फिर एकदम फूटी, "पाँच-दस रुपया खरच हो जाए, कोई बात नहीं मगर हमारा वोट करवा दो?"

अफ़सर हँसा, फिर बोला, "क्या उम्र है आपकी?"

दुल्हन ने लजा कर अपने साजन की तरफ़ देखा।

"सोलह साल। अभी शादी हुई, आठ-दस दिन हुए।"

"आप बहुत छोटी हैं। इक्कीस साल की होतीं तो वोट करतीं।" अफ़सर ने कहा।

"इक्कीस साल की होती तो मैं शादी ही नहीं करता इससे। मैं ख़ुद इक्कीस का हूँ।" लड़का बोला।

"आप हमें एक वोट देने दीजिए। आप जिसे कहेंगे, हम उसे वोट कर देंगे, मगर हमारा वोट करवा दीजिए।" दुल्हन फिर बोली।

काफ़ी देर यह चलता रहा क़िस्सा। दुल्हन रूठी, दूल्हे ने मनाया, अफ़सर ने समझाया और वे लोग बड़ी कठिनाई से रवाना हुए। दुल्हन क्रोध में थी और दूल्हा उसे समझाता जा रहा था।

मैं अस्पताल के पास से गुज़रा तो वहाँ लोग एक डॉक्टर की प्रजातन्त्र के प्रति कर्तव्यनिष्ठा की दाद दे रहे थे। वे बता रहे थे कि डॉक्टर साहब ऑपरेशन छोड़ कर वोट डालने गए। उन्होंने बीच ऑपरेशन में कहा कि 'मेरा पहला दायित्व प्रजातन्त्र के प्रति है,' और कैंची मरीज के पेट में छोड़ वोट डालने चल दिए।

"मरीज मरा नहीं?"

"नहीं। इस बार पोलिंग बूथ क़रीब बने हैं। डॉक्टर साहब वोट देकर आए और फिर ऑपरेशन करने लगे।"

"इसे कहते हैं प्रजातन्त्र के प्रति निष्ठा। पहले प्रजातन्त्र, सब चीज़ें बाद में।"

मैं यहाँ-वहाँ घूम रहा था और चुनाव के दृश्य देख रहा था। डॉक्टर के प्रजातन्त्र प्रेम से मुझे भी प्रेरणा मिली और मैं अपने पोलिंग बूथ पर वोट डालने आया। वहाँ मुझे अपने मोहल्ले के विषय में ख़बर मिली कि वहाँ क़रीब सब वोट डाल चुके हैं इन्दिरा जी के नाम पर और सत्ता कांग्रेस के उम्मीदवार से समाजवाद वसूलने के चक्कर में उसके बँगले की तरफ़ गए हैं।

उस शाम सत्ता कांग्रेस के उम्मीदवार के बँगले पर बड़ी भीड़ थी। लोग आकर उसे बताते कि हमने तुम्हें वोट दे दिया है मगर अब जल्दी से इधर समाजवाद भेजना, तुम आज रात की गाड़ी से दिल्ली जाओ और यहाँ समाजवाद भिजवाओ। कुछ लोग जो दादा क़िस्म के थे उसे धमकी भी दे गए कि अगर जल्दी समाजवाद नहीं लाकर दिया तो तुम्हारा सिर तोड़ देंगे।

हमारे शहर के लोग अजीब हैं और ख़ास कर मेरे मोहल्ले के। काफ़ी रात तक हमारे मोहल्ले के चौराहे पर चुनाव की ही बातें करते रहे। उसमें एक ने बताया कि आज एक मुर्दे ने वोट दिया। क़िस्सा यों था कि कुछ लोग एक मुर्दे को तरकटी (अर्थी) पर रखकर श्मशान की ओर जा रहे थे। जब वे अपने क्षेत्र के पोलिंग बूथ

के पास से गुज़रे तो मुर्दा एकाएक उठ बैठा और कहने लगा—मैं जनसंघ को वोट दूँगा। लोगों ने तरकटी उतारी, मुर्दा उठ कर मतदान केन्द्र के अन्दर गया और वोट देकर फिर तरकटी पर लेट गया। इस बार वह वाक़ई मर गया। लोगों ने तरकटी उठाई और उसे श्मशान की ओर ले गए।

कुछ लोग कहने लगे कि यह गप्प है। इस पर झगड़ा हो गया जो काफ़ी रात तक चलता रहा। जिस शख़्स ने यह क़िस्सा सुनाया था, वह मानने को ही तैयार नहीं था कि यह गप्प है। मैं कुछ देर खड़ा रहा फिर चला गया। पता नहीं, वे कब तक झगड़ते रहे। हमारे यहाँ इसी तरह कुछ-न-कुछ चला करता है।

दूसरे दिन सुबह मुझे मुहल्ले के एक व्यक्ति ने बताया कि वह वोट नहीं दे सका क्योंकि वह दिन भर सोता रहा। उसका नियम है कि वह सरकारी छुट्टी के दिन जमकर सोता है।

चुनाव के कारण सरकार ने छुट्टी रखी थी उस दिन सो वह तानखूँटी सोता रहा। वह अफ़सोस कर रहा था कि वह उस निर्दलीय प्रत्याशी को वोट नहीं दे सका जिसे वह देना चाहता था। मगर क्या किया जा सकता था! यदि वह जागता भी रहता तो विशेष अन्तर नहीं पड़ता क्योंकि चुनाव-परिणाम निकलने पर पता लगा कि वह निर्दलीय प्रत्याशी कई हज़ार मतों से हारा है। हमारे शहर के बारे में यह बात सही है कि जो सोवत है वह कुछ ख़ास नहीं खोवत और जो जागत है वह कछु ख़ास पावत भी नाहीं। फिर भी यह कह सकते हैं कि पोलिंग उत्साह से हुआ।

उपेक्षित अंकल-सा जीवन

कहते हैं, भारतीय राजनीति और प्रशासन में अब युवकों का बोलबाला रहेगा। अड़ियल घोड़े की लगाम नौजवान थामने वाले हैं और न केवल अब घोड़ा सरपट भागेगा मगर जिस दिशा में नौजवान दौड़ाएँगे, उसी दिशा में भागेगा। जब से मैंने सुना, मैं निराश चल रहा हूँ।

जिन लोगों ने पिछले दिनों मेरे फ़ोटू देखे हैं या मुझसे मुलाक़ात की है, वे जानते हैं कि इन दिनों मैं अच्छा-ख़ासा वरिष्ठ लगने लगा हूँ। सम्मान के योग्य मैं चाहे अभी भी न समझा जाऊँ, पर शक्ल-सूरत से मैं उस किनारे लग गया हूँ जहाँ मुझसे थोड़ी इज़्ज़त से बात की जानी चाहिए। कुछ करने भी लगे थे, पर तभी देश में आम चुनाव के साथ वह घनघोर राजनीतिक परिवर्तन हुआ। युवकों का सम्मान आरम्भ हो गया। मैं अपमान की आशंका में काँप रहा हूँ। किस दिन कहाँ मेरी मिट्टी पलीद हो जाए, कह नहीं सकता।

आप ज़रा मेरी त्रासदी को समझिए। जब मैं युवक था, वातावरण में बूढ़ों का बोलबाला था। नारे लगाना तो दूर, मुँह भी खोलता तो फ़ौरन मेरा नाम बदतमीज़ों के रजिस्टर में लिख लिया जाता था। आपको आज भी खटिया से पैर लटकाए मेरे ज़माने के ऐसे बूढ़े मिल जाएँगे जो मेरा नाम सुनते ही कुछ अव्यक्तनीय विशेषण और सम्बोधन आदि विस्मयादिबोध चिह्नों के साथ हवा में इनवर्टेड कॉमा लगाते बुड़बुड़ाने लगेंगे। जब वे अपनी टॉर्च से मेरे जीवन पर प्रकाश डालते हैं, वह बड़ा रंगीन, सनसनीखेज़ और भले घरों में न सुनाने योग्य बन जाता है।

मैंने जीवन का अधिकांश भाग शराफ़त से इसलिए बिताया कि बूढ़ों के विचार मेरे बारे में अच्छे रहें। उन दिनों बूढ़े ही साहित्यकार होते थे, बूढ़े ही राजनेता-मन्त्री होते थे, दफ़्तरों में जाओ तो बूढ़ा ही अफ़सर बना कुर्सी पर बैठा रहता था। हमारे क्षेत्र का थानेदार भी बूढ़ा था और पिता जी को जानता था। मतलब, आप किसी भी दिशा में केरियर को धक्का दो, पाला किसी बूढ़े से ही पड़ता था।

वे बूढ़े देखते ही त्योरियाँ चढ़ाने लगते और बात ही बात में मुझे ऐसी स्थिति में ला देते कि मैं सोचता कि हाय, मैं बूढ़ा ही क्यों न जन्मा! मैं उन्हें ख़ुश रखने के लिए उनकी बात पर खिसियाने लगता क्योंकि जवाब देने पर बदतमीज़ी मानी जाती। वे मेरे पिता जी को भी कोसते कि उन्होंने तुम्हें यही तमीज़ सिखाई। पिता जी बूढ़े थे। वे मुझे डाँटते।

वह अजीब ज़माना था जब दूल्हों में भी अक्सर बूढ़े दिख जाया करते थे। तब सोचिए, हम पर क्या गुज़रती होगी! क्या-क्या नहीं सहा, अपमान के किस-किस दौर से नहीं गुज़रे, पर यही सोचकर सह जाते थे कि एक दिन हम भी बूढ़े होंगे और हमारा सम्मान होगा। केवल प्रेमिका का बाप बूढ़ा हो तो लैला-मजनू की दीर्घकालीन परम्परा का मान रख कोई सहन भी कर जाए। मगर उस ज़माने में रेलवे के टिकिट कलेक्टर भी बूढ़े होते थे और हम बिना प्लेटफ़ार्म टिकिट लिये अपने बूढ़े नेताओं का स्वागत करने स्टेशन पर नहीं जा पाते थे।

युवा के नाते हमने बड़ी परेशानी सही है उन दिनों। बयान करने में कलेजा मुँह को आता है। कुछ बूढ़े तो ऐसे मिले जिन्होंने युवा होने को धिक्कारा और बोले—शरम आना चाहिए तुम्हें, नौजवान होकर इतना भी नहीं कर सकते।

युवकों के लिए अच्छे दिन नहीं थे। हमारे नेता थे जवाहरलाल नेहरू। वे बूढ़े थे। वे मौलाना आजाद और पन्त का बड़ा आदर करते थे। वे बूढ़े थे। उस ज़माने में मुख्यमन्त्री भी बूढ़े होते थे। जैसे कैलाशनाथ काटजू। पंडित नेहरू ने एक यू.एन. ढेबर को कांग्रेस का अध्यक्ष बनाया। शुरू में मुझे लगा, वह युवक होंगे पर बाद में समझ आया कि वे जनाब काफ़ी कम उम्र में बूढ़ों जैसा व्यवहार कर सम्मानित-सी चीज़ हैं। मतलब यह कि या तो महत्त्वपूर्ण व्यक्ति ख़ुद बूढ़े होते थे या बूढ़े होने की हविस रखते थे, क्योंकि जानते थे कि जब तक बूढ़े होंगे नहीं, कुछ बात नहीं बनेगी।

जवानी के वे दुख-भरे दिन मैंने बड़े धीरज से बिताए। यही सोचा कि कुछ ही वर्षों में मैं बूढ़ा हो जाऊँगा। जईफ़ी रंग लाएगी, आदर होगा, अनुभवी कहलाऊँगा, मार्गदर्शन, मीन-मेख निकालूँगा, पते की बात कहूँगा, लोग मेरी थोड़ी गरज करेंगे। मगर हाय रे संसार सागर (तुझे बना दूँ एक गागर), आज जब मैं जिन्दगी के उस चौराहे पर खड़ा हूँ, जहाँ से बुढ़ापे का चौड़ा रास्ता आरम्भ होता है तब मेरे साथ यह चोट, यह राजनीतिक परिवर्तन, यह लहर, यह मेजारिटी, ये रौब, ये मन्त्रिमंडल, ये उम्मीदें और कुल मिला कर मेरे साथ ये धोखा। इतने सालों क्या मैं झख मारने को बूढ़ा होने का इन्तज़ार कर रहा था? अब जब हमारा वक़्त आया तो पॉलिसी बदल गई?

मैं इन दिनों बड़ा निराश चल रहा हूँ। मैंने कई बार आईने में देखा, यह जाँचना चाहा कि मैं कितने दिन अपने को युवक खींच सकता हूँ। मगर सम्भावनाएँ क्षीण हैं। इसे कहते हैं विधना का विधान। इतनी ज़िन्दगी 'एंगरी यंग मैन' अभिशप्त रहे। अब बाक़ी ज़िन्दगी 'एंगरी ओल्ड मैन' बने बिताना है। कुछ समझ नहीं आता। चारों तरफ़ युवा वर्ग है। भतीजों की दुनिया में उपेक्षित अंकल का जीवन जीना है और राजनीति में तो युवकों को आप जानते हैं। एक बार युवा पंजीकृत हो जाते हैं तो फिर पच्चीस-तीस साल तक युवा ही बने रहते हैं; अर्थात् मेरे जीते जी तो ये बूढ़े कहाने से रहे।

मुस्कुराने की शर्त

कांग्रेसी मूलतः असन्तुष्ट जीव होता है। चूँकि वह जनता का प्रतिनिधित्व करता है इसलिए असन्तुष्ट होना वह अपना फर्ज़ समझता है। जनता उससे असन्तुष्ट होती है, वह मुख्यमन्त्री से होता है। अन्तर इतना है कि जनता किसी और कारण से असन्तुष्ट रहती है, वह किसी और कारण से होता है। उसे सन्तुष्ट करना एक राजनीतिक एवं आर्थिक प्रक्रिया है। वह एक सामाजिक और शारीरिक प्रक्रिया भी हो सकती है। कांग्रेसी विधायक इस बात से असन्तुष्ट और विरोधी हो सकता है कि मुख्यमन्त्री हमारी तरफ़ देख मुस्कुराते नहीं। पूरी बत्तीसी नहीं निपोरते। ऐसी स्थिति में एकता और दल की छवि बनाए रखने की ख़ातिर हाइकमांड मुख्यमन्त्री को आदेश दे सकती है कि तुम कांग्रेसी विधायकों को देख पूरे दाँत बाहर निकाला करो। दूसरे दिन से मुख्यमन्त्री की बत्तीसी कांग्रेस की एकता के नाम समर्पित हो जाती है। वह हर विधायक या विधायकनुमा शख़्स को देख खींसें निपोर 'हें-हें' करने लगते हैं। विधायक आया, मुख्यमन्त्री की आँखों में चमक देख उसने कहा—श्रीमान, मेरे क्षेत्र में बाढ़ से लाखों का नुकसान हुआ है। मुख्यमन्त्री गम्भीर हुए। वह तुरन्त असन्तुष्ट हो गया। 'आप हमारी बात पर मुँह चिढ़ाते हैं? हमारा आप पर विश्वास नहीं है।' और वह बँगले से बाहर पैर पटकता चल दिया।

हो गई मुख्यमन्त्री से ग़लती। राज्य की समस्याओं के दबाव में आ वे कांग्रेस की एकता की शर्त भूल गए। होना यह चाहिए था कि विधायक कहता—बाढ़ से लाखों का नुकसान हो गया। मुख्यमन्त्री दाँत निकाल कहते—हा-हा हा हा, बाढ़ से नुकसान, हा हा हा हा! दूसरा विधायक कहता—मेरे ज़िले में बेकारी बढ़ रही है। मुख्यमन्त्री कहते—हो-हो हो हो, वाह, आप भी कैसी मज़ेदार बातें करते हैं, बेकारी—हो हो हो! इससे कांग्रेस की एकता बनी रहती। मुख्यमन्त्रित्व सुरक्षित रहता।

यह कांग्रेस भी क्या ख़ूब राजनीतिक दल है! जब महँगाई, बेकारी, अभाव, सूखा आदि से सारा राज्य और देश त्रस्त है तब कांग्रेसी शिकायत कर रहे हैं कि उनका नेता उनके सामने ख़ुशी से उछल-उछलकर चहकता नहीं। शिकायत यह होना चाहिए कि राज्य की ऐसी दशा में मुख्यमन्त्री धाड़ें मारकर रोता क्यों नहीं? वह

समस्या से ग्रस्त तनाव के कारण अपने बाल नोंच चीख़ता-चिल्लाता क्यों नहीं? शिकायत उलटी है।

कांग्रेसी मूलतः असन्तुष्ट जीव होता है। उस दिन क्या हुआ? एकाएक बहुमत में कांग्रेसी असन्तुष्ट हो गए। मुख्यमन्त्री दिल्ली दौड़े। हाईकमान के नेताओं ने पूछा, "असन्तोष का कारण क्या है?" असन्तुष्ट विधायकों ने कहा कि हमें इस मुख्यमन्त्री की शक्ल पसन्द नहीं है क्योंकि यह बड़ी मूँछें नहीं रखता। हम नेता बदलना चाहते हैं। हाईकमान ने दल की एकता और छवि की ख़ातिर मुख्यमन्त्री को आदेश दिए कि आप अपनी मूँछें बढ़ाएँ और साथ ही असन्तुष्ट विधायकों की नेतृत्व परिवर्तन की माँग को अस्वीकार कर दिया। राजधानी लौटने के बाद मुख्यमन्त्री ने अपनी मूँछें बढ़ाना शुरू कीं और कांग्रेसियों ने पुनः विचार करना आरम्भ किया कि अब किस नई बात पर असन्तुष्ट हुआ जाए।

"अजी, यह मुख्यमन्त्री चुरुट पीता है। आपने देखा नहीं? पिछले दिनों अख़बारों में तस्वीरें छपी हैं जिसमें यह साफ़ चुरुट पीता नज़र आ रहा था। "वह छोड़िए, हमने अपनी आँखों से इसे चुरुट पीते देखा है।"..."कितने खेद की बात है। निहायत अफ़सोस और शर्म की चीज़ है कि मुख्यमन्त्री जी चुरुट पीएँ।"..."इस राज्य में बीड़ियाँ बनती हैं, यहाँ की जनता बीड़ियाँ पीती हैं, यहाँ से बीड़ियाँ विदेश जाती हैं। मुख्यमन्त्री को भी बीड़ी पीनी चाहिए।"..."केन्द्र द्वारा थोपा हुआ मुख्यमन्त्री है इसलिए चुरुट पी रहा है। हमारे द्वारा चुना होता तो क्या ऐसा कर सकता था?"..."मुख्यमन्त्री की इस आदत से बीड़ी निर्माता और बीड़ी पीने वाले हतोत्साहित होते हैं।"..."हम असन्तुष्ट हैं इस मुख्यमन्त्री से। हम असन्तुष्ट हैं।"

दूसरे दिन विधायकों में नेतृत्व के ख़िलाफ हस्ताक्षर आन्दोलन चल पड़ता है। मामला हाईकमान तक पहुँचता है। दल की एकता और छवि की ख़ातिर मुख्यमन्त्री को बीड़ी पीने के आदेश होते हैं। मुख्यमन्त्री बीड़ी पीने लगते हैं।

मगर कांग्रेसी तो शुद्ध सामान्य अवस्था में असन्तुष्ट ही रहता है। वह विशिष्ट राजनीतिक, आर्थिक, प्रशासनिक, सामाजिक एवं शारीरिक प्रक्रिया द्वारा सन्तुष्ट किया जाता है। मुख्यमन्त्री ने आज अपनी बत्तीसी विधायकों की सेवा में फैलाई है, कल उन्हें अन्य स्थितियों के लिए भी अपने व्यक्तित्व को पूर्णतः लोचदार बनाना होगा। नेता के नाते उनका फ़र्ज़ है कि वे संगठन की सेवा में तन-मन से समर्पित रहें। देह धरे को दंड है। और देह भी, जब मुख्यमन्त्री का पद लिए हो!

हेलीपैड का सन्नाटा

आवागमन के जो नित-नए साधन आविष्कृत होते हैं, वे अन्य देशों में सबसे पहले उद्योग, सुरक्षा और समाज कल्याण के क्षेत्र में उपयोग में आते हैं। हमारे देश में सबसे पहले राजनीति उसकी उपयोगिता परखती है। करोड़ों की भीड़ को बहलाने, चौंकाने के लिए जो साधन जितना उपयोगी साबित हो, राजनेता उसके विकास में उतनी अधिक रुचि लेता है।

टी.वी. को शिक्षा के प्रसार का माध्यम करार कर शिक्षा से अधिक रुचि टी.वी. के प्रसार में दिखाई जाती है। अब यह शोध का विषय है कि छायागीत से कितनी शिक्षा निस्सारित होती है। सप्ताह में दो बम्बइया फिल्में देख किसी का कितना आत्मिक विकास हो सकता है। पर सामाजिक और आर्थिक वास्तविकताओं पर रंगीन पर्दे डालने के आयोजन में रंगीन टी.वी. से बेहतर स्क्रीन और क्या हो सकती है! आजकल सरकारी प्रसार फ़िल्म, नृत्य और संगीत के घोड़े पर बैठकर भीड़ में घुसता है। एक वैज्ञानिक आविष्कार का कुल जमा यही उपयोग है।

और इसी तरह हेलीकॉप्टर, जिससे राजनेता ढोए जाते हैं, कब से इस देश में यह मशीन उड़ रही है पर इसकी केवल यही उपयोगिता हमें समझ में आई कि चुनाव के समय नेताओं के दर्शनों की अभिलाषी पब्लिक को इसके चमत्कार दिखाए जाएँ। ज़िला-दर-ज़िला, प्रचार के केन्द्रों पर हेलीपैड बने ताकि नेता का समय ब्रबाद न हो। इस देश में आदमी की क़दर कम है। नेता की ज़्यादा है। जितना ख़र्चा हेलीपैड बनाने और हेलीकॉप्टर की यात्रा पर होता है, उतना यदि गाँव की शाला और ज़िले के अस्पतालों में और लग जाए तो नेताओं को वोटों के लिए इस तरह दर बदर भटकना न पड़े। नेता फ़रिश्ते की तरह आसमान से ज़मीन पर उतरना चाहता है। लोग, जिनके पास इन मूर्ख बातों के लिए अपार ख़ाली समय है, प्रतीक्षा में खड़े हैं। पहले नेता की कार देर से पहुँचती थी, अब उसका हेलीकॉप्टर देर से उतरता है। खड़े हैं चमचे हाथ में डेढ़ रुपए वाले दस हार लेकर। नदी-पहाड़ों के देश में लेट पहुँचना हमारी संस्कृति से जुड़ा है। विज्ञान के विकास से संस्कृति पुष्ट होनी चाहिए। नष्ट नहीं होनी चाहिए। हेलीकॉप्टर से भी नेता लेट ही उतरता है। अफ़सर खड़े हैं क्योंकि उनके भाग्य में खड़े रहना ही बदा है।

हेलीकॉप्टर उड़ जाता है। हेलीपैड रह जाता है। प्रेमिका के जाने के बाद उसके छोटे रूमाल की तरह। नेता के आगमन की याद में बना सीमेंट का स्मारक जिसकी अब यही उपयोगिता शेष रह गई कि कुत्ते लेटें। चिड़िया उड़ जाने के बाद ख़ाली डाल की तरह। पता नहीं फिर कब चिड़िया उतरेगी। उतरेगी भी या नहीं। न ही उतरे तो अच्छा। क्योंकि पहले उतरी थी तभी कौन क्षेत्र के भाग खुल गए!

हेलीपैड पर कुछ नहीं होता। बाद में न पंचायत की बैठक जुट सकती है, न राजनीतिक सभा, न बच्चों की खुली कक्षा। वे बस्ती से इतने बेदब दूरी पर होते हैं कि वहाँ न कोई जाता है और न जाना चाहता है। पूरे देश में पता नहीं कहाँ-कहाँ ऐसे अनुपयोगी हेलीपैड बने पड़े हैं। जो नेता उससे उतरे थे, उससे अधिक दुर्दशा में। गाँव के लोग सोचते होंगे, इतने ही रुपयों में एक पक्का कुआँ खोद देती सरकार तो देश नीचे नहीं उतर जाता। लोकसभा में यह पूछने लायक प्रश्न है कि पूरे देश में ऐसे कितने हेलीपैड हैं, उनकी प्रान्तवार संख्या कितनी है, उनके निर्माण पर कितना व्यय हुआ। निर्माण के बाद उस पर कितनी बार और कब हेलीकॉप्टर उतरा, आदि। पूरा विश्वास है कि प्रश्न का उत्तर बटोरने में एक हेलीपैड बनाने से कम ख़र्च नहीं आएगा।

हर गाँव में एक बस स्टैंड होता है। कभी कीचड़, कभी धूल को सहन करते जहाँ गाँव के लोग गुज़रने वाली मोटरों का इन्तज़ार करते रहते हैं। नेता के आगमन और विदाई के लिए हेलीपैड बनाने वाले उस बस स्टैंड को ठीक से नहीं बनाते जहाँ कई लोग रोज़ गाँठ से पैसा देकर चढ़ते-उतरते हैं। इस देश में नेता की क़दर है, आदमी की नहीं। जो कुछ होता है, वी.आई.पी. के लिए होता है, सामान्य जन के लिए नहीं। अब यह दूसरी बात है कि वी.आई.पी. के लिए उत्पन्न सुविधा का उपयोग बाद में सामान्य जन करने लगें। लोग चाहें तो चन्दे से हेलीकॉप्टर ख़रीद हेलीपैड का उपयोग कर सकते हैं।

कुर्सी यान

राजनीति एक कुर्सी यान है। इसे आप राजधानी एक्सप्रेस भी कह सकते हैं। इस नाम की रेल की यह विशेषता है कि यह अपेक्षाकृत तेज़ी से राजधानी की ओर बढ़ती है। कुर्सियाँ-ही-कुर्सियाँ लगी रहती हैं उसमें। चेयर कार जिसे कहते हैं। यह पार्टी वाला प्रजातन्त्र कुल मिला कर एक चेयर कार उर्फ़ कुर्सी यान है। आप कुर्सी पर बैठिए और राजधानी को लक्ष्य मान उसी ओर बढ़िए। सत्ताधारी हों या विरोधी। राजधानी एक्सप्रेस हर जगह नहीं रुकती। किसी उदीयमान अखिल भारतीय नेता के कैरियर की तरह जो देश की छोटी-मोटी समस्याओं पर नज़र नहीं डाल सत्ता तक पहुँचने की जल्दबाज़ी में उसी पर नज़र रख लक्ष्य की ओर दौड़ता है। वह बीच के स्टेशनों पर रुकना या उतरना नहीं चाहता। वह खिड़की से झाँकना भी नहीं चाहता। राजधानी एक्सप्रेस नामक कुर्सी यान में खिड़कियाँ नहीं होतीं। धुँधले काँच होते हैं। कुर्सी पर बैठने के बाद बाहर के यथार्थ से आपका यहाँ धुँधला रिश्ता रह जाता है कि वह अपनी जगह, आप अपनी जगह। जब आप राजधानी एक्सप्रेस की कुर्सी पर बैठे हैं तो आपको बाहर की सच्चाइयों से मतलब भी क्या? आप कुर्सी पर बैठे हैं और सत्ता के केन्द्रस्थल की ओर बढ़ रहे हैं, यह सबसे बड़ी बात है। शेष सब व्यर्थ है।

राजधानी एक्सप्रेस एयरकंडीशंड है। उसमें धूल का दख़ल नहीं, मौसम उस पर असर नहीं करता। रेल सुखद है। यात्रा सुखद है। आप कुर्सी पर बैठे हैं, यह सबसे सुखद है। यह कुछ ऐसा है कि दिल्ली सुन्दर है तो समझिए, सारा देश सुन्दर है। यहाँ छाँह है, चिकनाहट है, गतिविधियाँ हैं और हमारे लिए पद है। बाकी देश अपनी ऊबड़खाबड़ ज़िन्दगी, बेकारी, बेरोज़गारी को जीता करे, हमें इससे क्या!

राजधानी एक्सप्रेस एक जीवन-दर्शन है, जो आज़ादी के बाद इस देश में विकसित हुआ। कुर्सी और सुर्सी पर बैठकर गाती। आगे बढ़कर कुर्सी लो और कुर्सी पर बैठकर आगे बढ़ो। राजधानी एक्सप्रेस प्रतीक है उस भावना का कि जैसे-तैसे पद प्राप्त कर लक्ष्य तक पहुँचो।

आज़ादी के बाद कुछ को कुर्सी मिली और कुछ को पलँग। कुछ सत्ताधारी बने और कुछ रईस हो गए। डनलपपिलो दोनों पर रहा। नरम कुर्सी, नरम पलँग। इस राजधानी एक्सप्रेस की हर कुर्सी नरम है।

एक और बात है जो समान पड़ती है। दोनों में खाने-पीने के अलग से दाम नहीं लगते। सत्ताधारी अपनी थाली का ख़र्चा देश पर डालता है। उसकी आईसक्रीम कौन ख़रीद रहा है, वह नहीं जानता। कुर्सी यान उर्फ़ राजधानी एक्सप्रेस के यात्री को भी अपने भोजन, चाय, नाश्ते के दाम नहीं देने पड़ते। कुर्सी का सुख लूटता वह अपनी वेजिटेरियन और नानवेजिटेरियन फ़रमाइशें करता रहता है।

राजधानी एक्सप्रेस की कुर्सी पर बैठे हुए आपको केबिनेट के मन्त्री होने की अनुभूतियाँ होंगी। सब कुछ चल रहा है। ड्राइवर कोई और है, गार्ड कोई और है। हम तो कुर्सी पर बैठे मज़ा ले रहे हैं और उस तरफ़ बढ़ रहे हैं जिधर हमें बढ़ना है। जिस तरफ़ कुर्सी मिल जाने के बाद सत्ता के दोष आपको नज़र नहीं आते, प्रगति के मामले में शिकायत नहीं रहती।

हाथ मिलाने से हाथ हिलाने तक

वे मुस्कुराए। हवाई जहाज़ से उतरकर पहला काम उन्होंने यही किया। उन्होंने हाथ मिलाया। वे तब भी मुस्कुराए।

मैं सोचता हूँ, इतने दिनों वे बड़ी परेशानी में रहे। वे अपनी गम्भीर छवि बनाए रखना चाहते थे और उन्हें मुस्कुराना भी पड़ता था। हो सकता है, वे सचमुच गम्भीर लोग हों पर वे यहाँ पूरे सप्ताह मुस्कुराने के लिए अभिशप्त थे।

वे आते, वे जाते। वे बैठते, वे उठ जाते। वे एक जगह से दूसरी जगह जाते, वहाँ से तीसरी जगह जाते। फिर पहली जगह लौट जाते। वे किसी-न-किसी से हाथ मिलाते। तैंतीस नम्बर का मेहमान जब पैंसठ नम्बर के मेहमान से हाथ मिला रहा होता, उसी समय चौदह नम्बर का मेहमान चालीस नम्बर के मेहमान से हाथ मिला रहा होता।

हमने उन्हें हाथ मिलाते देखा। परस्पर मुस्कुराते देखा। हम भी अपना हाथ लिए लिए यहाँ से वहाँ घूमते रहे। जो मिला, उससे मिलाते रहे। एक मुस्कान हमारे चेहरे पर चिपकी थी। वह उनके आने से पहले से चिपकी थी। वह उनके जाने के बाद तक चिपकी रही।

कमरे थे जिनमें वे रहे। सोफ़े थे जिन पर वे बैठे। कारें थीं जिनमें वे एक जगह से दूसरी जगह गए। हॉल थे जिनमें वे जमा हुए। माइक थे जिन पर वे बोले। अन्त में हवाई जहाज़ थे, जिनसे वे उड़ गए।

उन्होंने वह देखा जो देखने लायक था। वही वे देखना चाहते थे। वही हम उन्हें दिखा सकते थे।

हमें उनकी सुरक्षा का बहुत ख़याल था। ख़ुद उन्हें अपनी सुरक्षा का बहुत ख़याल था। इस तरह लगातार ख़याल रखने के कारण वे अन्त तक सुरक्षित रहे। वे जैसे आए थे, वैसे ही लौट गए। यही होना था। यही हम चाहते थे। वही हुआ।

कुछ शब्द थे, जुमले थे, मुहावरे थे। उन्हें जोड़-जोड़कर बने वाक्य थे, पैरेग्राफ़ थे, बयान थे, निबन्ध थे। सब वही बोले। सबने दूसरों को वही बोलते सुना। सबने उस पर वही विचारा। फिर सब उसी नतीजे पर पहुँचे। सबने नतीजों को वही शब्द,

वही जुमले, वही मुहावरे, वही वाक्य और वैसे ही पैरेग्राफ़ दिए। मतलब वही-वही शब्द उन ही विचारों को लिए जगह-जगह से टपके, रिसे, बहे और उनका एक हौज बना जिससे पैरेग्राफ़ों की बाल्टियाँ भरी गईं, गिलास भरे गए जिसे उन ही लोगों ने पिया, नहाए, एक-दूसरे पर उलीचा, चरणामृत या पैग की तरह मीडिया वालों को बाँटा, अपने देश ले जाने के लिए थरमस में भरा और लौट गए। वे जिन शब्दों से भरी सुराही लेकर आए थे, वे उन्हीं शब्दों से भरी सुराही लेकर वापस लौट गए। तृप्त आए थे, तृप्त ही गए। यही होना था। इसी की व्यवस्था थी।

व्यवस्था करने वाले व्यवस्था में लगे थे। वे यही कर सकते थे, वे यही कर रहे थे। सुबह की चाय हाथ में ले दरवाज़ा खटखटाने से देर रात उनकी कार का दरवाज़ा खोलने तक व्यवस्था चाक-चौबन्द थी। हमारे लिए यही उपलब्धि थी। यही हमारा लक्ष्य था कि वे हाथ मिलाएँ, मुस्कुराएँ और हम उनके लिए कार का दरवाज़ा खोलें, सुबह की चाय हाथ में ले उन्हें 'गुडमॉर्निंग' कहें।

मॉर्निंग गुड थी, आफ़्टरनून गुड थे, इवनिंग गुड थी और देर नाइट गुडनाइट थी। हाथ मिलाने के रिश्ते थे, सुनिश्चित शब्दों का आकाश था, आदान-प्रदान के लिए नियमित मुस्कानें थीं।

वे आए, वे चले गए। आए भी वे, गए भी वे। ख़त्म फसाना हो गया। मैंने एक से पूछा—यह सब क्या हुआ, क्यों हुआ, क्या यही सब होना था जो हुआ?

उसने कहा—यह बड़ी बात है कि वे आए, वे मुस्कुराए, उन्होंने हाथ मिलाया। यह बहुत बड़ी बात है।

वे हवाई जहाज़ पर चढ़ गए, उन्होंने हाथ मिलाया। हाथ मिलाने से हाथ हिलाने तक के ये दिन समाप्त हुए!

टिकिटार्थी

वह दोनों मुट्ठियाँ बग़ल में दबाए निराश खड़ा था। उसके आस पास एक-दो शख़्स और थे, जो उसके चमचे भी थे और आर्थिक लाभ भी लेते थे। वे सब उसके साथ ही राजधानी आए थे। वे भी चुप थे। उस जगह कांग्रेसियों की भारी भीड़ थी। भवन के अन्दर मीटिंग चल रही थी। कुछ-कुछ देर से अन्दर से एक ख़बर बाहर बहकर आती और फैल जाती।

"जब्बरगढ़ की सीट पर दोनों कुत्तों-से लड़ रहे हैं।"

"क्या बोलते हैं?"

"कहते हैं सुरू से सीट राजपूतन के हाथ रही सो आगे भी रहेगी।"

"फेर?"

"बे बोलते हैं भ्रष्टाचार किया है लालूसिंग ने, मुख्यमन्त्री के पास रपट है, कापी दिल्ली भेजी है।"

"फेर?"

"फेर क्या, चें-चें मच रही है।"

"इतना बता देते हैं कि बनिया-बामन को टिकट गया तो सिर फूट जाएँगे। राजपूतन का कुत्ता भी खड़ा हो गया तो सारे टिकिट अपनी पेटी में गेर लेगा! सारी समाजवाद धरी रह जाएगी।"

"कल रात लालू ने साफ़ कह दिया कि जब्बरगढ़ से किसी और को टिकिट मिला तो मैं कांग्रेस तो छोड़ूँगा नहीं, क्योंकि सच्चा सिपाही हूँ मगर बड़े लड़के को निर्दली खड़ा करवा दूँगा, देखें, कोई साला फिर कैसे जीतता है।"

वे लोग इस तरह की बातचीतों से दूर हटकर खड़े थे। अब उनकी रुचि नहीं रही, क्योंकि टिकिट नहीं मिला था।

"दिल्ली चलें?" एक चमचे ने कहा।

"क्या धरा है वहाँ! जब ज़िले में नहीं हुआ, प्रान्त में नहीं हुआ, तब वहाँ कौन पूछेगा!" उसने कहा और फिर धीरे से पूछा, "फत्तेलाल कहाँ हैं?"

"गौरी बाबू की गाड़ी में खाना खाने गया है। आज दिल्ली जाने की सोच रहा है। आपकी कह रहा था।"

"क्या?"

"बोला बाबू से कह देना, टिकिट हमें मिला है सो तो मिलना ही था। ऊपर से नीचे तक हमारे लोग हैं। मगर अब बाबू की ख़ैर इसी में है कि कांग्रेस के नाम पर एकता से रहे, नहीं सुलतानपुर गम्भीरपुर लाइन राष्ट्रीयकरण में आ जाएगी और 'निमाली-कांड' की फ़ाइल हम फिर खुलवा देंगे।"

मुट्ठियाँ बाँधे उस युवक के मुँह में विचित्र कड़ुवाहट भर गई। उसने एक तरफ़ थूक दिया।

तभी भवन के बरामदे में एक बड़ा नेता नज़र आया। बाहर भीड़ में खड़े कुछ लोग उसकी तरफ़ लपके। एक व्यक्ति नेता के पैरों में झुक गया।

"अरे, क्या करते हो भाई!" नेता के दाँत बाहर आ गए।

"हम तो आपके हैं, सदा आपके ही रहेंगे।" वह व्यक्ति बोला।

"क्या चाहिए?"

"जगारी की सीट से टिकिट दिलवा दो। जनेऊ हाथ में लेकर कसम खाते हैं, हम समाजवाद पर चलेंगे।"

नेता ने उसकी तरफ़ देखा, फिर पूछा, "तुम्हें कोई बीमारी तो नहीं है?"

"नहीं है हजूर। चुनाव लड़ना चाहते हैं।"

"दमा-खाँसी?"

"नहीं।"

"टीबी-मीबी तो नहीं, कभी ब्लड-प्रेशर हुआ था?"

"कुछ नहीं हुआ हजूर। आप कहो, 'डॉक्टरी सार्टीपिकट' अस्पताल से ला दें।"

"दाँत-आँख कमज़ोर तो नहीं?"

"नहीं हैं, आप तो हमें विधायक बनवाय दो।"

नेता उसे देखता रहा। फिर बोला, "अगर तुम्हें कोई बीमारी नहीं तो तुम युवा गिने जाओगे।"

"जैसी समझो। हम तो जे आपके चरणन में डरे हैं।"

"भैया, एक-तिहाई युवा को तो पहले ही टिकिट दिए गए, अब नए नहीं लेंगे। अगली चुनाव में बात करना।"

सब लोग हँसने लगे।

"अरे, झक मारने को युवा बन रहे हो, कह दो ना, बूढ़े हो। सच्ची उमर क्यों नहीं बताते?" एक पास खड़े व्यक्ति ने धीरे से सुझाया।

"पचास से ऊपर हो गई उमर हजूर! हम जनेऊ हाथ में ले कह रहे हैं।" वह चरणों में डला व्यक्ति बोला।

सब हँसने लगे फिर से। नेता बरामदे से पलटकर फिर अन्दर जाने लगा। लोग पीछे लपके। उसने परदा हटाने के पहले रुककर सबसे कहा, "सबके केस पर इंडीविजुअल विचार होगा, किसी के साथ अन्याय नहीं होगा। हमारा काम प्रस्ताव करना है, आगे इन्दिरा जी जानें। कोई असन्तुष्ट हो तो दिल्ली जाकर बात करे।"

नेता अन्दर चला गया। लोग बरामदे से हटकर खुली धूप में आ गए। वह व्यक्ति जो अपने चमचों के साथ कोने में खड़ा था, सामने की होटल में घुस गया और नाश्ता करने लगा।

"कल रात भैया, बड़ी मीटिंगें हुईं। जिधर देखो, सुसरी मीटिंग चल रही है।"

"का होत है मीटिंगन से!" एक ने हिकारत से कहा।

"हम भैया से बात कर रहे, तुम क्यों बीच में टाँग..."

"क्यों लड़ रहे हो सुसर एक गुट के होके! जेई में डूबेगी कांग्रेस।"

"हम कहाँ लड़ रहे, हम तो कह रहे हैं। मीटिंगन से होत जात नहीं। जो इन्दिरा जी कर दें, सो फाइनल। वे 'टिक' मार्क लगा दें, सो समझो, फिर कोई कुछ नहीं बिगाड़ सकता।"

"बिन से तो करवा लेंगे हम। इन्दिरा जी जानत हैं हमें। हेलीकोप्टर में साथ घूमे हैं भई, जब दौरा पर आई थीं। वहीं ऊपर आसमान में सारी बात हो गई। कहती हतीं–रामपरसाद जी, ये सीट आपको जीतकर दिखानी है। पी.सी.सी. न दे नाम, क्या होता है! इन्दिरा जी से हाथ पकड़कर लिखवा लेंगे। हम पर बड़ा विश्वास है उनका।"

तभी दूसरी ओर कुछ लोग बातें करते-करते लड़ पड़े। एक मोटे-से कांग्रेसी ने जूता निकाल सामने डाल दिया और चिल्लाकर बोला, "ये रखा हमारा जूता। है किसी की हिम्मत तो हो जाए बालपुर से खड़ा। ये रखा हमारा जूता। दम हो तो आए सामने। सत्तर हज्जार दिए हैं एन.डी.एफ. में इकट्ठा करके, रसीद देख लो, सत्तर हज़ार। है किसी में दम जो इतने इकट्ठे करके दिखा दे। जब राष्ट्र पर संकट आया था तब सब साले कहाँ भाग गए थे? एन.डी.एफ. करवाने गाँव-गाँव हम गए, मीटिंगें हमने लीं, अपोजीशन वालों को फोड़कर हम लाए, पंचायतों पर हमारा कब्ज़ा, कोपरेटिव में हमारे आदमी, किसान-सम्मेलन हमने करवाया और आज आ गए–टिकिट दो। ये धरा हमारा जूता। खड़ा होकर देखे, किसी के बाप में हिम्मत हो तो।"

कुछ लोग उन्हें शान्त करने लगे। उन्होंने जूता पहन लिया और बड़बड़ाते रहे। वह जिनको सुना रहे थे, उन्हें खींचकर कुछ लोग ले गए एक तरफ। होटल में नाश्ता करते लोग शोर सुनकर आ गए।

उस युवक ने जो नाश्ता कर आया था, एक अमरूद ख़रीद उस मोटे कांग्रेसी की ओर बढ़ाया जिसने जूता निकाला था।

'''लीजिए भाई साहब! शान्त रहिए, अमरूद खाइए।''

नेता अमरूद खाने लगा।

फिर उसने कई अमरूद ख़रीदकर बहुतों को बाँटे। उन सबको जो वहाँ खड़े थे और जिन्हें वह नहीं जानता था। उसने अमरूद वाले को पन्द्रह रुपए दिए और उसके सब अमरूद बाँट दिए। लोग उसकी तरफ़ आकर्षित हो गए।

''आपको टिकिट मिला कि नहीं भैया?'' एक ने प्यार से अमरूद खाते हुए पूछा।

''नहीं मिला, कट गए। बड़ी कोशिश लगाई, कुछ नहीं हुआ।''

''अब क्या दूसरी पार्टी से खड़े होओगे?''

''नहीं जी, या तो कांग्रेस से होते, नहीं हमें क्या करना पोलिटिक्स से! हमारे पास थोड़ी दो नम्बर की कमाई थी तो सोचा, टिकिट मिल जाए तो चुनाव में फूँक देंगे। नहीं मिला तो रहने दो, क्या करना है! कांग्रेस नहीं छोड़ेंगे मगर।''

''वाह! वाह!'' अमरूद खाते हुए एक व्यक्ति ने कहा, ''ऐसी भावना होनी चाहिए कि टिकिट मिला तो ठीक और नहीं मिला तो भी अफसोस नहीं। वाह, वाह!''

तभी बरामदे से एक व्यक्ति निकला और उसके साथ ख़बर बहकर आई कि जानकीगंज की सीट पर पेनल हो गया। तीन नाम हैं–लछमन सिंह, डॉक्टर सविता तिवारी और ननकऊ।

सब लोग उस विषय में बातें करने लगे। एक लड़का उछल-उछलकर तालियाँ बजाते काफ़ी देर तक दुहराता रहा–पेनल हो गया, पेनल हो गया, पेनल हो गया।

सरकार का जादू : जादू की सरकार

जादूगर मंच पर आकर खड़ा हो गया। उसने नमस्कार, सलाम और गुड इवनिंग कहा, फिर एयर इंडिया के राजा की नम्र मुद्रा में झुका, उठा और अपनी दर्शन मोहिनी मुस्कान का प्रदर्शन करने के बाद कहने लगा, ''देवियो और सज्जनो, हम जो प्रोग्राम आपके सामने पेश करने जा रहे हैं, वह हमारे मुलुक का, हमारे देश का प्रोग्राम है जो बरसों से चल रहा है और मशहूर हुआ है। अभी तक लाखों लोगों ने इसे देखा है और इसकी तारीफ़ की है। देवियो और सज्जनो, यह हमारे मुलुक का प्रोग्राम है, आप देखिए और हमें अपना आशीर्वाद दीजिए।'' इतना कहकर जादूगर फिर उसी नम्र मुद्रा में झुका और जब उसने झटके से सिर उठाया, ज़ोरदार पार्श्वसंगीत बजने लगा और खेल चालू हो गया।

''फर्स्ट आयटम ऑफ दि प्रोग्राम : अप्लीकेशन टू द गवर्नमेंट, सरकार कू दरखास्त!'' जादूगर ने कहा और बायाँ हाथ विंग्स की तरफ़ उठाया कि दो लड़कियाँ वहाँ से निकलीं। उनके हाथों में स्टूल और बन्द डिब्बे थे। एक डिब्बे पर लिखा था आवक और दूसरे पर जावक। लड़कियों ने जादूगर के दोनों ओर स्टूल रख दिए, उन पर डिब्बे जमा दिए और पीछे खड़ी हो उस आश्चर्यमिश्रित मुस्कुराहट से देखने लगीं जैसे जादूगर की सहायिकाएँ देखती हैं। जादूगर ने सबको दिखाया कि डिब्बे ख़ाली हैं।

''सरकार कू दरखास्त! आवक का डिब्बा में दरख़ास डालेंगा तो जावक का डिब्बा में जवाब मिलेगा। मिलेंगा तो मिलेंगा अदरवाइज नई भी मिलेंगा। अप्लाय अप्लाय नो रिप्लाय।'' जादूगर ने कहा और तभी विंग्स से एक व्यक्ति अनेक आवेदन-पत्र लेकर आया और उसने जादूगर के हाथों में थमा दिए। जादूगर ने दर्शकों की ओर देखा और कहा, ''आरे आज बहुत सारा दरखाश है। हाम इसकू गोबरमेंट को भेजता है,'' इतना कहकर उसने आवक के डिब्बे में एक-एक कर आवेदन-पत्र डालने शुरू कर दिए। फिर डिब्बे को बन्द कर दिया। यह सारा काम उसने पार्श्वसंगीत की एक लहर के साथ किया। उसने डिब्बे को बन्द किया और जादू की छड़ी घुमाई। फिर आवेदन-पत्र लाने वाले से बोला, ''तुम इदर काय कू खड़ा है?''

"अप्लीकेशन का जवाब माँगता है सर!"

"ओ, आवक में दरख़ास डालेंगा तो जावक में जवाब आएँगा। इधर देखो।"

वह व्यक्ति जावक का डिब्बा देखता है। वह भी ख़ाली है।

"ओय, गोबरमेंट ने जुवाब नईं दिया। इधर आवक में देखो, फारवर्ड हुआ कि नईं?"

आवक के डिब्बे से भी सारे आवेदन-पत्र ग़ायब हो चुके हैं।

"सारा अप्लीकेशन किदर गिया?"

"किदर गिया?"

"किदर गिया?"

"किदर गिया?"

जादूगर और आवेदन करने वाले के चेहरे पर हैरानी-परेशानी के नक़ली भाव हैं।

"कोई बात नईं, फिर् से अप्लाय करो। नया दरख़ास लगाओ।" जादूगर बोला।

वह व्यक्ति अन्दर जाकर फिर कुछ आवेदन-पत्र लाया। जादूगर ने उसे सबको दिखाकर आवक के डिब्बे में बन्द किया, छड़ी घुमाई। फिर डिब्बा खोला तो सारे आवेदन-पत्र ग़ायब थे। फिर उसने जावक के दाहिने हाथ की ओर रखा डिब्बा खोला और देखा कि सारे आवेदन-पत्र आवक से ग़ायब होकर जावक में आ गए थे मगर उन सब पर अब 'रिजेक्ट' लिखा हुआ था। जादूगर ने सारे आवेदन-पत्र उस व्यक्ति को लौटा दिए।

"ये साब, अप्लीकेशन तो रिजेक्ट हो गिया।" व्यक्ति ने करुण स्वर से कहा।

"क्या बताएँगा, इंडिया गोबरमेंट, ग़रीब का अप्लीकेशन रिजेक्ट नईं होयँगा तो क्या होयँगा!" जादूगर हँसकर बोला।

दूसरा व्यक्ति सिर लटकाकर जाने लगा। जादूगर ने उसे बुलाया और कान में एक बात कही। वह व्यक्ति तेज़ी से अन्दर गया, कुछ आवेदन-पत्र, पिन की डिबिया और नोट की गड्डी लेकर आ गया। उसने हर आवेदन-पत्र से पिन लगाकर कुछ नोट नत्थी किए और जादूगर को दिए। जादूगर ने उन्हें आवक के डिब्बे में रखा और छड़ी घुमाई। डिब्बे को खोला, आवेदन-पत्र ग़ायब थे। दूसरा जावक का डिब्बा खोला, आवेदन सारे वहाँ आ गए थे। मगर उनसे रुपयों के सारे नोट निकल चुके थे। लेकिन इस बार सारे आवेदनों पर लिखा था—'सैंक्शन'।

"कांग्रेचुलेशंस, तोमारा सारा अप्लीकेशन सैंक्शन हो गिया।" जादूगर ने कहा और दर्शकों की ओर नम्र मुद्रा में झुका। दर्शकों ने तालियाँ बजाईं। जादूगर बोला, "अप्लीकेशन टु द गोबरमेंट, सरकार कू दरखास्त!" और संगीत ज़ोर से बजने लगा। लड़कियों ने स्टूल और डिब्बे उठाए और अन्दर चली गईं। वह व्यक्ति भी चला गया।

''नेक्स्ट आयटम ऑफ दि प्रोग्राम : करप्शन ऑफ इंडिया–भारत में भ्रष्टाचार।'' जादूगर ने घोषणा की और वह मंच के दाहिने कोने पर आया जहाँ एक छोटी टेबल पर रुपयों से भरी एक थैली रखी थी। जादूगर ने थैली उलटाई और रुपए नीचे रखे डिब्बे में गिरने लगे।

''ये करप्शन की, भ्रष्टाचार की थैली है भाई साहब, इसका रुपया कभी ख़तम नहीं होगा। थैली पर नज़र रखिए साहबान, इसका रुपया कभी ख़तम नहीं होगा।'' इतना कहने के बाद जादूगर ने उस थैली से, जिसमें से सारे रुपए निकल चुके थे, नए सिरे से उतने ही और रुपए निकाल कर दिखा दिए और थैली वहीं रख दी।

''करप्शन कभी ख़त्म नहीं होगा, थैली कभी ख़ाली नहीं होगी। थैली पर नज़र रखिए साहबान!'' जादूगर बोला, झुका और उसने घोषणा की, ''नैक्स्ट आयटम ऑफ दि प्रोग्राम : टूरिज़्म इन इंडिया–भारत की सैर!''

संगीत ज़ोर से बजने लगा। लड़कियाँ इस बार मन्दिर के आकार का हल्की लकड़ी का ढाँचा उठा कर लाईं जिसके चारों दरवाज़ों पर रंगीन परदे लगे हुए थे और एक व्यक्ति उसमें सीधा खड़ा हो सकता था। जादूगर ने परदे हटाकर दर्शकों को बताया कि मन्दिर ख़ाली है। तभी गोरी चमड़ी का सूट-बूटधारी शख़्स सूटकेस ले विंग्स से आया।

''गुड इवनिंग सर, क्या माँगता है?'' जादूगर ने उससे पूछा।

''इंडिया विज़िट करना माँगता।''

''वेलकम, वेलकम, सुवागत है आपका।'' जादूगर ने झुककर कहा और मन्दिर का एक परदा हटा दिया। विदेशी व्यक्ति उसमें प्रवेश कर गया। जादूगर ने परदा गिरा जादू की लकड़ी घुमाई। विदेशी बाहर आया। उसके हाथ में सूटकेस नहीं था।

''सर, आपका सूटकेस किदर गिया?'' जादूगर ने पूछा।

''बनारस में चोरी चला गया।''

''वेरी सॉरी सर।'' कहकर जादूगर ने मन्दिर का दूसरा परदा उठा दिया।

विदेशी अन्दर घुसा। जादूगर ने परदा डाल जादू की लकड़ी घुमाई। विदेशी फिर बाहर निकला। इस बार उसके बदन पर कोट नहीं था।

''सर, आपका कोट किदर गिया?'' जादूगर ने पूछा।

''आगरा में बेचकर होटल का बिल पेमेंट किया।''

''वेरी गुड सर।'' जादूगर ने मन्दिर का तीसरा परदा उठाया और विदेशी फिर अन्दर घुस गया। जादूगर ने छड़ी घुमाई और इस बार जब विदेशी बाहर आया वह सिर्फ़ एक पतलून पहने था।

''आपका कोमीज किदर गिया सर?''

''तुमारा इंडिया का एक होली मैन साधु ने हमसे ले लिया।''

"वेरी फाइन सर।" जादूगर ने कहा और मन्दिर का चौथा परदा उठाया। इस बार जब विदेशी मन्दिर से बाहर निकला, उसके शरीर पर पतलून भी नहीं था और वह 'विज़िट इंडिया' का पोस्टर लपेटे हुए था।

"वेरी सॉरी सर, आपका पतलून किदर गिया?"

"उसकू बेचकर हमने अपना कंट्री रिटर्न होने का टिकट ख़रीद लिया।"

"गुड बाइ सर, विज़िट इंडिया अगेन, फेर को तोशरीफ लाइए।"

विदेशी व्यक्ति पोस्टर से बदन लपेटे विंग्स में चला जाता है। लड़कियाँ मन्दिर के सारे परदे उठा कर बताती हैं कि सूटकेस या उसके कपड़े आदि वहाँ नहीं हैं। जादूगर नम्र मुद्रा में झुकता है। दर्शक तालियाँ बजाते हैं।

'नेस्क्ट आयटम : करप्शन ऑफ इंडिया–भारत में भ्रष्टाचार' की घोषणा करता हुआ जादूगर फिर उस थैली के पास पहुँचता है, जिसे वह ख़ाली कर आया था। भ्रष्टाचार की ख़ाली थैली भर गई है अब तक। जादूगर उसे उलटता है, रुपया निकल कर नीचे डिब्बे में गिरता है।

"भ्रष्टाचार कभी ख़तम नईं होएँगा साहेब, थैली कभी ख़ाली नईं होएँगा। थैली पर नज़र रखिए साहबान।" जादूगर कहता है। और अपनी जगह लौटकर नए कार्यक्रम की घोषणा करता है, "फॉरिन पालिसी : अमारा विदेश-नीति।"

लड़कियाँ स्टूल पर एक लकड़ी का बड़ा-सा डिब्बा रख देती हैं। जादूगर दर्शकों को बताता है कि डिब्बा सब तरफ़ से खुलता है।

"ये फॉरिन पालिसी–विदेश-नीति है साहबान, डिब्बा सब बाजू से खुलता है। इस बाजू से अमरीका से बात करेंगा। इस बाजू से रूस से बात करेंगा। इदर से इंग्लैंड से बात करेंगा। इदर से फ्रांस से बात करेंगा। डिब्बा सब बाजू से खुलता है।" जादूगर डिब्बा बन्द कर देता है। फिर कहता है, "साहबान, ये हमारा फॉरिन पालिसी है। अब हम देखेंगा कि उसमें क्या-क्या है।" वह जादू की लकड़ी घुमाता है, डिब्बे को खोलता है और उसमें से कबूतर निकालता है।

"कबूतर, पीस डोव, शान्ति का पाखी। हमारा कंट्री सबसे पीस चाहता है।" जादूगर फिर डिब्बे में हाथ डालता है और एक कटोरा निकालता है। दर्शकों को बताकर कहता है, "ये फॉरिन एड–विदेशी की मदद–का कटोरा है साहबान।" वह कटोरा लड़की को देता है और बोलता है, "अमरीका का वास्ते," फिर डिब्बे में हाथ डालकर एक और कटोरा निकालता है, "रूस का वास्ते!" फिर एक और कटोरा, "कनाडा का वास्ते," फिर एक और, "फ्रांस का वास्ते!" और इसी तरह वह देशों का नाम लेता जाता है और विदेश-नीति के उस छोटे से ख़ाली डिब्बे से सहायता के लिए कटोरे निकलते जाते हैं।

दर्शक तालियाँ बजा रहे हैं। कटोरे निकलते जा रहे हैं।

"नेक्स्ट आयटम ऑफ दि प्रोग्राम : इकॉनामिक्स ऑफ इंडिया–भारत का अर्थशास्त्र।" जादूगर ने कहा और लड़कियों ने उसकी दोनों ओर दो टेबल रखे जिन पर दो बड़े डिब्बे रखे गए। एक पर लिखा था : सार्वजनिक क्षेत्र और दूसरे पर निजी क्षेत्र। दोनों डिब्बे खोलकर दिखाए गए। वे ख़ाली थे। लड़कियाँ दो मुर्ग़ियाँ लेकर आईं। जादूगर ने एक मुर्ग़ी सार्वजनिक क्षेत्र के डिब्बे में रखी और दूसरी निजी क्षेत्र के। जादू की लकड़ी घुमाई और सबसे पहले निजी क्षेत्र का डिब्बा खोला। मुर्ग़ी बाहर आई और उसके बाद जादूगर ने दस ताज़े अंडे निकाल कर दिखाए। दर्शकों ने तालियाँ बजाईं। उसके बाद जादूगर ने सार्वजनिक क्षेत्र का डिब्बा खोला। वहाँ से मुर्ग़ी भी ग़ायब थी। कुछ नुचे हुए पंख मिले।

"आय, अंडा मिलना तो दूर इदर पब्लिक सेक्टर का मुर्ग़ी भी साफ़ हो गिया।"

जादूगर ने इस बार पाँच अंडे सार्वजनिक क्षेत्र के डिब्बे में और पाँच अंडे निजी क्षेत्र के डिब्बे में रखे। डिब्बों को बन्द किया और जादू की लकड़ी घुमाई। डिब्बों को खोला तो निजी क्षेत्र के पाँच अंडे ग़ायब थे, मगर उनकी जगह पाँच चूजे बाहर आए। सार्वजनिक क्षेत्र के डिब्बे से पाँच अंडे ग़ायब थे मगर चूजा नहीं निकला।

"कैसा है पब्लिक सेक्टर साहबान, मुर्ग़ी भी ग़ायब हो गिया, अंडा रखा तो अंडा भी ग़ायब हो गिया। थोड़ा जाँच–इंक्वारी करना होगा।" जादूगर मंच से उतरा। सामने की पंक्ति में बैठे एक मिनिस्टर साहब की जेब से एक अंडा निकाल कर दिखाया। कुछ दूर एक आई.ए.एस. अधिकारी बैठे थे, उनकी नाक से अंडा टपकाकर निकाला। थोड़ी दूर पर एक ट्रेड यूनियन नेता बैठे थे, उनकी टोपी उठा कर अंडा उसमें से निकाला। एक इंजीनियर की बग़ल से निकाला। एक बाबू की जेब से निकाला।

"ये वो पाँच अंडा है साहबान जो पब्लिक सेक्टर से ग़ायब हो गिया था। हाम नहीं पकड़ता तो साब उसका आमलेट बनाकर खा जाता।" जादूगर ने कहा और दर्शकों ने तालियाँ बजाईं।

"नेक्स्ट आयटम ऑफ़ दि प्रोग्राम : करप्शन ऑफ़ इंडिया–भारत में भ्रष्टाचार। थैली पर नज़र रखिए साहबान। यह करप्शन का थैली है। इसका रुपया कभी कम नहीं होता।" जादूगर ने मंच के कोने पर रखी थैली को फिर उलटा और उससे रुपया निकलने लगा।

"करप्शन कभी ख़तम नईं होयँगा साहबान।' जादूगर ने कहा और नई घोषणा की, "स्मगलर्स पैरेडाइज–तस्करबाज़ों का स्वर्ग।"

लड़की ने जादूगर के हाथ में एक थैला दिया। जादूगर ने दर्शकों को बताया कि वह ख़ाली है। तभी विंग्स से पुलिस की पोशाक में एक व्यक्ति दाखिल हुआ।

"ऐ, थैले में क्या है? स्मगल का सामान?" पुलिस वाले ने कहा।

"कुछ नहीं है, हवलदार साब!" जादूगर ने ख़ाली थैला दिखा दिया।

पुलिस वाला चला गया। दूसरी ओर से एक व्यक्ति ने प्रवेश किया। जादूगर ने पूछा, "स्मगल का माल ख़रीदेंगा साब, वाच घोड़ी, सेवंटीन ज्वेल, नायलान, सूटपीस, ब्लेड, जो माँगेगा हम देंगा।" और फिर जादूगर ने उसी ख़ाली थैले से घड़ियाँ निकाल कर देना शुरू कर दिया। हर बार वह हाथ डालता और घड़ियाँ निकालता। ख़रीदने वाला उन्हें लेता जाता। पुलिस वाला फिर आया। जादूगर ने दिखा दिया कि थैला ख़ाली है। वह चला गया। अब जादूगर तस्करी का और सामान थैले से निकाल कर देने लगा। नायलॉन का थान, टेपरिकॉर्डर, कैमरे, रेजर आदि। पुलिस वाला फिर आता है। जादूगर ख़ाली झोला दिखा देता है। पुलिस वाला जाने लगता है। जादूगर उसे आवाज़ देकर बुलाता है और उसी झोले से एक घड़ी निकाल कर पुलिस वाले को भी दे देता है। वह पहनता हुआ ख़ुश-ख़ुश चला जाता है।

जनता तालियाँ बजा रही है। जादूगर 'करप्शन ऑफ़ इंडिया—भारत में भ्रष्टाचार' को फिर दोहराता है।

"करप्शन कभी ख़त्म नईं होंगा साहबान, थैली पर नज़र रखिए।"

नया कार्यक्रम था—'निपोटिज्म—भतीजावाद!'

मंच पर एक जवान लड़का आता है। जादूगर पूछता है, तुम कौन हो? लड़का बताता है कि वह मन्त्री महोदय का भतीजा है। जादूगर उसे एक टेबल पर लिटा देता है।

"देखिए साहबान, हमारे मुल्क़ में भतीजावाद कैसे ऊपर उठता है। वह बिना कुछ किए ऊपर उठता है। कोई साधारण आदमी उतना ऊपर नहीं उठ सकता, जितना भतीजा उठता है।" जादूगर छड़ी घुमाता है और टेबल पर सीधे लेटा हुआ भतीजा धीरे-धीरे ऊपर उठने लगता है। वह अधर में स्थापित हो जाता है।

जनता तालियाँ बजाती है। जादूगर नम्रता से झुकता है।

"नेक्स्ट आयटम ऑफ़ दि प्रोग्राम : डेमोक्रेसी इन इंडिया—भारत में प्रजातन्त्र।"

तेल के ड्रम या शराब के पीपे के आकार की बड़ी कोठियाँ मंच पर रख दी जाती हैं, जिनमें एक व्यक्ति चाहे तो पूरा छुप सके। हर ड्रम पर एक राजनीतिक दल का नाम लिखा हुआ है। एक नेता मंच पर आता है।

"आपका तारीफ़?" जादूगर पूछता है।

"हम लीडर हैं, नेता!"

"कौन-से दल का नेता?"

"जिसका मेजारिटी हो, उसका नेता।"

जादूगर नेता को एक ड्रम में उतार देता है, ढक्कन रख देता है और जादू की लकड़ी घुमाता है। नेता एक दूसरे ड्रम से बाहर निकलता है।

"आय! यह तुम क्या किया?"

"हम दलबदल किया।"

नेता फिर उस ड्रम में छुप जाता है। जादूगर लकड़ी घुमाता है। नेता इस बार फिर नए ड्रम से प्रकट होता है।

दर्शक तालियाँ बजाते हैं। आश्चर्य में हैं कि एक जगह घुसा नेता दूसरी जगह फिर कैसे निकल आता है। जादूगर झुककर बोलता है, "डेमोक्रेसी इन इंडिया–भारत में प्रजातन्त्र!"

जादूगर आख़िरी जादू दिखाता है–'ग़रीब का पेट।'

मंच पर एक यन्त्र लगाया जाता है। बिजली से चलने वाला आरा, जो हर चीज़ को काट देता है। मंच पर मैले कपड़े पहने ग़रीब-सा दुबला-पतला व्यक्ति आता है। जादूगर उसे टेबल पर लिटा देता है और आदर्शवादी भाषणों से हिप्नोटाइज कर देता है। यन्त्र चालू होता है, आरा पेट पर है, पेट कटने लगता है, कट जाता है।

"यह यन्त्र हमारे देश का बना यन्त्र है साहबान और यह ग़रीब का पेट है, जिसे यह यन्त्र काट रहा है।"

लोग स्तब्ध हैं, फिर तालियाँ बजाने लगते हैं।

"पिछले तेईस साल से हम यह जादू इस देश में हर जगह दिखा रहे हैं। हमें आशीर्वाद दीजिए, देवियो और सज्जनो कि हम आपकी ख़िदमत में पेश होते रहें और ऐसे ही जादू दिखाकर मुल्क़ का नाम ऊँचा करें। जय हिन्द!"

जादूगर नम्र अदा से झुकता है। तालियाँ बजती रहती हैं।

बिहार पहुँचकर 'नरभसा' गए शरद जोशी

'अक्सफर्ड' अऊर 'केम्भ्रिज' जूनिभर्सिटी के अंग्रेज़ी विद्वान तथा समस्त बिहार में मिसनरी इस्कूल और अस्पताल के आस पास बने अंग्रेज़ों के कबरस्तान में लेटी भूत पलीत आत्माएँ आज की डेट में यह सोचकर खुस हो सकती हैं कि आने वाली सदियों में अंग्रेज़ी भासा का भविष्य अत्यन्त उज्ज्वल है। इंग्लैंड में मिला कर अंग्रेज़ी भासा हर कहीं मरे पर वह सदा-सर्वदा के लिए बिहार प्रान्त में लोक बोली के रूप में जीवित रहेगी। इसमें हमें सक का कोई गुंजाइश नहीं लगता, क्योंकि अंग्रेज़ी का लगभग सभी वर्ड और मुहावरा फ्रेज आदि जस-का-तस बिहार की हिन्दी में फुल्ली डिजाल्भ अर्थात् घुल-मिल गया है। अंग्रेज़ी का वर्ड उपयोग किए बिना बिहार का आदमी अपनी बात हिन्दी में समझा ही नहीं सकता और यह गुण केवल बिहार का इलाइट वर्ग में ही नहीं, वहाँ का कॉमन मैन तक में साफ़ नज़र आता है और आज की तारीख़ में बिहार का इलाइट माने लालू यादव का क्लास का आदमी है, जिसका माइंड एकदम इंटरनेशनल है।...

जहाँ से सबसे पहले हिन्दी का स वाल उठा था, ठीक वहीं ही नहीं, अन्दर गाँव-गाँव में शब्द-दर-शब्द अंग्रेज़ी भाषा हिन्दी को फचीट कर आउट कर रही है। सारे अपराधी आजकल कल्प्रिट कहलाते हैं, अपराध की जगह क्राइम हो रहा है, वातावरण में तनाव की जगह टेंसन ने ले ली है, हत्याएँ समाप्त होकर मर्डर होने लगे हैं और समस्या यह है कि केस पुलिस को 'हेंडिंग ओवर' करने पर भी 'एक्सन' नहीं लिया जा रहा। बिहार में हिन्दी भाषा से तात्पर्य बोली और अंग्रेज़ी का काम्बीनेशन है। यदि कोई भला आदमी बिहार में अपनी बात कहने का प्रयत्न करे तो उसके सामने आज भी वही समस्या है जो वर्षों पूर्व भगवान बुद्ध के सामने थी, जो समझ नहीं पा रहे थे कि अपना प्रथम व्याख्यान किस भाषा में दें जिससे सामने बैठा खैनी मलता बिहारी भाई समझ सके।

बड़ा प्राब्लम है। मैं जब पटना उतरा तो मुझसे पूछा गया कि क्या आप 'टूल डाउन' से आ रहे हैं। मैंने हड़ताल के अर्थ में टूल डाउन मुहावरा सुना था, इसलिए मुझे यह समझने में बड़ी कठिनाई हुई कि यहाँ टूल डाउन से तात्पर्य 'ट्वेल्व डाउन'

से है, जो ट्रेन के लिए कहा जाता है। वहीं कुली के मुख से 'नरभस' शब्द सुना। इनक्वायरी की खिड़की पर मेरे प्रश्न के उत्तर में बिहारी अंग्रेज़ी के वाक्य का अर्थ निकालने का प्रयत्न करते हुए बार-बार मेरी नज़र अपनी अटैची पर जा रही थी। मुझे डर लग रहा था कि जल्दबाज़ प्रकृति का वह कुली चल न दे। तब इत्मीनान दिलाते हुए उस कुली ने मुझे कहा, "आप इतने नरभस क्यों हो रहे हैं?" नरवस शब्द नरभस हो वहाँ की बोली में समा जाएगा, मैंने सोचा न था। जब मैंने यह क़िस्सा पटना में एक सज्जन को सुनाया तो उन्हें कोई आश्चर्य नहीं हुआ। वे बोले, आप नरभसाय रहे होंगे, तभी कुली ने देखकर कहा होगा। यह सुन अंग्रेज़ी के सुरक्षित भविष्य को लेकर मेरे मन में कोई सन्देह नहीं रह गया। जहाँ अंग्रेज़ी का 'नरवस' नरभसाय होकर जीवित है, वहाँ अंग्रेज़ी के लिए नरवस होने का स वाल ही नहीं उठता।

बिहार बिलकुल बदल गया है। पटना में अब भवन या मंज़िल नहीं बनते। वहाँ अब अपार्टमेंट और कॉम्प्लेक्स बन गए हैं। आदमी बहुत व्यावहारिक और स्पष्ट-वक्ता हो गया है। अतीत से लेकर भविष्य तक को एक मिनट में गड्ड-मड्ड कर वह अपनी बात कह सकता है। जैसे, उसके मुख से यह वाक्य सुन आपको चौंकना नहीं चाहिए कि राम ने रावण का मर्डर किया था। यहाँ की भाषा में मारना और मर्डर करना एक ही है। मर्डर शब्द भी आम है और यह क्रिया भी जनजीवन में सामान्य है। मर्डर के आँखों देखे हाल सुनाते, जिसमें कहने वाले की स्वयं की भगीदारी प्रायः रहती है, वे किसी क़िस्म की पीड़ा नहीं पालते। एक प्रकार की संवेदनाशून्य मुद्रा में वे आपको कहते मिलेंगे कि मर्डर हो गया या कर दिया। एक मामले को विस्तार से बताते हुए एक बिहारी व्यक्ति यों कह रहा था कि "हम पहले सोच रहे थे कि कल्प्रिट को पोलिस का हेंड ओवर कर दें पर जब वह ज़्यादा फूलिश बकने लगा तो हमारा माइंड रिवर्स हो गया। हमने कहा, पोलिस को हेंडिंग ओवर से कोई फ़ायदा नहीं होगा। हमने कल्प्रिट को मारा। बहूत मारा, बहूत मारा, बहूत मारा। हमरे अलावा भी बहूत पब्लिक ने मारा। पोलिस ऑफीसर ने कहा भी कि आप चाहें तो अब केस हमें हेंड ओवर कर दीजिए। हमरा थिंकिंग बन रहा था कि पोलिस को दे दें, पर तभी कोई सौ-डेढ़ सौ पब्लिक आन दि स्पाट भीड़ लगा दिया और वह भी उस पर मार लगाने लगा। तब हमने पुलिस से कहा कि जदि आप भी मारना चाहते हैं तो यहीं मारपीट लीजिए क्योंकि अब केस पोलिस को हेंड ओवर करने के लाइक नहीं रहा है।"

इतना सुनने के बाद यह प्रश्न पूछा जाना स्वाभाविक था कि क्या वह मर गया? उत्तर मिला—मरा नहीं, हास्पिटलाइज है। जगह-जगह सुना, हड्डी ब्रोकन हो गया है। इस समय समूचा बिहार 'भूथ केप्चर' या 'भूथ कैप्चरिंग' की सुखद स्मृति

में जी रहा है। हर चुनाव क्षेत्र की अपनी-अपनी गौरव-गाथा है और उसके अपने नायक हैं। व्यवस्था के अलावा बच्चा-बच्चा उनका नाम जानता है और समूची कहानी का विस्तार से हाल सुना सकता है। आश्चर्य व्यक्त करने से आप परदेशी मारे जाएँगे। 'ई सब इहाँ कॉमन बात है। इलक्सन का मतलब ही बिहार में भूथ कैप्चरिंग है। भूथ केप्चर कौन करेगा, यह सब जानते हैं।' वह इस बार किस पार्टी के लिए करेगा, बस इतना ही बात डिसाइड होने में थोड़ा टाइम लगता है। बिहार के लिए सर्वश्रेष्ठ प्रजातान्त्रिक स्थिति यह होगी कि वहाँ के गाँवों में 'भूथ कैप्चर' करने वाले का सर्वप्रथम चुनाव हो जाया करे। जो विजयी हो, वह गाँव की ओर से पार्टी के उम्मीदवार से रकम तय कर समझौता करे और पोलिंग शुरू होते ही सारा भोट पर ठप्पा मार दे। बिहार में यही प्रजातन्त्र सम्भव है।

इस बार घटित हुए चुनाव के तटस्थ दर्शकों ने मुझे बताया कि जगह-जगह चुनाव अधिकारियों के स्वागत-सत्कार का इन्तज़ाम पुख़्ता था। गादी, तकिया, कालीन आदि से सजे कमरे में व्हिस्की, दारू, चिकन, मिठाई, नमकीन, सिगरेट, फलफ्रूट सब रखा था। अफ़सर से कहा, "आप इधर आराम से बैठकर खाइए-पीजिए और कोई ज़रूरत हो तो ऑर्डर कीजिए। सब सेवा में हाज़िर हो जाएगा। पोलिंग बूथ का फिकर न कीजिए। वह हम पर छोड़ दीजिए। किसे क्या भोट देना है सो हम लोग का डिसाइड है। जब पेटी सील करने का टाइम आएगा, आपको ले जाया जाएगा।" बिहार की राजनीतिक संस्कृति में जीने वाले अधिकारी कमरे में आनन्द करते रहे और उधर जो भोट पड़ना था सो पड़ गया।

हर बूथ की अपनी केप्चर-कथा है। प्रान्त की राजधानी पटना के पोलिंग बूथ भी ऐसी तिकड़मों से अछूते नहीं हैं। प्रबुद्ध बिहारी इसे 'बट नेचरल' कहता है। चुनावे होगा तो ई सब तो होगा ही। एक पत्रकार ने मुझे बताया कि "जब वह सुबह आठ बजे अपना वोट डालने गया तब पता चला कि कोई आकर उसका वोट पहले ही डाल चुका था। सरप्राइज़ हुआ जानकर। हमने कुस्चन किया तो कोई रिप्लाय नहीं देता था। बिहार के एक प्रसिद्ध नेता के लड़के के साथ जो इंसीडेंट हुआ सो तो आप जानते हैं न। नहीं जानते? हमसे सुनिएगा। महोदय जब तसरीफ ले गए, उनका भोटिंग किसी अऊर ने कर दिया था। इ ठहरे बड़े लीडर के बिटवा। टेम्पर लूज किया और सारा आफीसर को उँही सेट राइट करने लगा। आफीसर भी बोले कि यह कितना सेम का बात है कि इतना बड़ा लीडर का बेटा भोट नहीं दे पा रहा है। पर मिस्टिक तो हो चुका था। बोले, अब आप ही रास्ता सुझाइए—भाट भी केन डू फार यू। उनका पिता जी उस रोज़ दिल्ली गए थे। तो यह तय पाया गया कि क्यों नहीं फादर का वोट सन डाल दे। रिक्वेस्ट किया कि आप अपने पिता जी का वोट डाल दीजिए। उसने अपने बाप का वोटिंग राइट यूस किया और बोला—यह

निहायत अफसोस का बात है कि हम बड़े-बड़े लोग के मामले में ई सब गड़बड़ केस हो रहा है।''

कहते हैं कि बिहार की पूरी विधानसभा उन विधायकों से भरी है जो बूथ केप्चरिंग से चुनाव जीते हैं। बिहार की चुनाव परम्परा को समझाते हुए एक टैक्सी ड्राइवर ने मुझसे कहा, ''साहिब, इधर सब पार्टी का यह रूल है कि जब तक केंडीडेट ने पन्द्रह-बीस मर्डर न किया हो, उसको इलक्सन का टिकिट नहीं मिलता। जिसने काफ़ी सारा मर्डर न किया हो, वह बूथ केप्चर कैसे करेगा और वह न करेगा तो कैसे जीतेगा? केंडीडेट का बेकग्राउंड एही बात पर जज किया जाता है। फिर उसे टिकिट मिलता है।''

मैंने लालू यादव के विषय में प्रश्न किया। उसका मन अपार श्रद्धा से भर उठा।

मुझे इन बातों में कोई रुचि नहीं थी। मैं तो बिहारी अभिव्यक्ति में बिखरी हुई अंग्रेज़ी शब्दों की छटा का आनन्द ले रहा था। जैसे, शेक्सपीयर और बर्नार्ड शॉ की अदृश्य आत्माएँ किसी हेलिकॉप्टर में बैठे पूरे बिहार में ठाँव-ठाँव उड़ती अंग्रेज़ी शब्द जनसाधारण के लिए बिखेरती हों। बिहार का नागरिक उन शब्दों को पकड़ अधिकार की भाषा में बातें करता है। पटना के हवाई अड्डे पर यह सुनकर कि फ्लाइट की क्या सिचुएसन है, राइट टाइम जा रहा है कि आज भी लेट है, शायद इतना आश्चर्य नहीं होता पर जब किसी गाँव के होटल में दूसरों को अख़बार की ख़बर सुनाते हुए एक ग्रामीण दूसरे उतने ही ग्रामीण से कहता है कि ''बीपी नाम्भिया का इंडेपिंडे की सारमनी देखने जा रहा है,'' तब आप मुँह बाए यह सोचने लग जाते हैं कि नामीबिया के स्वतन्त्रता दिवस पर वी.पी. सिंह के वहाँ जाने के समाचार बिहार के दैनिक जिस भाषा में देते हैं, वह हिन्दी क्यों हिन्दी है? बिहार की भोजपुरी ने अंग्रेज़ी को जितना खपाया है, इसे देख सर्वत्र खप रही अंग्रेज़ी स्वयं कम हैरान न होगी। आप उसे ही हिन्दी कहकर राष्ट्रभाषा का सुख लूट लीजिए, यह अलग बात है, पर इस सूबे में शायद ही कोई ऐसा हिन्दी वाक्य सुनने को मिले जिसमें अंग्रेज़ी शब्द न शोभित हो रहा हो। वहाँ की हिन्दी सुन अंग्रेज़ बिहार से बहुत दूर गए नहीं लगते। लगता है, वे सशरीर बिहार की भीड़ में समाकर अंग्रेज़ी को जीवित रखने में जुटे हैं। कुछ वाक्य मैंने सुने, वे ऐसे थे–

'बड़े लीडर हैं भाई, उनका दिल्ली से डायरेक्ट कनेक्शन है।'

'एज सी.एम. आज़ाद बड़े आनेस्ट थे पर जब वे रांग आदमी का पाइंट ऑफ व्यू सुनने से रिफ़्यूज़ करने लगे तक उन्हें बदलना पड़ा।'

'लालू यादव एट द मोस्ट सिक्स मंथ तक खींच ले जाएगा।''

'नौभारत टाइम्स को शुरू में डिफिकल्टी रहा पर बाद में पब्लिक उसे लाइक करने लगा।'

'गरम-गरम देता है ताजा बनाकर। इसका यही तो ब्यूटी है।'

'यह एक्सप्रेस कुछ देर पेसेंजर रहकर बाद में फास्ट होता है।'

'दुई टीसन के बाद गाड़ी स्पीड से फुल थ्रू जाएगा।'

'गाली बक दिया तो उसमें इतना माइंड करने का का बात है।'

'आप एक बात का रिपीटीसन पर रिपीटीसन किए जा रहे हैं।'

'आपके कहे का जो ईसेंस है सो हम समझ रहे हैं।'

'लगता है, आप प्राब्लम में बहुत इन्भाल्व हो गए हैं।'

मुझे लगता है, यदि मैं अधिक दिनों तक बिहार में रहता तो वहाँ की भाषा की प्रॉब्लम में सचमुच बहुत इन्वॉल्व हो जाता और यह लेख मुझे अंग्रेज़ी में लिखना सरल पड़ता। चारों ओर से अंग्रेज़ी शब्दों की बौछार होती रहती है। कुली, रिक्शा वाला, पान वाला कोई भी बात करे, वह अंग्रेज़ी शब्द का प्रयोग किए बिना रह नहीं सकता। एक स्थान पर रेल रुक गई। शायद किसी ने ज़ंजीर खींच दी थी। खिड़की के पास बैठे एक बिहारी यात्री ने खिड़की के पास बैठे दूसरे बिहारी यात्री से वार्तालाप आरम्भ किया। ऊपर की बर्थ पर लेटा मैं सुन रहा था :

''लगता है, चेन पुलिंग हुआ है?''

''हां, चेन पुलिंग हुआ है।''

''आस पास कोई भिलेज भी नहीं है। एकदम फारेस्ट में आकर चेन पुलिंग करने का का मतलब?''

''फिजूल पेसिंजरों का भेस्ट ऑफ़ टाइम करते हैं ये लोग।''

''ऐही से तो ट्रेन लेट होती है।''

''इस तरह चेन पुलिंग होने लगा तो गार्डऊ ससुर का करेगा।''

''रेल्वई का अथारिटी ही ख़तम हो गया है भाई।''

''उँह। भेस्ट ऑफ़ टाइम। एक बार रुक गया तो स्टार्ट नहीं हो रहा है।''

मैं ऊपर लेटा सोच रहा था–शरद, तुमने हिन्दी को समझने में कोई बुनियादी भूल तो नहीं की! क्या तुम इस भाषा में लिख सकते हो जो यहाँ इन दिनों पूरे आत्मविश्वास से बोली और समझी जा रही है? एकाएक इन वर्षों में बिहार में हिन्दी इस तेज़ी से जगह-जगह फट पड़ेगी और उसमें अंग्रेज़ी के शब्द अपने को स्थानीय रंग दे समा जाएँगे, यह मैंने सोचा न था। सच यह है कि मुझे वहाँ बात करने में कठिनाई होती थी क्योंकि जो मैं बोलता था, वही मुझसे प्रश्न के रूप में पूछा जाता

था, जिसका मुझे वही उत्तर देना पड़ता था, जो मैं पहले कह चुका होता था। जैसे, मैंने पटना में डाक बँगला रोड पर पूछा था :

''नर्मदा अपार्टमेंट कहाँ है?''

''नर्मदा अपार्टमेंट?'' उसने प्रश्न किया।

''जी।''

''नर्मदा अपार्टमेंट जाना है?'' उसने फिर प्रश्न किया।

''जी, नर्मदा अपार्टमेंट।''

''देखिए, यहाँ से स्ट्रेट जाइए फिर लेफ्ट को मुड़ के वहीं पिटरौल पम्प के पास पूछ लीजिए।''

तभी एक और सज्जन आ गए और पूछने लगे, ''का बात है?''

''इन साहिब को नर्मदा अपार्टमेंट जाना है,'' दूसरे ने उत्तर दिया। इस पर वे सज्जन मेरी ओर घूमे और बोले, ''आपको कहाँ जाना है?''

''नर्मदा अपार्टमेंट,'' मैंने कहा।

''क्या नर्मदा अपार्टमेंट जाइएगा?''

''जी। इन्होंने बताया आगे से लेफ़्ट टर्न है,'' मैंने पिंड छुड़ा आगे बढ़ने का प्रयत्न करते हुए कहा।

''आपको नर्मदा अपार्टमेंट ही जाना है न?''

''जी।''

''ऐसा कीजिए, आप इहाँ से सीधे स्ट्रेट चले जाइए और जब लेफ्ट टर्न आए तो मुड़ जाइए। वहीं एक पिटरौल पम्प है, वहीं देखिएगा या किसी से पूछ लीजिएगा कि नर्मदा अपार्टमेंट कहाँ है तो वहीं कोई बता देगा।''

''हमने बताया इन्हें,'' दूसरे ने कहा।

''बताया न। फिर काहे पूछ रहे हैं?''

''आप सीधे चले जाइए।''

''जी धन्यवाद,'' मैं बढ़ने लगा।

''का नर्मदा अपार्टमेंट जाना है?'' एक और आवाज़ आई। इस बार मैं नहीं रुका पर पीछे से किसी ने कहा, ''स्ट्रेट चले जाइए, फिर लेफ़्ट को मुड़ जाइए।''

मुझे लगता है, उस तीसरे व्यक्ति को मेरा न रुकना अच्छा न लगा होगा और ताज्जुब नहीं, उसने मुझे अंग्रेज़ी मिश्रित वाक्य में गाली भी दी हो–'डैम फूल ससुरे, इतना भी नहीं जानते नर्मदा अपार्टमेंट कहाँ है?'

मैले-कुचैले कपड़ों में झुके हुए बूढ़े, ख़ाली-से बैठे पता नहीं किस आशा में टकटकी लगाकर देखते युवक, अपनी आयु से बड़ी लगने वाली कुपोषण और मेहनत से टूट-सी गई महिलाओं को देख लगता है, बिहार आज भी वही और वैसा ही है जैसा गांधी जी ने अपनी चम्पारन की यात्रा के समय देखा था। वही ग़रीबी और बेकारी जिसे दूर करने की सोचते राजेन्द्र बाबू हाथ मलकर रह जाते थे। इतने दिनों बिहार ने अपना भविष्य सँवारने की कोशिश में क़िस्म-क़िस्म के नेता पैदा करने और उन्हें पालने, आगे बढ़ाने के अतिरिक्त क्या किया? अब तो नेता भी उत्पन्न नहीं होते क्योंकि गुंडे-बदमाश उनकी जगह पहले ले लेते हैं। पर उन नेताओं ने और कुछ न किया हो, बिहार के लोगों को यह भ्रम शायद सफलता से दे दिया कि आधुनिक बन जाना कोई कठिन नहीं है। बस, जीवन-व्यवहार में अंग्रेज़ी के शब्द, जुमले आदि अपना लीजिए और बढ़कर ज़ोर देकर बोलिए। जैसे नेता या अफ़सर अपनी प्रशासन की भाषा में बात करता है, उसी अन्दाज़ में बिहार का अदना आदमी भी बात करने लगा। उसे इससे क्या मिला, वह वे देख ही रहे हैं। पिछले माहों में या हो सकता है, पिछड़ेपन का सारा कॉम्प्लेक्स दूर करने के चक्कर में बिहार अंग्रेज़ी पर उतर आया हो। बिहारी तो अंग्रेज़ न होगा, न होना चाहेगा पर अंग्रेज़ी का जो बिहारीआईज़ेशन हो रहा है, उसे देख चौंक जाना स्वाभाविक है। लोग कहेंगे, 'नरभसा' गए बिहार जाकर शरद जोशी, इसलिए मैं यह अनुभव किसी को सुना भी तो नहीं सकता।

भ्रष्ट जो खोजन मैं चला...

देश का थोड़ा-बहुत बड़ा आदमी इन दिनों जेल में बन्द है। ऊँचे फ़्लैटों का सम्मानित निवासी, सोने और विदेशी करेंसी में खेलने वाला बारह ताड़ी के पीछे है अथवा मरीज बना सरकारी अस्पताल के बिस्तर पर लेटा नर्सें ताक रहा है। कुछ बाहर हैं। मेरे ख़याल से ज़्यादा बाहर हैं। आएगा, यदि ऐसा ही चला तो वह भी आएगा।

जेल की छत से कैदियों के सिर पर स वाल लटक रहे हैं। भविष्य क्या होगा? भविष्य में भविष्य क्या होगा? स्मगल की स्वर्णिम डोर जेल से छूटने के बाद जुड़ेगी अथवा नहीं? सरकार क्या प्रश्न करेगी? बचाव क्या होगा? बचाव के दौर में रिश्वत और कितनी दी ज़ानी होगी? सम्पत्ति पूरी तरह पकड़ आएगी या कुछ बच जाएगी? सरकारी जेलों की अविकसित व्यवस्था में लेटे फ़ाइव स्टार होटल की स्मृतियों में जीते, वे सोच रहे हैं। उन्हें अपने-अपने ज्योतिषी याद आ रहे हैं जो कह चुके थे कि बीच में राहू थोड़ा कष्ट देगा, मंगल नीच का होने से रुपए की आवक रुकेगी मगर जिनकी बात को गम्भीरता से नहीं लिया था। उन्हें वे कॉलगर्लें याद आ रही होंगी जो फ़ोन करने से ही आ जाती थीं। वे सरकारी अधिकारी याद आ रहे होंगे जो उनसे प्रेजेंट्स आदि लेते थे, रिश्वत लेते थे, पार्टियाँ जीमते थे। वे रिश्तेदार याद आ रहे होंगे जिनके नाम से अलग-अलग सम्पत्तियाँ ख़रीदी जाती थीं, होटल चलते थे। जेल की रातें वे कैसे गुज़ारते होंगे? सारी माया आदमी की है। आदमी जेल गया तो सब कुछ सूना है, फ़ाइव स्टार होटल से स्मगल की नौकाओं तक।

प्रश्न है कि क्या सरकार इन बखियाओं और हाजी मस्तानों से उन सरकारी अधिकारियों के नाम पूछेगी जो इन स्मगलधर्मी व्यापारियों के निरन्तर मददगार रहे हैं? प्रश्न है कि क्या सरकार उन मन्त्रियों और नेताओं के नाम पता लगाएगी जो इन स्मगलरों से रुपया लेकर चुनाव लड़ते थे, राजनीति करते थे, सत्ताएँ बनाते बदलते थे? वे पुलिस अफ़सर, निगहबान जो विदेशी स्मगल सामान की नाव तट पर आने की बेला में किनारे से हट जाते थे? वे कस्टम अधिकारी जो मुख पर मन्द मुस्कान लिये अर्ध निमीलित नयनों से स्मगलर को गुज़रते हुए निहारते थे, जहाज़ों पर भारतीय अनाज लद जाता था, विदेशी सोना उतर आता था और वे समुद्र तट

के रेस्तराँ में कोकाकोला पीते रहते थे? क्या नैनमल और चम्पालाल शाह इस वास्तविकता पर प्रकाश डालेंगे कि अब तक कितने नेताओं को वे कितनी रकम दे चुके? इनसे सत्य का पता कैसे लगेगा? यदि ये पूर्ण सत्य छुपाएँगे तो क्या होगा? यदि बता देंगे तो क्या होगा?

भ्रष्टाचार का एक विराट वृक्ष है। उसकी कितनी सारी शाखाएँ हैं, उसकी जड़ कितनी गहरी फैली हुई हैं? क्या यह सब परस्पर जुड़े हुए नहीं हैं? इस वृक्ष की रक्षा के लिए राजनीति का परकोटा लगा है। सिर्फ़ कांग्रेस ही नहीं, दीगर पार्टियाँ भी भ्रष्टाचार के आर्थिक विषवृक्ष की रक्षा कर रही हैं और उससे शक्ति पा रही हैं। भ्रष्टाचार प्रजातन्त्र की जड़ सींच रहा है और यह निरन्तर पल्लवित ख़र्चीला प्रजातन्त्र आम आदमी से दूर जा पड़ा है। हमारा वोट पाया शख़्स किसी जमाख़ोर या स्मगलर का नमक खाता है, उसकी हलाली करता है, उसकी बजाता है। एक या दो वाटरगेट नहीं, वाटरगेटों का अन्तहीन क्रम है और हर वाटरगेट एक हद के बाद सत्ताधारी को निजी नैतिकता के लिए चुनौती भरा प्रश्न बन जाता है कि वह स्वीकार करे या न करे। पावन अनुभवी चमड़ियों के नीचे एक-एक निक्सन छुपा बैठा है। प्रश्न यह है कि स्मगलरों का बयान क्या होगा और उसमें प्राप्त व्यक्तिवाचक संज्ञाओं के साथ हमारा व्यवहार क्या होगा? शासन ने वृक्ष की एक डाली पकड़ी है, क्या दीगर डालियों को भी पकड़ेगी? क्या जड़ तक पहुँचेगी? पौधा शास्त्र का नियम है कि एक-दो डाली काट देने से वृक्ष की बाढ़ कम नहीं होगी, बल्कि उलटे बढ़ती है। बम्बई का किनारा ख़तरनाक होने पर स्मगलर कोलम्बो और मद्रास की बाजू से आने का प्रयास करेगा। एक दरवाज़ा बन्द हुआ, दो खुलेंगे। डालियाँ पनपेंगी। स्मगलर्स की नई पीढ़ी उभरकर आएगी। किस कुली की सुप्त महत्त्वाकांक्षा उसे कब एक और हाजी मस्तान बनने की दिशा में प्रवृत्त कर दे, कहा नहीं जा सकता! बड़ी उर्वरा है इस देश की काली मिट्टी काले कर्मों के लिए। शस्य श्यामल से कितनी श्यामल हरकतें जन्म लेती हैं, सब परिचित हैं।

प्रश्न यह है। जी, प्रश्न यह है कि इस हुआ हुआ के बाद क्या कुछ होगा? स्थिति यह है कि भ्रष्ट जो खोजन मैं चला, भ्रष्ट मिला नहीं कोय। जो घर खोजा आपना, मुझसा भ्रष्ट न कोय। क्या सत्ताधारी और दीगर राजनीतिक दल अपना घर स्वयं खोजना अथवा दूसरों के द्वारा खोजे जाना पसन्द करेंगे? यह एक मिलियन डॉलर प्रश्न राष्ट्र के सामने है और भविष्य का रोचक दृश्य यह होगा कि देखें, राजनीति इससे कैसे पल्ला झटककर बचती है!

अनशन और आश्वासन

नन्हेराम उस दिन अपना ढीला कुरता और बास्कट झुलाते घर आए और बोले—एक ज़रूरी सलाह लेनी है।

मैंने कहा, "नेता के बच्चे, तू इधर कहाँ ग़ायब हो गया था, नज़र नहीं आया, हमें चीनी का परमिट चाहिए था त्योहार के लिए और तेरा पता ही नहीं है। तुझ जैसा शख़्स कलक्टरी से परमिट दस मिनट में ला देता, हम कहाँ घंटों 'क्यू' में खड़े अपनी टाँगें तुड़वाते। हमें तेरी वजह से खुले बाज़ार से महँगी चीनी लेनी पड़ी। निकाल हरजाना।"

वह बीड़ी फूँकता हँसने लगा। फिर उसने व्यस्त व्यक्ति-सी शक्ल बनाई और बोला, "नए साल का जलूस निकलवा रहा था। त्योहार कमेटी में इस बार अपने ग्रुप के लोग घुस लिए हैं तो सोचा, इस बहाने थोड़ा जन-सम्पर्क हो जाएगा और चार पैसे भी बन जाएँगे। काम में लगे थे।"

"अब हमसे क्या गरज पड़ गई?" मैंने पूछा।

"ज़रूरी सलाह लेनी है भैया, आप पढ़े-लिखे हैं।"

"अबे पढ़े-लिखे हैं तो क्या तुझ जैसे गँवार नेताओं की ख़िदमत के लिए पढ़े-लिखे हैं?"

वह फिर अपने पान-सने दाँत निकाल कर हँसने लगा। बोला, "अब तो ऐसी आदत पड़ गई है भैया, कि जब तक तुम्हारी चार गालियाँ नहीं सुन लूँ, मजा नहीं आता।"

"अजब बेशरम है। किसने तुझे नेता बना दिया? अरे, तुझे मैं क्या, सारी पब्लिक गालियाँ देती है।"

"भैया, पब्लिक की हज़ार गालियों में भी वह बात नहीं जो आपकी एक गाली में है।"

"क्यों, दिल से निकली है इसलिए?"

"नहीं भैया, आपकी गालियों में प्रेम टपकता है। हम तो प्रेम के प्यासे हैं। पब्लिक की गालियों से नफ़रत है, घिरणा! वह बात नहीं। इसीलिए हम पब्लिक की गालियों की परवाह नहीं करते। हम तो आपकी गाली के भूखे हैं। जिस दिन आप गालियाँ देना बन्द कर देंगे न, हम नेतागीरी छोड़ देंगे।"

"वादा कर, वादा कर!" मैंने उसकी बात पकड़ ली, "अगर तू नेतागीरी छोड़ कर शरीफों की जिन्दगी बसर करने लगे तो मैं कल से तुझे गालियाँ देना बन्द कर दूँ।"

मगर नन्हेराम कच्ची गोलियाँ नहीं खेले हैं। बोले, "नहीं भैया, यह जुल्म मत करना। गालियाँ देना बन्द मत करना। जिस दिन हम चीफमिनिस्टर की कुर्सी पर बैठें, उस दिन भी आप गालियाँ देते रहना। और हम खाएँगे।"

"अबे, अपनी औकात तो समझा करो। तुम अगर बुढ़ापे तक मुन्सीपाल्टी के चेयरमैन ही होकर दिखा दो तो हम मान जाएँ कि तुम्हारी नसों में नेतागीरी का ख़ून है।"

"यह बात तो करो मत भैया! यहाँ हम आपका विरोध करेंगे। चेयरमैनी तो हमने तीन-तीन साल में लेकर दिखाई। और हम आपको पता दें कि इस साल हम मुन्सीपल चुनाव में खड़े हो रहे हैं और जीत रहे हैं।"

"यह मुँह लेकर?"

"और इसी विषय में आपसे सलाह करने आए हैं।"

"क्या बात है?"

"हमें अनशन करना है, कोई विषय बताओ?"

"लेकिन यार, तुम अनशन करने की सोच रहे हो और तुम्हें यह पता नहीं कि किस विषय पर करोगे?"

"यही समझ होती तो अब तक ऑल इंडिया लीडर नहीं हो जाते? दिल्ली में बैठते, यहाँ क्यों दर-दर मारे-मारे फिरते!" नन्हेराम ने बास्कट की जेब से बीड़ी का बंडल निकालते हुए कहा।

मैंने सामने पड़ा अख़बार उठा लिया और पढ़ने लगा।

"अब ज़्यादा ख़ुशामद मत करवाओ, जल्दी बता दो भैया!" वह फिर बोला।

"वियतनाम पर कर लो अनशन!" मैंने अख़बार में वियतनाम पर प्रकाशित एक समाचार देखते हुए कहा, "अमेरिका वालों को लिख दो कि जब तक वियतनाम से फौजें नहीं हटाओगे, हम अन्न-जल ग्रहण नहीं करेंगे। सारी दुनिया में नाम हो जाएगा तुम्हारा नन्हेराम!"

"अब हमें बनाओ मत भैया! वो हमारा क्षेत्र नहीं है।" नन्हेराम बोले, "हमें तो कोई ऐसा विषय बताओ कि यहाँ हमारी नेतागीरी चमके।"

मैं फिर अख़बार पढ़ने लगा।

"पहले हमने सोचा कि साम्प्रदायिक एकता पर एक अनशन मार दें मगर फिर सोचा कि विषय पुराना पड़ गया है। कई लोग कर ही चुके हैं और दूसरे, हम जिस वार्ड से नगरपालिका चुनाव में खड़े हो रहे हैं वहाँ ज़्यादा मुस्लिम वोट नहीं हैं तो क्या करना है अनशन करके हमें!" नन्हेराम बोले।

"अपने वार्ड की ही कोई समस्या उठा लो और बैठ जाओ अनशन करने।"

"वार्ड की नहीं, नगर का मामला उठाना चाहते हैं। ज़रा बड़ा दिल करके सबके हित में विचार करें।"

"बदमाश!"

बदले में उसने आँखें मिचकाईं और हँस दिया। बोला, "वार्ड से जीतने के बाद चेयरमैनी का सिलसिला जमाएँगे, इसलिए सारे शहर की सोच रहे हैं। कोई विषय विचारो।"

"हमें तो समझ में नहीं आता!"

"ऐसे थोड़े ही आएगा! भाभी से कहकर ज़रा चाय-वाय बनवाओ। कहो, नेता नन्हेराम आए हैं। त्योहार की मिठाइयों से कुछ बचा हो तो मँगवा लो। हमारा स्वागत हो जाएगा, तुम्हारा दिमाग़ काम करने लगेगा।"

"चीनी नहीं है!" मैंने रुखाई बरती।

"कंजूसी मत करो! आजकल में हम अनशन शुरू कर देंगे तो हाथ जोड़कर कहोगे, नेता नन्हेराम, कुछ खा लो और हम मुँह फेर लेंगे।"

"कौन जोड़ता है हाथ, मरो हमारी तरफ़ से!"

"मरेंगे नहीं हम जल्दी, यह समझ लेना। श्मशान कमेटी के मेम्बर हैं। कुछ तो जमराज हमारी सेवाओं का ख़याल करेंगे।"

मुझे हँसी आ गई। उसने दाँत में बीड़ी कस ली।

"वाक़ई चीनी नहीं है?" उसने पूछा।

"तुझसे झूठ बोल रहे हैं क्या? साले परमिट-वरमिट दिलाते नहीं हैं चीनी का और चाय पीने आ जाते हैं!"

वह कुछ देर बीड़ी पीता सोचता रहा। फिर बोला, "भैया, हम तो इसी स वाल पर अनशन कर डालते हैं। पब्लिक की समस्या है और हम पब्लिक के लीडर हैं। हम नहीं इस प्रश्न को उठाएँगे तो कौन उठाएगा?"

"कौन-सी समस्या?" मैंने पूछा।

"चीनी की समस्या। एक किलो प्रति व्यक्ति मिल रही है, इसे बढ़ाकर डेढ़ किलो प्रति व्यक्ति किया जाए। नगर की जनता परेशान है, कोटा बढ़ाया जाए। फूड मिनिस्टर विचार करें। आजकल गेहूँ भी सड़ा आ रहा है, जनता कष्ट में है। यह हमारे जीवन की पहली समस्या है और इसे सुलझाए बिना कोई शासन जनता का समर्थन नहीं पा सकता। हमें समाजवाद लाना है, कैसे आएगा? क्या बिना जनता को गेहूँ और चीनी-जैसी ज़रूरी चीजें दिये आप समाजवाद लाने चले हैं? नहीं, यह नहीं होगा। हर व्यक्ति को ज़्यादा चीनी मिलनी चाहिए। नो शुगर, नो सोशलिज्म। फूड मिनिस्टर हाय-हाय, फूड मिनिस्टर हाय-हाय!"

"चुप रह।" मैंने उसे डाँटा। वह भाषण ही देने लगा था।

वह हँसा और आगे बढ़कर मुझसे हाथ मिलाया, "मानते हो, है न अनशन के लायक विषय! इसीलिए कहता हूँ भैया, कि तुम गाली भी दो तो बुरी नहीं लगती। पास बैठे और बात की बात में विषय मिल गया।"

"मगर क्या तुम्हारे अनशन करने से शहर में चीनी का कोटा बढ़ जाएगा?"

"अरे न बढ़े सुसरा। आश्वासन झटक लेंगे और नारंगी का रस पीकर जलूस निकलवा देंगे अपना। जय-जयकार हो जाएगी, थोड़ी पब्लिसिटी खींच लेंगे अख़बारों में।"

"मानते हैं प्यारे! हो तुम असली स्थानीय नेता। लेकिन इस दुबले-पतले बदन को लेकर अनशन कर सकोगे?"

"पाँच दिन की तो हमें प्रैक्टिस है। एक सप्ताह खींच लेंगे। फिर समस्या बढ़ेगी तो दसवें दिन सरकार का बयान आ जाएगा, या आश्वासन मिल जाएगा। बात कर लेंगे पहले से। ऐसा है, हम जिन नेताओं को आम चुनाव में मदद करते हैं, वे नगरपालिका चुनाव जीतने में हमारी मदद नहीं करेंगे!"

मैं आश्चर्य से नन्हेराम की तरफ़ देख रहा था।

"अब तो चाय पिला दो बाबू भैया!"

मैंने अन्दर चाय बनाने के लिए कहा। जो नेता हमारी चीनी का कोटा बढ़ाने के लिए अनशन करने को तैयार हो, उसे चाय से इन्कार करना सम्भव नहीं था। फिर नन्हेराम अपना आदमी है, उसका हम ख़याल नहीं रखेंगे तो कौन रखेगा?

ख़यालीराम जी का दल बदलना

मारने वाले के हाथ रोके जा सकते हैं पर बोलने वाले की ज़बान नहीं रोकी जाती। जो समझदार हैं, ज्ञान-विज्ञान से अवगत हैं, वे बात की तह तक पहुँच सकते हैं और न्याय कर सकते हैं। पिछले दिनों श्री ख़यालीराम जी ने कांग्रेस छोड़ दी और संयुक्त विधायक दल में आकर मन्त्री बन गए तो बड़ी टीका-टिप्पणी हुई। कहने वालों ने बुरा-भला कहा पर मेरे ख़याल से बात ठीक से विचारी नहीं गई है। जो साइंस पढ़े हैं, हर प्रकार के भेद और भ्रम जानते-समझते हैं और जो आइंस्टीन की 'थियरी ऑफ़ रिलेटिविटी' को समझने में थोड़ी माथापच्ची कर चुके हैं, कह सकते हैं कि कांग्रेस छोड़ कर ख़यालीराम जी ने कोई ग़लत काम नहीं किया। पूर्वग्रहों से हटकर ज़रा बुद्धि से, वैज्ञानिक दृष्टि से विचारिए तो 'थियरी ऑफ़ रिलेटिविटी' के अनुसार दल बदलना कितनी सामान्य और सहज बात है।

एक समय कहा जाता था कि पृथ्वी सतवन्ती नार की तरह एक जगह चुपचाप खड़ी रहे और सूरज पापी आवारा है जो उसके चारों ओर चक्कर काटकर उसकी मोटी कमर को दिन-रात घूरे। बाद में नए ज्ञानी-ध्यानी आए तो फ़रमाने लगे कि यह ग़लत है, सूरज ठहरा शरीफ़ आदमी, एक जगह टिककर खड़ा रहा करे और यह पृथ्वी ही दिन-रात की मुसीबत जो सूरज के चारों ओर गोल-मोल घूम के नाचे है।

बाद में आए पंडित आइंस्टीन और उन्होंने बताया कि दोनों वक्तव्य सही भी हैं और ग़लत भी। पृथ्वी के चारों ओर सूरज नाचे या सूरज के चारों बाजू पृथ्वी घूमे, एक ही बात है, कोई अन्तर नहीं। सब ग्रह अपनी मजबूरी के मारे घूमते हैं, कोई किसी पर एहसान नहीं करता। सारा खोट और छल-छलावा देखने वाले की नज़र में है।

अमृतसर स्टेशन से रेल चली दिल्ली की ओर तो प्लेटफ़ॉर्म पर खड़े एक सज्जन बोले कि रेल जाती है और उसी घड़ी, उसी क्षण दिल्ली के प्लेटफ़ॉर्म पर उसी रेल के इन्तज़ार में बैठा एक और व्यक्ति बोला कि रेल आती है। सो इसमें भेद की कोई बात नहीं। एक के लिए रेल जाती है और दूसरे के लिए आती है। टाइम-स्पेस का फेर है कि दोनों व्यक्ति अलग-अलग स्टेशन पर खड़े अलग-अलग बोल रहे हैं।

सारा मामला रिलेटिविटी और स्पेस-टाइम का है। ख़यालीराम जी ने कांग्रेस छोड़ी और संविद में गए और तभी मगनलाल जी ने संविद छोड़ी और कांग्रेस में आ गए, तो इन दोनों बातों में कोई भेद नहीं। एक ही मतलब है।

आइंस्टीन के अनुसार हर शक्तिशाली वस्तु ख़ुद मौक़ा देखकर मंज़िल तय करती है और पूरी वेलोसिटी से उस दिशा में दौड़ती है। ख़यालीराम जी की मंज़िल थी मन्त्री बनना और उसकी असली राह वही थी जो मंज़िल पर जल्दी पहुँचाए। वह संविद में आ गए और मन्त्री बन गए। जिन्होंने आइंस्टीन नहीं पढ़ा, वे ग़लत-सलत टीकाएँ करें पर जो ज्ञानी हैं, वे ख़यालीराम जी की इस हरकत को स्वाभाविक ही मानेंगे।

एक होती है एनर्जी अर्थात् ऊर्जा, कार्यशक्ति। ख़यालीराम जी की नज़र से कहें तो उनकी मन्त्रिपद पाने की क्षमता, तिकड़म करने का उनका सामर्थ्य। आइंस्टीन के अनुसार यह ऊर्जा निश्चित होती है। उसका फार्मूला था ऊर्जा बराबर वस्तु का भार और गति का वर्ग। ख़यालीराम जी की ऊर्जा बराबर है–उनके राजनीतिक व्यक्तित्व का वज़न, प्रभाव और उनकी गति अर्थात् जिस चाल से वह राज्य की राजनीति पर छा जाते हैं, नीतियाँ बदलते हैं, गुट बनाते हैं, समझौते करते हैं। यह सब उनकी वेलोसिटो अर्थात् गति है। व्यक्तित्व का असर और तिकड़मी की गति ही ख़यालीराम जी की ऊर्जा है। इस तथ्य से वे भी परिचित हैं जो आइंस्टीन का फ़ार्मूला नहीं जानते।

लोग कहते हैं कि ख़यालीराम जी कांग्रेस में रहते तो उनकी इज़्ज़त रहती। 'मास' यानी भार, व्यक्तित्व का वज़न बढ़ता पर वेलोसिटी अर्थात् गति में कमी आ जाती। वह दस साल भी मन्त्री नहीं हो पाते। ख़यालीराम जी ने आइंस्टीन का फ़ार्मूला अपनाया। भार में कमी आने दी, प्रभाव गिरा पर अपनी गति बढ़ा ली। गति इतनी भी नहीं बढ़ाई कि 'भारशून्य' हो जाते पर कुछ अवश्य बढ़ाई।

सीढ़ी-दर-सीढ़ी चढ़कर वह बरसों में मन्त्री बनते, उसके बजाय वह अवसरवाद के 'लिफ़्ट' में बैठे और मन्त्री बन गए। ऊर्जा स्थिर रहती है। हमारे श्री ख़यालीराम जी की तिकड़म-क्षमता की भी सीमा है। जितना ज़ोर कांग्रेस में रहकर मन्त्री बनने में लगाते, उतना ज़ोर अब मन्त्रिपद बचाने में लगाएँगे। वेलोसिटी गिराएँगे और व्यक्तित्व वज़नदार बनाएँगे। आइंस्टीन का फ़ार्मूला हमेशा काम देगा।

ख़यालीराम जी राजनीति समझते हैं। राजनीति में भी एक 'क्वांटम थियरी' काम करती है। आज की राजनीति में हर 'एक्शन' अर्थात् क्रिया कालगति और ऊर्जा का परिणाम होती है। एक यूनिट 'एनर्जी' से एक यूनिट 'एक्शन' निस्सरित होता है। ख़यालीराम जी इस नियम के अपवाद नहीं। वह भी उसी सिद्धान्त को मानते हैं जो इस ब्रह्मांड के सभी ग्रहों एवं पदार्थों पर लागू है यानी जिसे कहते हैं, 'प्रिंसिपल ऑफ़

लीस्ट एक्शन' कम-से-कम क्रिया का सिद्धान्त। जब एक वस्तु एक अवस्था से दूसरी अवस्था में प्रवेश करती है, वह ऐसी राह अपनाती है जिसमें क्रिया सबसे कम हो अर्थात् एनर्जी कम ख़र्च हो और परिणाम अधिक निकले। जातिवाद, रिश्वत, भाई-भतीजावाद के मूल में यही थियरी है। कम-से-कम एक्शन से अधिकाधिक परिणाम प्राप्त करने का प्रयत्न स्वाभाविक है।

ख़यालीराम जी ने साधारण विधायक की स्थिति से मन्त्रिपद तक पहुँचने में सही 'लीस्ट एक्शन' का परम सिद्धान्त अपनाया अर्थात् बस दल बदला और मन्त्री हो गए। क्वांटम थियरी रहस्य को समझा और जीवन में अपनाया। विज्ञान से मानव को अनेक लाभ हुए हैं। ख़यालीराम जी ने भी विज्ञान से लाभ उठाया तो क्या आश्चर्य! लोग कहते हैं कि ख़यालीराम जी ने अनुशासन भंग किया। यह ग़लत है। आइंस्टीन कहता है कि इस ब्रह्मांड में जितनी गतिविधियाँ हैं, वे सब किसी के द्वारा निर्देशित अथवा प्रेरित नहीं हैं। सब अपने-अपने चलते हैं। ख़यालीराम जी ने वही किया जो उन्हें ठीक लगा। सभी ग्रह ऐसा करते हैं। हर ग्रह सबसे सरल रास्ता चलता है और ख़यालीराम जी भी वैसी ही राह चले। आइंस्टीन के सिद्धान्त ने कई पुरानी मान्यताओं को कसकर लात मारी है। कांग्रेस के दिमाग़ में अनुशासन के मामले में कुछ पुरानी बातें भरी हैं। ख़यालीराम जी ने उन्हें नहीं माना।

मेरे ख़याल से ग़लती कांग्रेस की है। उन्होंने ख़यालीराम जी को मात्र अणु समझा और इस भ्रम में रहे कि वह टूट नहीं सकता। वे समझते थे कि ख़यालीराम जी अकेले बेवज़न और शक्तिहीन हैं। आइंस्टीन ने बताया कि अगर अणु इकट्ठे हुए तो वे हद-से-हद एक पत्थर हो सकेंगे। बस। किसी का सिर फोड़ने से अधिक कुछ नहीं कर सकते। अकेला अणु ऊर्जा का पुंज होता है। उसमें बड़ी शक्ति होती है। ख़यालीराम जी की राजनीतिक निष्ठा के न्यूट्रोन के आस पास महत्त्वाकांक्षाओं के कितने इलेक्ट्रोन चक्कर काटते हैं, पार्टी नहीं जानती थी। पर ख़यालीराम जी विधायक अपने अन्तर की इस बनावट से परिचित थे। अपने अणु व्यक्तित्व के उन्होंने वे चमत्कार दिखाए कि सब दंग रह गए।

एक सज्जन कह रहे थे कि ख़यालीराम जी प्रदेश की राजनीति के मुख्य बिन्दु नहीं रहेंगे और दूसरों के हाथ की कठपुतली बन जाएँगे। मैं पूछता हूँ कि आप बिन्दु समझते हैं। पहले आइंस्टीन पढ़िए फिर बात करिए। एक शान्त तालाब में एक कंकड़ फेंको तो गोल-गोल लहरें बनती हैं। जिस बिन्दु पर कंकड़ फेंका गया है, वह केन्द्र होता है और उसके चारों ओर वृत्त बनते हैं। अब इसी क्षण उसी तालाब के अन्य भाग में एक और कंकड़ फेंको तो वहाँ भी उसी तरह गोल लहरें बनेंगी, वृत्त बनेंगे और जहाँ दूसरा कंकड़ गिरा, वह स्थान भी केन्द्र होगा। एक और बराबरी का मुख्य-बिन्दु।

आइंस्टीन ने यह भ्रम दूर कर दिया है कि केन्द्र एक ही हो सकता है। तालाब में दोनों ही केन्द्र हैं और ऐसे अनेक केन्द्र हो सकते हैं, एक साथ। पृथ्वी को ही केन्द्र समझना ग़लत था, सूर्य को ही समझना ग़लत था और साथ ही दोनों को केन्द्र समझना सही भी था। इस ब्रह्मांड में सभी बिन्दु केन्द्र-बिन्दु हैं। आज राजनीति में भी सभी बिन्दु केन्द्र-बिन्दु हैं।

ख़यालीराम जी जहाँ हैं, जैसे हैं, वह केन्द्र रहेंगे। उनके आस पास, छोटी या बड़ी लहरें उठेंगी। उनका नाम होगा, उनके इर्द-गिर्द प्रचार और यश के वृत्त बनेंगे। दल बदलने से कुछ नहीं होता। उन्होंने जो किया सो ठीक किया।

प्रकाश की गति सबसे तेज़ होती है। आवाज़ की गति उसके सामने केंचुआ है। आइंस्टीन ने सबसे पहले इस मूल बात को पकड़ा और अपने निर्णय निकाले। ख़यालीराम जी ने भी इस तथ्य को समझा और अपने निर्णय लिए। प्रकाश की गति आवाज़ की गति से तेज़ होती है। उन्होंने कहा कि चमको ख़यालीराम जी! बस, चमको तो तुम्हारी गति तीव्र होगी!! आवाज़ लगाने वाले, आलोचनाएँ करने वाले, शोर मचाने वाले तुम्हारा कुछ नहीं बिगाड़ सकते। वे तुम तक नहीं पहुँच सकते क्योंकि तुम प्रकाश में हो, तुमसे रोशनी की किरणें निकल रही हैं। प्रकाश की गति आवाज़ की गति से तेज़ होती है ख़यालीराम जी!

उन्होंने दल बदल दिया और एकाएक उनके नाम की चकाचौंध से प्रदेश का राजनीतिक आकाश आलोकित हो उठा। शोर मचाने वाले मचाकर रह गए, ख़यालीराम जी मन्त्री हो ही गए। आइंस्टीन काम आया। उनकी महत्त्वाकांक्षा वाला यह चौथा आयाम प्रकट हुआ।

क्या-क्या ग़ज़ब ढाए है मन्त्री का लौंडा!

जहाँ तक निर्णय और क़दम उठाने का स वाल है, हमारे मन्त्री नपुंसक होते हैं। सबकुछ देख, सुन और जानकर भी उन्हें न कुछ व्यापता है, न उत्तेजता है। पर जिस मोर्चे पर उन्हें नपुंसक होना चाहिए, वहाँ दुर्भाग्य से वे नपुंसक नहीं होते। आम आदमी से ऊपर उठ कर भी वे कुछ मामले में एकदम आम आदमी होते हैं; अर्थात बच्चे पैदा करते हैं। पिछले वर्षों देश में जो ज़्यादा बच्चे पैदा हुए हैं, वे अपने में समस्या हैं। पर मन्त्रियों, मुख्यमन्त्रियों, केन्द्रीय मन्त्रियों और प्रधानमन्त्रियों ने जो बच्चे पैदा कर दिये, वे आज इस देश की ज़्यादा बड़ी समस्या हैं।

जवाहरलाल नेहरू का उदाहरण लीजिए। देश के लिए उन्होंने और सब काफ़ी किया, पर जो महत्त्वपूर्ण कार्य उन्होंने सम्पन्न किया, जिसका भावी इतिहास पर गहरा प्रभाव पड़ा, वह इन्दिरा गांधी को जन्म देना था। धीरे-धीरे इन्दिरा जी अपने-आपमें इस देश की समस्या हो गईं, जो बमुश्किल तमाम सुलझी पर अब फिर तनकर खड़ी हो गईं। वे क्या करें? उनकी नसों में प्रधानमन्त्री का ख़ून बहता है और उनके सुपुत्र संजय जी का तो कहना ही क्या! वे भी इस राष्ट्र की सबसे बड़ी समस्या बन गए। ज़्यादा समय नहीं मिला अन्यथा लालबहादुर शास्त्री के पुत्र भी समस्या अवश्य बनते। अभी भी वे इस दिशा में प्रायः सोचते हैं कि हम किस तरह राष्ट्र के लिए समस्या बन सकते हैं।

सैंतालीस में आज़ादी आई। हमारे नेता जेल और आन्दोलन के तनाव से मुक्त हुए और हर्ष और उत्तेजना की उस घड़ी में वे अपनी पत्नियों के पास गए। उन्हें तब नए-नए बँगले, गद्दे और डबल बेड आदि मिले थे। वहाँ वे पहली बार और ऐश के समस्त साधनों से लैस हो पिता बने। यह सन् पचास के आस पास की स्थिति है। नन्हे-मुन्ने उनके बच्चे, जो सरकारी बँगलों के लॉन में खेले, सरकारी कारों में शाला गए, दबाव डालकर जिनके मार्क्स बढ़ाए गए, धीरे-धीरे उसी फिजाँ में पलने-बढ़ने लगे। मन्त्रियों के बँगलों के आदर्शवादी फ्रॉड वातावरण में चमचे, दलाल, रिश्वत देने वाले, भ्रष्ट लोक जमा होते हैं। उसी माहौल और

संस्कृति के ऐसे भ्रष्ट पालने में इन बच्चों का विकास हुआ। अपने बँगले में इन बच्चों ने पिता को झूठ बोलते, स्वार्थी समझौते करते, रिश्वत लेते, आश्वासन दे जनता को मूर्ख बनाते देखा। धीरे-धीरे कुर्सी से चिपके रहने की कला इन बच्चों को समझ आ गई। देश को, समाज को उन्होंने बँगले की निगाह से देखा और ये समझ गए कि राजनीति का लक्ष्य ऐश करना है तथा सही तोड़-जोड़ करने से सभी काम सध सकते हैं। सब कुछ ख़रीदा जा सकता है, कुछ भी कठिन नहीं है। वे यह भी समझ गए कि सत्ता में अपनी जागीर बनाए रखने के लिए हमें ख़ुद कुछ करना होगा तभी होगा। बस, वे कृतसंकल्प हो गए कि देश की ऐसी-तैसी करके मानेंगे। ट्रेनिंग शुरू हुई। पहला पाठ सीखा, फ़ाइल पर विशिष्ट निर्णय चाहने वाली गरजमन्द पार्टी से किस तरह रुपया वसूलना चाहिए। दूसरा पाठ, संस्थाओं पर कब्जा और उनका स्वार्थपूर्ति के लिए इस्तेमाल। तीसरा पाठ, गुट निर्माण तथा इमेज़ बनाने के नुस्ख़ों का नंगा प्रयोग। बूढ़े मन्त्री पिताओं ने इन लड़कों को राजनीति की नई पीढ़ी के रूप में सम्बोधित किया और उनके टिकट देने के लिए दबाव डाला।

आज़ादी को तीस वर्ष से ऊपर हो गए। मन्त्रियों के लौंडे इन वर्षों में जवान हैं और देश की छाती पर पैर रखकर मूँग दलने का अवसर माँग रहे हैं। ये वे लड़के हैं, जिनके गुरु इनसे स्कूल-कॉलेज में थरथर काँपते थे कि कब साले नौकरी से निकलवा दें या तबादला करवा दें। राजनेता बाप के बेटे होने के कारण कोई इनके मुँह नहीं लगा और सब इनसे नम्रता से पेश आए। बँगलों में ये सदा चमचों, ड्राइवर और चपरासी के लाडले बने रहे। जो माँगा, ठेकेदारों और सप्लायरों ने ला दिया। जैसे ही मसें भीगीं, इनके सामने व्हिस्की और कन्याएँ पेश होने लगीं। इन्हें लगा कि यह देश अपना भविष्य प्लेट में रखकर पेश करता झुका खड़ा है, इनके सामने।

धीरे-धीरे ये चतुर लौंडे राजनीति में बड़े काम की चीज़ बन गए। हर मन्त्री की समान्तर गन्दी राजनीति के ये सूत्रधार हो गए।

यह देश इन दिनों में मन्त्रियों के लौंडों के जवान होने की सजा भुगत रहा है। ये लौंडे कुछ भी कर सकते हैं। इनके ख़िलाफ देश के किसी थाने में रिपोर्ट नहीं लिखवाई जा सकती। बलात्कार, हत्या, रिश्वत, ऐश, रुपया वसूली, गुंडागर्दी से लेकर आदर्शवादी भाषण देने तक ये कुछ भी कर सकते हैं। आप इन्हें सहन कीजिए, क्योंकि ये प्रधानमन्त्री, केन्द्रीय मन्त्री या मुख्यमन्त्री के बेटे हैं। उनका नाम कुछ भी हो, संजय, कान्ति या सुरेश, क्या फर्क पड़ता है! सब एक से हैं। किसी को ज़्यादा मौक़ा मिला, किसी को कम। प्रतिभाएँ समान हैं, अन्तर केवल अवसर का है।

मैं एक लम्बी कविता लिखने के मूड में हूँ मन्त्रियों के लड़कों पर। नमूना पेश है :

क्या-क्या ग़ज़ब ढाए है,
मन्त्री का लौंडा
कैसा नाच नचाए है,
मन्त्री का लौंडा
निकला है अपने बाप से,
बढ़कर के दो हाथ
पूरे मुल्क़ को दबाए है,
मन्त्री का लौंडा।

कुर्सी से सोफ़े तक

आदमी के स्वभाव पर कुर्सी का क्या असर होता है, यह हम बरसों से देख रहे हैं। यह सर्वस्वीकृत तथ्य है कि आदमी बैठने के बाद बदल जाता है। मेरा ख़याल है कि सोफ़े इससे कहीं अधिक असरदार होते हैं। वह स्थायी रूप से नहीं मिलता पर जितनी भी देर मिले, आदमी बैठने के बाद बदलता है। यह रोचक अध्ययन का विषय हो सकता है कि लकड़ी की कुर्सी या मखमली नरम सोफ़े मनुष्य के शरीर के रसायन पर क्या प्रभाव डालते हैं, प्रभाव की गति क्या होती है और कितनी कालावधि के बाद मनुष्य के चरित्र में मूलभूत अन्तर आ जाता है। इन दिनों जब विश्वविद्यालयीन शोध के क्षेत्र में विषयों का अकाल पड़ रहा है, एक पी-एच.डी. पकाने के लिए यह अच्छा विषय है।

विषय की रूपरेखा विश्वविद्यालयों के मिज़ाज को देखते हुए कुछ यों बनेगी। कुर्सी की परिभाषा तथा दीगर फ़र्नीचर से उसके सम्बन्ध। आदिम काल से आदमी और कुर्सी के रिश्ते। मोहनजोदड़ो के खँडहर में बैठने की ऊँचाइयाँ और अतिथि को आसन देने की प्रथा। वेदकाल में कुर्सी। सिंहासन की प्रथम कल्पना किसने की, उस पर खोज और विमर्श। राजतन्त्र के सिंहासन और प्रजातन्त्र की कुर्सी में आत्मिक समानता। कुर्सी का दर्शन और भारतीय इतिहास पर उसका प्रभाव। आज़ादी के बाद कुर्सी हिलाने के प्रयत्न और मज़बूत रखने की शैलियाँ। कुर्सी स्वयं अपने में लक्ष्य है या वह किसी बृहत्तर लक्ष्य का माध्यम है। लम्बे काल तक कुर्सी पर अड़े रहे राजनीतिज्ञों के कुर्सी सम्बन्धी विचार। कुर्सियों की राष्ट्रीय संख्या तथा आँकड़े। देश में कुर्सी का भविष्य।

हो गई एक पी-एच.डी.। कोई भी कुर्सी पर लम्बे समय से बैठा हेड ऑफ़ डिपार्टमेंट इस काम में मदद दे देगा। और यदि आप स्वयं किसी कुर्सी पर बैठे हैं, तो ये सारे परिच्छेद दूसरे से लिखवा आप पी-एच.डी. प्राप्त कर सकते हैं और यदि आप इससे भी ऊँची कुर्सी पर बैठे हैं, तो इसकी भी ज़रूरत नहीं। बिना लिखे ही प्राप्त कर सकते हैं। इस देश के सभी विश्वविद्यालय कुर्सी पर बैठे लोगों को डॉक्टरेट देने में स्वयं को गौरवान्वित अनुभव करते हैं, जबकि वे लोग डॉक्टरेट छोड़ कम्पोंडरेट या नर्सेट प्राप्त करने की भी योग्यता नहीं रखते।

पर मैं कुर्सी नामक इस घिसे-पिटे पर फिर भी नित नए विषय में एक नया परिच्छेद जोड़ना चाहता हूँ। कुल मिला कर एक डॉक्टरेट का मामला बनता है। और इसी डर से इतने दिनों इस पर लिख नहीं रहा था कि कहीं कोई कमबख़्त मुझे वाक़ई दे न बैठे, नहीं तो इस बदनाम जिन्दगी में यह कलंक और लग जाएगा।

मैं सोफ़े की ऊष्मा और कोमलता की ओर आपका ध्यान आकर्षित करना चाहता हूँ। विरोधी दल के नेता जो देश के हर चौराहे पर आयोजित समा में खुले आम, पूरी ईमानदारी और विश्वास के साथ सत्ता पक्ष के नेताओं को गालियाँ दें, अपने कर्तव्य का निर्वाह करते हैं। जिनके उचित उत्साह का परिणाम यह है कि राज्यों की विधानसभाओं में हर प्रकार की धींगामुश्ती अभिव्यक्ति का माध्यम बन गई है। वे विरोधी नेता जब मुख्यमन्त्री द्वारा मुख्यमन्त्री के बँगले पर चाय के बहाने चर्चा अथवा चर्चा के बहाने चाय पर आमन्त्रित किए जाते हैं, बँगले में प्रवेश कर, ड्राइंग रूम के नरम रंगीन कालीन पर अपना दृढ़ चरण रखकर जब कोमल दबाव और अनन्त गहराई की सम्भावनाओं वाले सोफ़े पर धँसते हैं, जाने क्यों विरोधी नेता के कड़वे मन के रसायन में अन्तर आने लगता है और अधरों पर मुस्कान तैरने लगती है। यह सोफ़ों का असर है।

यह सन्देह कि कुर्सियों की तरह इनसान को बदलने में सोफ़ों का भारी प्रभाव होता है मेरे मन में तब दृढ़ हुआ जब अमरीका के विदेश मन्त्री शुल्ट्ज भारत आए। जिस अमरीका की विदेश नीति हमेशा भारत की जड़ खोदने की रही है, जो लगातार और अभी-अभी भारत के पेट में भौंकने के लिए काफ़ी पैने शस्त्र पाक़िस्तान को सहर्ष सप्लाई कर चुका—दिल्ली आने और यहाँ के नरम सोफ़ों पर बैठने के बाद चेहरे पर मुस्कान तैरने लगी, आँखों में दोस्ती और समझौते की किरण फूटने लगी। यह हुआ कैसे? मैं कहता हूँ और सिद्ध करता हूँ कि यह महज सोफ़े पर बैठने का असर है। सोफ़े शिष्टता और सौजन्य के नरम-नरम प्रतीक हैं और इसके अलावा वे कुछ नहीं।

पर जिस तरह कुर्सी से उठने के बाद कुर्सी का असर मर जाता है, उसी तरह खेद है कि इन राजनीतिक और कूटनीतिक मामलों में सोफ़े का असर भी सोफ़े से उठने के बाद ख़त्म हो जाता है। हमें यह नहीं भूलना चाहिए कि सोफ़े जिया के पास भी हैं और उसकी ऊष्मा और नरमी को अमरीका का विदेश विभाग वर्षों से मानता है।

कुर्सियाँ छीनने का मौसम

यह तनकर खड़े होने का मौसम है। चारों ओर गर्दन घुमाओ और कुर्सी छीनने की कोशिश में लग जाओ। चुनाव होने में काफ़ी देर है। यह मौसम कांग्रेस के आपस में लड़ने का मौसम है। नंगापन अख़्तियार कर लो। कोई कुछ नहीं बिगाड़ सकता।

पिछले वर्षों ऐसे ही मौसम में दलबदल हुए थे। झमाझम पानी बरस रहा था और पदाभिलाषी कुकुरमुत्तों की तरह फूट रहे थे। इस बार बहुमत ज़्यादा है इसलिए दलबदल तो सम्भव नहीं मगर आपस में सैद्धान्तिक और गैर-सैद्धान्तिक धींगामुश्ती करने के लिए पर्याप्त कीचड़ उपलब्ध है। चल रही है।

सब हाई कमान के दरवाज़े हाय-हाय करते पहुँच रहे हैं। कांग्रेस अपनी वाली पर रही है। यही कांग्रेस का सच्चा स्वरूप, पार्टी चरित्र है। बरसों से लोगों ने कांग्रेस को इसी रूप में देखा है। एकता मजबूरी में, कमज़ोरी में, या भय से होती है। जब जनता से, केन्द्रीय नेताओं से भय होता है तब इनमें परस्पर प्रीति उपजती है। जब वोट मिलने का डर सताता है, ये एक-दूसरे के गले में हाथ डालते हैं।

आजकल कोई डर नहीं। चुनाव दूर हैं, कुर्सियाँ पास हैं। हर मुकाम लड़ने के योग्य लगता है। समाजवाद लाने की फ़िक्र करे इन्दिरा गांधी। जिसने नारा दिया, उसकी ज़िम्मेदारी। दूसरे कांग्रेस नेताओं ने तो कुर्सी के चक्कर में टिकिट माँगा था। बिना उसे पाए जीता जाना असम्भव लग रहा है। यों भी राजनीति में कल किसने देखा। आज जो मिले, समेट लो। बहुत हो गया आदर्शवाद समाजवाद। असली चीज़ है कांग्रेसवाद; अर्थात् पदों के लिए खींचतान। सब जुट गए हैं। वजह हो-न-हो, मुख्यमन्त्री उखाड़ रहे हैं। यहाँ उखाड़ा, वहाँ उखाड़ा। ये मारा, वो मारा। नेता पिट रहा है, पार्टी अमर है। दिन हो या रात, बात या बेबात, बिहार या गुजरात—कांग्रेसियों का काम जारी है।

हर कांग्रेसी मुख्यमन्त्री बनने की योग्यता रखता है। इस भारतभूमि में उसका जन्म मुख्यमन्त्री बनने के लिए ही हुआ है। बहुत से कांग्रेसी अपनी इस आकांक्षा

को प्रकट कर चुके हैं। कुछ बन चुके हैं, कुछ बनने वाले हैं। जो चुप हैं, वे मौक़े के इन्तज़ार में हैं। वक़्त आएगा और वे स्वयं को प्रस्तुत कर देंगे। वे स्वयं जानते हैं कि मुख्यमन्त्री बनने की पूरी योग्यता उनमें है। वे आज भी हो जाते मगर दो चीज़ें आड़े आती हैं। एक हाई कमान की मंज़ूरी, दूसरे बहुमत। चारों ओर जो समस्याएँ हैं, वे तभी सुलझेंगी जब वह मुख्यमन्त्री बनेगा। वह तब तक चुप बैठा है। प्रतीक्षा करता है मौक़े की। कौन जानता है कि इन ढीले कुरतों में राष्ट्र के कितने पटेल, कितने अब्दुल गफ़ूर छुपे हुए हैं और कौन जानता है कि कब इनका सुप्त मुख्यमन्त्री फूटकर सामने आएगा!

हाई कमांड कितने ही हाई कमांड हो, आख़िर वह कांग्रेस की हाई कमांड है। कभी वह एकता और अनुशासन पर ज़ोर देती है और कभी ऐसी ढीली प्रजातान्त्रिक हो जाती है कि सिर फुटौवल उसे सहज लगता है। कल तक समाजवादी क़दम उठाने पर ऐसा ज़ोर था कि दिल्ली से ले जाकर उसने जहाँ-तहाँ मुख्यमन्त्री रोप दिए थे। आज वह उसी के उखड़ने का तमाशा देख रही है और उसे यह सब ठीक लगता है। ठीक भी क्योंकि उखाड़-पछाड़ कांग्रेस के चरित्र के अनुकूल होती है और हाई कमांड का फर्ज़ है कि ऐसी हालत पनपने दे। नारे मूर्ख जनता के लिए होते हैं और कुर्सियाँ चतुर कांग्रेसियों के लिए। जनता का काम है सिद्धान्तों के नाम पर वोट देते रहना, और नेताओं का काम है पदों के लिए लड़ते रहना। पिछड़े हुए देश में जनता और नेता के बीच यह समझौता लगातार लम्बे समय तक चलता रह सकता है। और इसे स्थायित्व देने के लिए देश ज्यों-का-त्यों बना रहे, यह देखना हाई कमांड का फर्ज़ है। अविकसित देश में घटिया तत्त्वों वाले दल की स्थिति सदा सुरक्षित है।

और पद प्राप्त करने के लिए मरणांतक संघर्ष करने के लिए कांग्रेस के शतरंज खिलाड़ियों ने मौसम भी क्या ख़ूब चुना! जब सारा देश महँगाई, बेकारी, अभाव से परेशान राहत की तलाश में नेताओं की ओर आँखें गड़ाए था तब कांग्रेसियों ने कहा—प्यारे भाइयो, तुम क्यों असन्तुष्ट होते हो? लो, तुम्हारी बजाय हम ही असन्तुष्ट हुए जाते हैं। बजाय इसके कि तुम संघर्ष की सोचो, हम आपस में संघर्ष चालू कर देते हैं, तुम तमाशा देखो। इससे तुम्हारा मन बहलेगा और कुछ समय के लिए असली समस्याओं से तुम्हारा ध्यान हट जाएगा। परिस्थितियाँ नहीं बदली जा सकतीं मगर मुख्यमन्त्री अवश्य बदले जा सकते हैं। रोज़गार की सम्भावनाओं का विस्तार नहीं किया जा सकता मगर मन्त्रिमंडलों का विस्तार तो किया जा सकता है। परिवर्तन न हो, परिवर्तन का भ्रम तो पैदा किया जा सकता है। मुख्यमन्त्री का बदलना भी तो एक परिवर्तन है। और कुछ न हो, इसी से काम चलाओ।

इसीलिए झमाझम पानी बरस रहा है और राजनीतिक महत्त्वाकांक्षाओं की कनखियाँ फूट रही हैं। जब तक मुख्यमन्त्रित्व की स्वाति बूँद नहीं टपकेगी, कांग्रेस का असन्तुष्ट पपीहा गर्दन ऊपर उठाए हाई कमांड को ताकता रहेगा, चिल्लाता रहेगा। यह स्वार्थों में समूहबद्ध होने का मौसम है, तनकर लड़ने का मौसम है, एक-दूसरे को गिराने का मौसम है। कुल मिला कर यह एक सामान्य कांग्रेसी मौसम है।

चमचागीरी का यह मुबारक़ दौर

'क्या यों भी सियासत में कोई
वे नामो-निशाँ हो जाता है,
हम हैं कि अभी तक ज़िन्दा हैं
दुनिया है कि भूली जाती है।'

कल तक जो मन्त्री और मुख्यमन्त्री थे, एकाएक पटरियों पर आ जाते हैं। कल तक जो बँगलों में बिराजते थे, उन्हें आज ढूँढ़े से रहने को मकान नहीं मिलता। कल तक जिनके आँगन में कार रहती थी, आज उनके दरवाज़े गैया भी मुँह नहीं मारती। मुझे लगता है, हिन्दुस्तान हँसी-मज़ाक करने वालों का देश है। जिसे हम नियति का व्यंग्य कहते हैं, वह दरअसल जनता करती है। कल तक जिसे नेता बना सिर पर बिठाया था, उसे चुनाव में ऐसी उलटनी देती है कि बेचारा समझ नहीं पाता कि सत्य क्या है और सपना क्या था। जो कुर्सी दान देता था, वह बैठने की जगह भीख माँगने लगता है। साया साथ नहीं देता, चमचे चले जाते हैं। बेचारा, मोहताज बना राजमार्ग से हटकर फुटपाथ पर आ जाता है और कल तक जो उसके नाम का नारा लगाते थे, वे किसी दूसरे की जय-जयकार बोलते आगे बढ़ जाते हैं।

'यह दौरे बद जिसे
आज़ाद कहते हैं जहाँ वाले
बलाएँ आम इतनी हैं
कि मसीहाई का दम निकले।'

जिसने मसीहाई का दम भरा, उसी की दुर्गति हुई। इस दौर में कोई आराम से रहा है तो सिर्फ़ चमचे आराम से रहे। रक़ाबियाँ बदल गईं, फूट गईं, टुकड़े-टुकड़े हो गईं मगर चमचा हमेशा सलामत रहा। वह एक रक़ाबी से कूदा और दूसरी में चला गया और वहाँ चमचागीरी करने लगा।

मेरे राज्य में कांग्रेस गई और संविद आई (और कांग्रेस चली गई) तो लोगों ने कहा—क्रान्ति हो गई। मैंने कहा—यारो, इसमें क्रान्ति क्या हुई कि मुख्यमन्त्री की जगह मुख्यमन्त्री आया और मन्त्री की जगह मन्त्री। तो लोगों ने कहा कि अब सेट बदलेगा।

शायद, पुराने चमचों की जगह नए चमचे आएँ। नए मन्त्री और उनके साथ नए-नए चमचे। वे लोग जो नन्हे-बड़े टेंडर खुलवाने में ज़ोर लगाते हैं और टुच्चे तबादलों के लिए प्रेशर डलवाते हैं, अब बदल जाएँगे और उनकी जगह दूसरे लोग आएँगे जो दूसरों के टेंडर खुलवाएँगे, कुछ और तबादले करवाएँगे। पर मैं ग़लत था। चमचे नहीं बदले। कुछ दिनों में मैंने देखा कि वे ही लोग वातावरण पर छाए हैं और बागडोर उनके हाथ में है। कांग्रेस या संविद, उनकी चमचागीरी चालू है और उनके मजों में कमी नहीं आई। रक़ाबियाँ बदली हैं, चमचे नहीं बदले।

कल मैंने एक पुराने मन्त्री को देखा जो बस स्टॉप पर धूप में खड़ा बस का इन्तज़ार कर रहा था। मुझे दया आ गई। अगर मेरे पास एक कार होती तो मैं तुरन्त जेब से निकाल उसके सामने रख देता और कहता—प्यारे, बैठ जा। मुरझाया चेहरा लिये वह भूतपूर्व मन्त्री बस स्टॉप पर खड़ा था। सरकारी गाड़ियाँ उसकी ओर बिना देखे गुज़र जाती थीं। उन गाड़ियों में चमचे बैठे हुए थे।

मुझे लगा, गम्भीरतापूर्वक लगा कि यह शख़्स मन्त्री न होकर एक सामान्य चमचा होता तो आज़ादी के बाद इसका कैरियर कितना शुद्ध होता और कितने बेखटके गुज़रती। खादी के ढीले लिबास में काँपते शरीर को ले इस धूप में यह यहाँ नहीं खड़ा रहता बल्कि किसी मन्त्री के बँगले में सोफ़े पर पैर फैलाए ठहाके लगाता होता। इस देश में चमचों का कैरियर ज़्यादा सुरक्षित है। जब भी तब्दीली होगी, सत्ता बदलेगी, यह पुराने आकाओं को त्यागकर नए आकाओं की बग़ल में बैठ जाएँगे। इतिहास की हवा टोपियाँ उड़ाएगी पर इन नंगों का क्या बिगाड़ लेगी। ताज्जुब नहीं, ये लोग ख़ुद टोपी उड़ाने में मददगार साबित हों। जिसको उठाया, उसी को पछाड़ने में आगे रहे। इनकी ही चोट से मारा जाए।

'देखा जो तीर खा के कमीगाह की तरफ
अपने ही दोस्तों से मुलाक़ात हो गई।'

पूर्ण विश्राम की सलाह

जब बीमार बूढ़े नेता को डॉक्टर पूर्ण विश्राम की सलाह देते हैं, वे जाने-अनजाने देश की बहुत बड़ी सेवा कर जाते हैं। मुझे हर बार लगा है कि डॉक्टर ने ऐसा जानबूझकर किया है। जो काम सारी राजनीति, उभरती युवा ताक़त अपने सारे संकल्पों, प्रस्तावों, नारों के बावजूद लम्बे वक़्त तक नहीं कर पाती, उसे उपयुक्त अवसर मिलने पर डॉक्टर एक मिनट में कर देता है। वह दिन कितना सुखद होगा, यद्यपि उसके होने की कोई सम्भावना नहीं है, जब देश के सारे डॉक्टर मिल कर घनघोर व्यावसायिक शैली और शब्दों में देश के सारे बूढ़े नेताओं को (नाना जी देशमुख सहित) पूर्ण विश्राम की सलाह देंगे।

यदि जीवन एक वाक्य है, तो यह सलाह पूर्ण विराम की सलाह है। कब तक कॉमा और कॉलन का सहारा ले आप लम्बे खिंचते रहेंगे? हुज़ूर, एक वाक्य में एक जुमला दो बार या बार-बार नहीं आ सकता। आप मिश्रित हो रहे हैं, अनेक भाषाओं और स्वार्थों को एक साथ ढोते हुए आप लगातार लम्बे हो रहे हैं। इस जीवन वाक्य का लम्बा होना शरीरशास्त्र के व्याकरण की पूर्ण ऐसी-तैसी है ही, साथ ही शब्दों को बेमानी कर देना है। आपके शब्द बुझ गए हुज़ूर, अब आप पूर्ण विराम लगा एक लमहा साँस लेने का दीजिए ताकि हम समझ सकें कि आप कहना क्या चाहते हैं। पर श्रोता और पाठक की अपीलों को अनसुना और अनबूझा कर नेता का जीवन वाक्य बढ़ता रहता है।

इस मुद्‌दे पर भारतीय राजनीति का इतिहास राष्ट्र के डॉक्टरों का निश्चित आभारी है। वे एक बड़ा काम कर रहे हैं कि जो नेता उनके चक्कर में फँसता है, उसे फ़ौरन पूर्ण विश्राम की सलाह दे देते हैं। डॉक्टरी नैतिकता आड़े नहीं आती। तो वे निश्चित सलाह देते कि श्रीमान, अब आप मर जाइए, क्योंकि देश को आपकी कौड़ी आवश्यकता नहीं। ज़ाहिर है, नेता नहीं मानता, पर डॉक्टर नेक सलाह देने से नहीं चूकते। कमबख़्त धन्धे की नैतिकता यहीं इतिहास के विकास का मार्ग अवरुद्ध कर लेती है।

मुझे बहुत अच्छा लगता है जब कोई डॉक्टर किसी भी पार्टी के बूढ़े नेता को पूर्ण विश्राम की सलाह देता है। लगता है, कहीं से बादल छटा और आसमान नज़र

आने लगा। खिड़की खुली, थोड़ी हवा आएगी। सुबह हुई, पंछी चहके। ऐसे क्षण में मुझे गहराई से महसूस होता है कि देश में डॉक्टरों का अभाव काफ़ी है। जिस अनुपात से नेता बढ़े हैं, उस अनुपात से आज़ादी और इमर्जेंसी के बाद डॉक्टर नहीं बढ़े। हमें हर युवा नेता के उदय के साथ एक डॉक्टर का प्रशिक्षण आरम्भ कर देना चाहिए, जो आगे चलकर उपयुक्त अवसर मिलते ही उस नेता को पूर्ण विश्राम की सलाह दे। जो वाक्य लिखा ही नहीं जाना चाहिए, वह जितना छोटा हो, अच्छा।

कई बार मुझे लगता है कि डॉक्टरों का एक आयोग गठित किया जाए, जो सारे नेताओं की जाँच कर, यूरिन, ब्लड, स्टूल, वज़न, हृदय, सड़े दाँत, साँसों की दुर्गन्ध, साँसों की थकन, उत्तेजना, पेट या किडनी, आँख वगैरा कोई भी कारण खोज एक रिपोर्ट प्रकाशित करे, जिसमें सलाह दें कि राष्ट्र के सम्मिलित स्वास्थ्य के हित में उचित होगा कि सारे नेता पूर्ण विश्राम करें।

धारा से धारा जोड़ने के इरादे

नेता जानता है कि लोग शुभ सन्देशों के प्यासे हैं। कुछ-कुछ दिनों में देश के लोगों को अच्छी ख़बरें सुना दी जाएँ, जिससे आम आदमी की आशाएँ जाग जाएँ और वह दूर के सपने देखने लगे, तो राष्ट्र का स्वास्थ्य ठीक रहता है। पंचवर्षीय योजना, समाजवाद और ग़रीबी हटाओ के नाम पर अगर कांग्रेस तीस साल तक इस देश की धड़कन बनाए रख सकती है तो बेकारी हटाने और गाँवों में ख़ुशहाली लाने का नारा जनता पार्टी के नेताओं की कुर्सी चन्द वर्षों तो क़ायम रख ही सकता है। फिर तो सभी जानते हैं कि दलों की अमिट दरारें नए राजनीतिक समझौते और राजनीतिक गठबन्धन उत्पन्न करेंगी, नए दल बनेंगे, तब नए नारे होंगे, नए आश्वासन और वादे होंगे और लोगों की धड़कनें नए आधारों पर बनाई रखी जा सकेंगी। स वाल अभी का है, आजकल क्या सपने दिए जाएँ 'पब्लिक' को?

जब भी यह ज़रूरत पैदा होती है, हमारे पास एक ज़बर्दस्त 'प्रोग्राम' है, जिसका ज़िक्र कर हम वक़्त को टाल सकते हैं। वह है नदियों को नहरों से जोड़ने की योजना। गंगा से कावेरी तक नदियों को इस तरह नहरों के जरिए जोड़ना कि पानी का स्तर बराबर रहे, बाढ़ की आफ़त कम हो, खेती के लिए पानी मिल जाए, पीने को पानी मिल जाए वगैरह। यह योजना कई सालों पहले विस्तार से सोची गई थी और हर नेता इसके बारे में जानता है। अगर यह शुरू हुई तो क़रीब बीस-पच्चीस सालों में पूरी होगी, शुरू जब से हो। जब जनता पार्टी को सत्ता मिली तब प्रधानमन्त्री मोरारजी देसाई इस गंगा-कावेरी योजना का बहुत ज़ोर देकर जिक्र करते थे। इसलिए कि भविष्य की आशाएँ बाँधने के लिए एक ज़बर्दस्त दाँव था, जिसकी कल्पना भारतवासी को हतप्रभ कर देती है।

आज दो साल बीत गए। वे आज भी उसका ज़िक्र ही करते हैं। जनता पार्टी की सफलता का लेखा-जोखा करने पर जब शून्य नज़र आया है, तो वे उस शून्य को भविष्य के सपनों से भरने और लोगों को भरमाने की कोशिश करते हैं। स वाल यह है कि अगर यह योजना देश की तस्वीर और तक़दीर बदल सकती है तो दो

साल तक सरकार क्या उसे शुद्ध शहद लगाकर चाट रही थी? वे उसे आरम्भ करने की दिशा में बढ़ने के लिए क्या कर रहे हैं?

जनता पार्टी के नेताओं को यह याद है कि नहीं, कांग्रेस विरोधी आन्दोलन की शुरुआत ही इस मुद्दे पर हुई थी कि गुजरात और बाद में बिहार से शिक्षित युवकों ने बेकारी के स वाल को गहराई से महसूस किया था और वे उस सारी व्यवस्था से असन्तुष्ट थे जो शिक्षित बेकारी को जन्म देती है। उनके असन्तोष की राजनीतिक तौर पर भुनाने के चक्कर में जो उत्तेजना बढ़ी थी, इसके सन्दर्भ में इमर्जेन्सी लगी और फिर ख़त्म हुई और नेतृत्व उन लोगों के हाथ आया जो गुजरात और बिहार के उन असन्तुष्ट युवकों के नेता और मसीहा बन गए थे। पर सत्ता पाने के बाद, एक चक्र के पूरा घूम जाने के बाद, बेकारी का बुनियादी स वाल अब भी उपेक्षित है और जनता पार्टी के समझदार लोग यह नहीं जानते कि अगर स वाल ज्यों-का-त्यों क़ायम रहा तो चक्र फिर चल सकता है। पिछली बार उस असन्तोष को अपने झंडे के नीचे लपेट लेने के लिए मोरारजी भूख हड़ताल पर बैठे थे। इस बार प्रान्त कोई और हो, भूख हड़ताली कोई और हो, झंडा कोई और हो, पर जनता पार्टी की नाकुछ जमीन खिसकाने को वह काफ़ी होगा। इन्दिरा गांधी ने तो कुर्सी मज़बूती से पकड़ने के लिए इमर्जेन्सी लगा थोड़ा वक़्त गुजार लिया, मगर जनता पार्टी के नेता बयान और भाषणों की मदद से कुर्सी नहीं पकड़े रह सकेंगे।

सत्ताधारियों का सामान्य टाइम टेबल यह होता है : (1) चुनाव के ठीक एक-डेढ़ साल पहले कोई ज़ोरदार नारा, स्टंट कारनामा या प्रोग्राम, जो जनता का ध्यान इस कदर आकर्षित कर ले कि लोग उनके पक्ष में वोट दे दें। यह कुछ भी हो सकता है, जैसे—पंचवर्षीय योजना, समाजवादी ढाँचे की समाज रचना, 'प्रिवी पर्स' की समाप्ति, समाजवाद, ग़रीबी हटाओ, बीससूत्री कार्यक्रम, प्रजातन्त्र वगैरह। (2) इन नारों या 'स्टंटों' पर चुनाव जीतने के बाद पहले नौ-दस माह आदर्शवादी भाषण, क्रोध का प्रदर्शन यहाँ-वहाँ, पिछली कमज़ोरियों को कोसना, तेज़ गति से यात्राएँ, मोहरे फिट करना, आदि। (3) सत्ता में जम जाने के तुरन्त बाद कुछ कार्यक्रम पेश करना जिनकी असफलता का दोष लोगों के सिर पर मढ़ा जा सके और जिनके सन्दर्भ में लोगों को नैतिक दृष्टि से अपराधी और हीन सिद्ध किया जा सके। जैसे शराबबन्दी, बचत, ज़्यादा बच्चे नहीं पैदा करना, पेड़ लगाना, गाँवों की तरफ़ जाना, भेदभाव दूर करना, भाषा के मामले, आदि। इन कार्यक्रमों की सफलता चूँकि एक व्यापक आन्दोलन पर निर्भर करती है, जो नहीं हो पाता, इसलिए सरकार हर मिनट लोगों को दोषी ठहरा सकती है। (4) तभी भगवान भेजी बाढ़ या सूखा आ ही जाता है और तब उसे लेकर तुरन्त करुण हो जाना,

बेमानी भगदड़ करना और विलाप करना कि हाय, इस आपदा के आ जाने से हमारी प्रगति रुक गई! (5) तब तक तीन साल बीत जाते हैं, राजनीतिक तोड़-जोड़ पूरी हो चुकी होती है, इसलिए कोसने और गाली-गलौज पर उतर आना। यह दूसरों को दोषी ठहराने का वर्ष होता है। अमरीका, रूस, विदेशी एजेंसियाँ, विरोधी दल, कम्युनिस्ट, आर.एस.एस., विदेशी मदद में कमी, स्वार्थी व्यापारी, नक्सलवादी, आनन्दमार्गी आदि की सत्ताधारी गालियाँ देने लगते हैं, ताकि लोगों को यह ग़लतफ़हमी हो कि बेचारे सत्ता में रहकर बहुत कुछ कर सकते थे, मगर कर नहीं सके इन लोगों के कारण। फिर रह गए आख़िरी दो साल, तब फिर एक ज़ोरदार नारा, कार्यक्रम या 'स्टंट' देना ताकि लोग फिर चुनाव में वोट दे मरें।

जनता पार्टी के सत्ताधारियों को अगले चुनाव की चिन्ता सताने लगी है। गंगा-कावेरी जोड़ने का सपना उछालने का इरादा तो नहीं है इस बार? कोशिश कीजिए, शायद लोग आपकी सुस्ती और काहिली को एक क्षण के लिए भूल जाएँ। धार से धार जुड़ जाए।

जम्बूद्वीप में चुनाव

प्राचीन काल में चुनाव बहुत सस्ते, सुन्दर, टिकाऊ और मज़बूत होते थे। जब भी जम्बूद्वीप राष्ट्रपति का मूड आता और वे यह अनुभव करते कि लोकसभा में पापाचार बढ़ रहा है, सदस्यगण परस्पर उद्दंडता का व्यवहार करने लगे हैं, वे ऋषि-मुनियों से सलाह करते कि गुरुवर, अब क्या किया जाए? विश्वामित्र, वशिष्ठ वगैरह उन्हें शास्त्रों के वचन सुनाते, तत्सम्बन्धी रोचक कथाएँ और प्रसंग बताते कि अमुक समय अमुक राष्ट्रपति ने ऐसी स्थिति होने पर कैसा किया था। अन्त में वे स्वयं का मन्तव्य देते कि हे राष्ट्रपति! ऐसे में लोकसभा भंग कर देना ही उचित है। तुरन्त आज्ञा प्रसारित हो जाती, अर्थात् एक राजपुरुष घोड़े पर ड्रम बजाता हर चौमुहानी पर यह घोषणा करता फिरता कि लोकसभा भंग कर दी गई है। वह यह भी बता देता कि आप लोग अगली श्रावण की चतुर्थी या कार्तिक पूनम या जो भी ऐसी तिथि हो, तक अपने प्रतिनिधिगण चुन लें और राष्ट्रपति के पास पठवाय दें। उस दिनांक तक जो प्रतिनिधि लोकसभा में नहीं पहुँचेगा, सो सदस्य नहीं माना जाएगा। 'ढम ढम ढम...सुनो, सुनो!' करता वह आगे बढ़ जाता।

उस काल में लोगों को यह स्वतन्त्रता तो थी ही कि वे अपने प्रतिनिधि चुन लें, साथ में यह स्वतन्त्रता भी थी कि चाहें तो न चुनें। जिस क्षेत्र में सभी उल्लू के पट्ठे बसते थे, वहाँ के लोग लोकसभा की गरिमा बनाए रखने के लिए अपने प्रतिनिधि नहीं भी भेजते थे। जिस क्षेत्र में कामकाज ठीक चल रहा होता और यदि उनकी कोई विशेष समस्या नहीं होती तो वहाँ से भी कोई आदमी लोकसभा में नहीं आता था। राजाज्ञा प्रसारित होने के उपरान्त हाट-बाज़ार में जब लोग एक-दूसरे से मिलते तो परस्पर ऐसी बातें करते :

"नमस्कार!"

"नमस्कार!"

"कहिए महानुभाव, अपने क्षेत्र से लोकसभा के लिए किसी योग्य प्रतिनिधि को भेज रहे हैं अथवा नहीं?"

"विचार चल रहा है।" दूसरा कुछ चिन्तित स्वर में कहता है, "कोई योग्य व्यक्ति मिल नहीं रहा है।"

"वाचस्पति जी को भिजवाइए, बड़े ज्ञानी हैं, शास्त्र नियमादि जानते हैं। ईमानदार तो हैं ही। लोकसभा के लिए उपयुक्त रहेंगे...या जुझारसिंह...परमवीर और नीतिकुशल। राजनीति में ऐसे व्यक्ति भी कभी-कभी बड़ा काम कर जाते हैं।"

"जुझारसिंह जी से निवेदन किया था हम लोगों ने, पर उनके साथ एक बड़ी समस्या है।"

"सो क्या?"

"उनकी दूसरे क्रम की बिटिया सोलह वर्ष की हो गई है और कोई योग्य वर नहीं मिल रहा। बड़े चिन्तित हैं। क्षेत्र से बाहर जा वर तलाशने की सोच रहे हैं। कह रहे थे–भाई, चुनाव और लोकसभा के पचड़े में पड़ गया तो कन्या कुँवारी रह जाएगी, इसलिए मुझे क्षमा करो।"

"अच्छा, अच्छा!"

"देखिए, क्या होता है! यदि योग्य व्यक्ति नहीं मिला तो इस बार किसी को नहीं भेजेंगे।"

"ठीक बात है भाई।"

"और आपके यहाँ?"

"हमारे यहाँ दो के बीच चयन करना है–एक तो वृन्दावनबिहारी का बड़ा पुत्र, जो अभी बनारस से अध्ययन कर लौटा है, बड़ा मेधावी और होनहार है, यद्यपि सांसारिक अनुभव कम है। दूसरे सुमेरु परसाद हैं, उन्हें तो आप जानते ही हैं। देखिए, क्या होता है! अक्षय तृतीया को चुनाव का मुहूरत निकला है। अब जिसके भाग्य में राजयोग प्रबल होगा, जीत जाएगा।"

"हाँ; यह तो है ही।"

"अच्छा, चलें। नमस्कार!"

"नमस्कार!"

"ज़रा सुनिए! जुझारसिंह से कह दीजिए, चिन्ता न करें। हमारी देख में एक लड़का उनकी ही जाति का है। खेती है, आठ-दस गउएँ हैं। वृद्ध पिता का इकलौता है, माँ मर चुकी है। देखिए, हम चर्चा चलाएँगे, भगवान ने चाहा, सब ठीक हो जाएगा। उनसे कहना, चिन्ता न करें।"

दोनों विदा हो जाते। पहले के वोटर बड़े भोले होते थे। कुँवारियों के लिए योग्य वर चुनने में जितनी चिन्ता और होशियारी बरतते थे, लोकसभा के लिए अपना प्रतिनिधि चुनने में भी वैसी ही फ़िकर रखते थे। यों तो रोज़ ही सलाह-मशविरा अलग-अलग धड़ों में चलता रहता, पर चार-छह दिन पहले हल चल बढ़ जाती। गाँव

की चौपाल पर तीन-चार बूढ़े कुछ-कुछ शुद्ध लेखन करने वाले छोकरों को ले वोटर सूची बनाने बैठ जाते। किसी के छोटे भाई या बुआ जी का नाम भूल जाते तो तुरन्त किसी छोकरे को दौड़ाकर पुछवा लिया जाता। सबके नाम लिखे जाते। किसी को सन्देह हो तो भाई, आकर अपना नाम देख ले। पर जो देखने जाते, उन्हें गालियाँ ही पड़तीं।

"काहे पंडित जी, हमार नाम है कि नहीं सूची मा?"

"नहीं है, भाग जाव।"

"पायलागी आपके, ऐसा न करो महाराज। हमका मधवा को वोट दें का है।"

"तुम्हहू को अकेले फ़िक्र अपने नाम की? यह देखो, तुम्हारा नाम। अबहीं लिखा है। विश्वास तो उठ ही गया है इस युग में।"

"कलिकाल आ गया है भाई।" पास ही बैठा दूसरा बुड्ढा कहता।

"अरे नहीं कक्का, हम समझे, आप कहीं हमें बच्चा समझकर टाल न दें, इस वास्ते पूछ रहे थे।"

"जिन-जिन लड़कन की मोंछ की रेख फूट गई है, सबको अधिकार है वोट देने का।"

"और लड़किन का?"

"तुम्हें उससे का मतलब?"

"ऐसे ही पूछा।"

"जवान लड़किन को भी अधिकार है। अब भागो, चलो यहाँ से, काम करने दो। बेसरम।"

लड़के भाग आते और बूढ़े फिर वोटर लिस्ट बनाने लगते।

प्राचीन काल में चुनाव का सारा मामला सस्ते में और प्रेम से निपट जाता था। नामांकन के दिन सारे उम्मीदवार उषाकाल के पूर्व उठते, प्रातः कर्म से निपट चकाचक सिर मुँडवा स्नान करते और पूजा कर धवल वस्त्र पहन मन्दिर के चौक में हरे पत्तों की डाल हाथ में ले बैठ जाते। किसी के हाथ में पीपल की डाल होती, किसी के हाथ में आम की। यही उनका चुनाव-चिह्न समझिए। भाषण वे नहीं देते। हाँ, कोई पास आ प्रश्न करे तो उत्तर देते थे।

"कहो भाई, तुम भी लोकसभा जाने का विचार कर रहे हो?"

"हाँ, दादा! आशीर्वाद दीजिए।"

"क्या करोगे वहाँ?"

"देखिए, एक तो तालाब की समस्या है। चार वर्ष से हम देख रहे हैं कि उसकी दुर्दशा हो रही है। गौरमिंट के समक्ष हम यह समस्या नहीं रखेंगे तो केले की उपज मारी जाएगी। दूसरे जब से मलियागुरु तीरथ जाकर मर-खप गए, व्यायामशाला की

देखभाल करने वाला कोई नहीं है। लड़के जैसा समझते हैं, डंड पेल लेते हैं। बाहर से मल्ल नहीं आएगा तो समझिए, अनर्थ हो जाएगा। तीसरे—दादा, हमसे यह अन्याय नहीं देखा जाता कि जिनके परिवार का आदमी वीरगति को प्राप्त हुआ, उनकी विधवा और बाल-बच्चों के पोषण के लिए जमीन का टुकड़ा न हो।''

''ठीक कह रहा है।'' उम्मीदवार का समर्थन करने वाला कहता।

ठीक उसी समय मन्दिर के प्रांगण में दूसरा प्रत्याशी कहता, ''अरे, हमने बहुत पोथी पढ़ी है। विदुर नीति, चाणक्य नीति, भर्तृहरि नीति का शतक। साथ में भारत का संविधान चाट गए हैं पूरा। एक-एक धारा पूछ लो, सुनाए देते हैं। अब इतने ज्ञान का यहाँ रहकर अचार-मुरब्बा बनाएँगे क्या? हमें तो जाना ही पड़ी। खंडन की जरूरत पर खंडन करेंगे, मंडन की बात पर मंडन करेंगे।''

रात तक पूरे चुनाव-क्षेत्र में बात फैल जाती कि अमुक-अमुक व्यक्ति, जो आज महादेव के मन्दिर में आए थे, चुनाव के प्रत्याशी हैं और घर-घर में चर्चा चल जाती कि किसे वोट दें। अटकलें चालू हो जातीं। चौपालों पर राजनीति छँटती।

''भाई, यह गंगाराम बहुत तेज है। लगता है, जीत जाएगा।''

''कैसे?''

''तालाब का प्रश्न उठा कर एक तरफ वह बूढ़ों को बाँधे है, व्यायामशाला के सुधार की बात कर सारे छोकरों को मिलाए है और वीरों की विधवाओं के प्रति पीड़ा दिखा स्त्रियों का मन जीतने की चेष्टा कर रहा है।''

''सो तो बड़ा तेज है। करेगा या न करेगा, राम जाने!''

इसी तरह चर्चाएँ चलती रहतीं और लोग मन बनाते रहते, किसे वोट दें। जीपें तब थीं नहीं। प्रत्याशी घोड़े पर बैठ गाँव-गाँव घूमते थे। मानताएँ लेते, मन्दिरों के दर्शन करते और बड़े-बूढ़ों के चरण छूते। जहाँ जाते, उपदेश सुनने को मिलता :

''अरे भई, लोकसभा में जाओ तो सबसे सम्मान से बात करो और सोच-समझकर बोलो। ऐसे नहीं कि मार लड़ने लगो कुत्तों जैसे।''

''जा तो रहे हो, पर क्षेत्र की नाक मत कटवाना। कोई ऐसी-वैसी बात सुनाई दी तुम्हारे बारे में तो समझ लेना, ये जूते और तुम्हारा सिर।''

''नहीं दादा, आपकी कृपा और आशीर्वाद बना रहे, कोई मौक़ा नहीं मिलेगा शिकायत का।''

प्रत्याशीगण घोड़े पर बैठे गाँव-गाँव घूमते रहते और सबको ज़िला केन्द्र आने का आमन्त्रण भी देते। उनके हाथ में वृक्ष की हरी डाल होती, जिसे वे झंडे की तरह उठाए रहते। हर किसी को प्रणाम करने का यह चुनावी मौसम चलता रहता।

जब अक्षय तृतीया, सावन की अष्टमी या पूस की अमावस्या टाइप का दिन आता, पुर की वनिताएँ सुबह से शृंगार करने लगतीं और युवक तो एक दिन पहले

ही से उछलने लगते। ढोल-ढमाके के साथ गाते-नाचते लोग पोलिंग-केन्द्र की ओर प्रयाण करते, क्योंकि भारतीय संस्कृति उन दिनों ज़ोर पर थी और नाचने-गाने के प्रत्येक अवसर का लोग भरपूर उपयोग करते थे।

पोलिंग-स्थल पर चौक पूरे जाते और मन्त्रोच्चार के साथ कुम्हार के लाए मटके राजपुरुषों की निगरानी में सजाकर रख दिए जाते। वोट छापने का खर्च नहीं होता था। न दीवारें रँगी जातीं, न पोस्टर लगते, न दारू बँटती। हर प्रत्याशी के नाम की एक पत्ती घोषित हो जाती। पीपल, आम, बड़ आदि। लोग जिस उम्मीदवार को लोकसभा का सदस्य बनाना चाहते, मटके में उसकी एक पत्ती डाल देते। गंगाराम के चाहने वाले आम की पत्ती डालेंगे और मधवा के प्रेमी पीपल की। राजपुरुष गाँव-गाँव का क्रम से नाम बुलाता और लोग-लुगाइयाँ अपना वोट डाल आते। गड़बड़ न हो जाए, इसलिए वोट के बाद गुदना हो जाता। कन्याओं के चेहरों पर बिन्दी लग जाती, पुरुषों के हाथ या बाँहों पर।

अच्छे दिन थे। पोलिंग में झगड़े-झाँसे होते नहीं थे। आजकल के ज़माने जैसी खींचतान थी नहीं। गिनती होने पर जिसकी पत्तियाँ मटके में से ज़्यादा निकलतीं, उसे विजयी घोषित कर दिया जाता। वह फ़ौरन दर्शन करने मन्दिर भागता। राजघाट उस ज़माने में था नहीं, इसलिए झूठी क़सम का प्रश्न ही नहीं उठता था। लोग अपने-अपने मन्दिरों में या बड़े-बूढ़ों के चरण छू जो शपथ लेते थे, उसे निभाते थे। कभी-कभी धोखा भी हो जाता था। तब उस 'अमपी' को मार-पीटकर ठीक कर लिया जाता था। जैसे, गंगाराम के ही चुनाव-क्षेत्र में बदरीलाल का क़िस्सा हुआ था। चुनकर गया तब तो ठीक-ठाक था, पर राजधानी पहुँच उसका दिमाग़ फिरने लगा। कुछ दिनों बाद पता लगा कि अफ़ीम निर्यात के आज्ञा-पत्र धनाढ्य व्यापारियों में बाँट गुप्त रूप से धन कमा रहा है। फिर ख़बर आई कि सुरक्षा नगरी में उसने एक मकान लिया है और वहाँ एक पतुरिया को रखे है। मदिरापान की ख़बर भी उड़ी तो चुनाव क्षेत्र के बड़े-बूढ़ों और स्थानीय ऋषि-मुनियों ने सोचा, पता लगाया जाए कि सच्चाई क्या है, क्योंकि बदरीलाल को वे बचपन से जानते हैं, वह ऐसा था तो नहीं।

सब दिल्ली पहुँचे। खोजबीन की तो पता लगा, सच है। वास्तव में बदरीलाल पतन के गर्त में उतर गया है। छी, छी...ऐसा व्यक्ति क्षेत्र की ओर से लोकसभा में बैठे तो लोकसभा का मान तो गिरता ही है, क्षेत्र की नाक भी कटती है। वे उसे पकड़कर ग्राम लाए। बहाना बनाया कि हम तेरा सम्मान करेंगे। नेताओं में तो सम्मान की खुजली होती ही है। आ गया दाँव में, पर यहाँ तो स्थिति दूसरी थी। चौक में बिठाकर एक मुनिवर ने कहा, "देखो बन्धुओ, यह है बदरीलाल, जिसे हमने चुनकर भेजा। वहाँ जाकर इसने जो करम किए, उससे इसका ही नहीं, सारे गाँव का मुँह काला हुआ है। सो जिस-जिसने इसे वोट दिया, उसे शपथ अपने बाप की, अगर इसे

जूता न लगाए।''

जो दृश्य था, वह ऐतिहासिक था। प्रजातन्त्र की इज़्ज़त रखने के लिए उस ज़माने के लोग अगर वोट देते थे तो जूता उठाने का भी साहस रखते थे।

गंगाराम जब चुना गया, तब लोगों ने यही कहा, ''याद है भैया बदरीलाल का क़िस्सा? 'अमपी' बने हो तो ठीक से रहना। वो बदरीलाल नंगे पैर गया था, लौटकर आया तो हाथ में सोने का कंकण था। पूछा, किसने दिया सम्मान में, तो इधर-उधर के झूठे प्रसंग बनाकर सुनाने लगा। समझता था, हम मूर्ख ही हैं। अरे, चुने गए हो तो अपनी मान-मर्यादा से रहो, सेवा करो। अगर कोई ऐसी-वैसी बात सुनी तुम्हारे बारे में, बस समझ लेना हमसे बुरा कोई नहीं होगा गंगाराम! बताए देते हैं।''

ऐसा था प्राचीन काल में प्रजातन्त्र। गंगाराम या जो भी हो, जब इन्द्रप्रस्थ के लिए रवाना होता तो सारा क्षेत्र छोड़ने आता। नदी किनारे तक वाचस्पति जी और जुझारसिंह भी आते और उसे चिट्ठी दी जाती कि इसे हमने चुना है, जिसे वह सँभालकर रख लेता था।

अब कहाँ रहे वे लोग, न वैसे वोटर रहे, न वैसे नेता। अब तो जो छँटा हुआ धूर्त होता है, वही जाता है दिल्ली। गुज़र गया वह ज़माना भैया, क्या प्रजातन्त्र होता था उस समय में। ख़ैर, छोड़ो, आज की सोचो। ये ससुरे खड़े हो गए हैं, इनमें एक भी है वोट के क़ाबिल!

''क्या जानें भाई! प्रचार हुई रहा है। सोचने-समझने की फुरसत कहाँ है?''

क्या चमचे बदलेंगे?

इस देश में सुख-सुविधा से जीवन जीने के दो ही रास्ते हैं—दादागीरी या चमचागीरी। चूँकि दादा भी कहीं-न-कहीं चमचा ही होता है, इसलिए रास्ता एक ही है—चमचागीरी। हम सब चमचे हैं। कहीं-न-कहीं, किसी-न-किसी के चमचे हैं। हमारी झुकी हुई रीढ़ ही वह मज़बूत बल्ली है जिस पर जीवन की सुरक्षा का तम्बू तना है। जब देश स्वतन्त्र हुआ तो हम सब स्वतन्त्र हो गए, यह निर्णय लेने के लिए कि हम किसके चमचे बनें? जब जिसका जहाँ मौक़ा लगा, वह वहीं किसी का चमचा हो गया। चमचागीरी का आधुनिक इतिहास तीस वर्ष का है। चमचागीरी के तीन गौरवशाली दशक बिताने के बाद अब हम इस स्थिति में आ गए हैं कि चमचागीरी पर अधिकारपूर्वक कुछ कह सकें।

इस बार आम चुनाव के जब परिणाम आने शुरू हुए तो कांग्रेस ही नहीं हिली, देश के सारे चमचे भी अन्दर-ही-अन्दर हिल गए। चुनाव-परिणामों की उस रात चमचा सो नहीं पाया। अब क्या होगा? मैं चमचा रह सकूँगा या नहीं? रहूँगा तो किसका? हो सकता है, मैं हटा दिया जाऊँ और मेरी जगह कोई दूसरा चमचा ले ले? क्राइसिस का मूवमेंट जिसे कहते हैं। चमचा सोच रहा था। चमचा बहुत परेशान था।

मैं आपसे प्रश्न पूछना चाहता हूँ मित्रो! क्या गवर्नमेंट बदलने के साथ चमचा बदलता है? बहुत गम्भीर प्रश्न है। चमचागीरी का समूचा जीवन-दर्शन इस प्रश्न के उत्तर में समाहित है। क्या नई सत्ता नए चमचे लेकर आती है अथवा वे ही चमचे अपना रंग बदलकर नई सत्ता के चमचे हो जाते हैं? तीस साल में पहली बार यह स वाल राष्ट्र के सामने उठा है।

जैसा मैंने कहा, हमारे देश में चमचागीरी की एक महान गौरवशाली परम्परा रही है। चमचों के जितने स्वरूप हमने देखे हैं, उसके अनुसार एक क़िस्म उन चमचों की होती है जिन्हें आप सहज चमचा कह सकते हैं। वह यों कि मन्त्री के बँगले में घुसकर भाँगड़ा करने लगे, जो मन्त्री बना उसकी शान में तुरन्त एक ग़ज़ल पढ़ दी, या चित्रकार हुसैन की तरह रातोंरात दुर्गा माता के तीन पेंटिंग बना सुबह हाज़िर

हो गए। ये सब सहज चमचे होते हैं। इनसे गहरे वे चमचे होते हैं जो विद्वान होते हैं। रेडियो, टेलीविज़न पर बोलना जानते हैं, अख़बारों में विश्लेषण करते हैं। ये बड़ी सफ़ाई से अपने मुहावरे बदलते हैं, अन्दाज़ बदलते हैं और नए दौर के चमचे हो जाते हैं। तीसरे वे हैं, जो यह मंज़ूर ही नहीं करते कि हम चमचे थे या हैं मगर हर वक़्त फ़ौरन रंग बदलकर दूसरे के चमचे हो जाते हैं। मगर इस आम चुनाव में जब सत्ता हिल गई तो चमचों को भी आत्मचिन्तन करना पड़ा।

मैंने इस विषय में एक चमचे से बात की। वह बड़े-बड़े कांग्रेसी मन्त्रियों का चमचा रह चुका था और सभी बँगलों पर आता-जाता था। मैंने कहा, ''भाई साहब, अब आप हटिए, दूसरे चमचों को मौक़ा दीजिए। कांग्रेस के राज में आप चमचे थे, जनता पार्टी के राज में हमें चमचा बनने दीजिए।''

वह तमककर बोला, ''मैं कभी कांग्रेस का चमचा नहीं रहा, मैंने हमेशा कांग्रेस की ग़लत नीतियों का विरोध किया है। मैं नेताओं के मुँह पर बोलकर आया था कि आपकी नीतियों के कारण कांग्रेस चुनाव में कभी नहीं जीत सकती।''

दरअसल, मैं उससे देर से मिला। मैंने प्रश्न देर से किया था। वह उसके पहले ही कांग्रेस की चमचागीरी छोड़ चुका था और जनता पार्टी के नेताओं की चमचागीरी करने लगा था। असली चमचे आत्मचिन्तन में वक़्त नहीं गँवाते। वे दूसरे ही क्षण काम चालू कर देते हैं। हमारे देश में कभी दूध-दही की नदियाँ बहती थीं। वे चाहे अब नहीं रही हों, पर मक्खन के पहाड़ आज भी खड़े हैं और काम में आते हैं। वह पुराना अनुभवी चमचा था जिसने हर दौर में फ़ायदा लिया था।

तब स वाल यह है कि नए चमचे कहाँ जाएँगे? यदि हमारे नए नेता पुराने चमचों से ही घिरे रहे तो चमचों की उभरती नई पीढ़ी का क्या होगा? युवा चमचों का क्या होगा? समान्तर चमचों का क्या होगा? यह एक गम्भीर राष्ट्रीय समस्या है। एक तो यह कि नए नेताओं से कहा जाए कि वे पुराने चमचों से सावधान रहें और अपने इर्द-गिर्द नए चमचों को ही जगह दें। पुराने चमचों की लिस्ट बनाकर मन्त्रियों के बँगलों पर भेज दी जाए ताकि उनका प्रवेश रोका जा सके।

मैंने एक शख़्स को यह योजना बताई तो वह बड़ा उत्साहित हुआ। बोला, ''चलो, जल्दी से लिस्ट बनाकर बँगलों पर चलते हैं। चलो, जल्दी करो।'' वास्तव में वह शख़्स भी पुराना चमचा था और नए माहौल में जगह बनाने की कोशिश में लगा था। उसने सोचा, इसी बहाने सही, बँगले में घुसने का मौक़ा तो मिलेगा।

एक सज्जन ने मुझसे कहा, 'आप इतने परेशान क्यों होते हैं? नए चमचे संघर्ष करके अपना स्थान बना लेंगे। चमचागीरी तो मेरिट की लड़ाई है, जिसमें ज़्यादा दम होगा, वह टिकेगा। चमचे बनने के लिए प्रतिभा चाहिए। यदि प्रतिभा होगी, आपको कोई नहीं रोक सकता। पुराने चमचे जल्दी नहीं हटेंगे।'

नए नेताओं को यह देख प्रसन्नता होती है कि दूसरों के चमचे आजकल उनकी तरफ़ झुक रहे हैं। इस देश में राजनीति क्या है? चमचों के विराट समूह पर अपने प्रभाव की जाँच करते रहना ही तो राजनीति है। मक्खन के आईने में लगातार शक्ल देखते रहना ही तो राजनीति है। नेताओं को चमचे देखकर ख़ुशी होती है। वे इसे अपना प्रभाव मानते हैं। नए चमचों के लिए संघर्ष कड़ा है, पर वे जगह बना सकते हैं। किराएदार बदलते रहते हैं, बिल्ली बँगला नहीं छोड़ती। दूध-दही और चूहों का मोह उसे बँगले से बाँधे रखता है। आप जब जाएँगे, पुराना चमचा आपको घुसने नहीं देगा। मगर डरिए मत, भिड़े रहिए। अस्तित्व की लड़ाई में अन्ततः शुद्ध चमचे ही शेष रहते हैं। विजय आपकी होगी। शर्त बद लीजिए, विजय आपकी होगी।

चुनाव के पहले चमचे कांग्रेसी नेताओं के बँगलों पर गए थे और यही वाक्य बोल आए थे। फिर वे जनता पार्टी के नेताओं से मिले और यही वाक्य बोल आए। विजय आपकी होगी, शर्त बद लीजिए—विजय आपकी होगी।

चुनाव हुए। किसी-न- किसी की तो विजय होनी ही थी। जो जीता, चमचे दौड़ते हुए उसके यहाँ गए, ''देखिए श्रीमन्, हमने कहा था न जीत आपकी होगी।'' जीता हुआ नेता यह सुनकर मुस्कुराता है। बस, वही मुस्कान चमचे की बेस है, आधार है।

हमारे नेताओं को चमचे अच्छे लगते हैं। उनसे वातावरण में जान रहती है। चमचों के उत्साह से नेताओं का आत्मविश्वास बढ़ता है। चमचा पास रहता है तो नेताओं को लगता है, सारे देश की जनता उनके साथ है। एक चमचा सारी जनता का, सारे देश का प्रतीक बन जाता है। उसके चेहरे में पूरे देश की झलक नज़र आ जाती है नेताओं को। चमचा झुका रहता है, हाँ-में-हाँ और नहीं-में-नहीं करता वहीं खड़ा रहता है, पीछे-पीछे चलता है। नेताओं को लगता है, सारा देश उनके पीछे चल रहा है।

हमारी राजनीति में चमचों की जड़ें बहुत गहरी हैं। उसका मुँह उसी दिशा में रहता है जिधर हवा बहती है। वह जो कहता है, ठकुर-सुहाती कहता है। इस देश में चमचे हैं और उन्हें प्रेम से अपनाने वाले भी हैं। अपनाने वालों का पतन होता है, चमचों का पतन कभी नहीं होता। जो भी उभरेगा, चमचा उसी का होगा। चमचा हर हाल में चमचा है, चमचा हर दौर में चमचा है।

हर फूल दिल्लीमुखी

जब तानसेन और बीरबल राजधानी आए या गालिब ने घूम-फिरकर अन्ततः यह निश्चय किया कि दिल्ली के कूचों में मरेंगे, तब वे नहीं जानते थे कि वे जाने-अनजाने इस देश के महत्त्वाकांक्षी बुद्धिजीवी और कलाकारों की नियति निश्चित कर रहे हैं। तब से देश का हर प्रतिभाशाली लेखक, कवि, नेता, सम्पादक, पत्रकार, बातूनी, आलोचक, कलाकार, चित्रकार, बँगलाघुसू चमचा एक अदद सपना राजधानी जाने, रहने और छा जाने का लिए घूमने लगा। उसके अन्दर-ही-अन्दर आकांक्षाओं की एक कुतुब बनने लगी ऊपर चढ़ने के लिए। उसका मक्का, तीरथ, परम लक्ष्य, आख़िरी मंज़िल, चरम छोर बन गया दिल्ली, प्रजातन्त्र का बड़ा चबूतरा, शेष मुकाम एक-दूसरे की टाँग खींचने का, कल्पवृक्षों का गार्डन, जहाँ पद, पुरस्कार, चुनाव के टिकट पेड़ों पर लटकते हैं। जहाँ संस्थाओं के ढाबे खुले हैं, तिकड़मबाज़ों के लिए, जो स्थायी छतरी है उन लोटन कबूतरों की, जो उड़ते रहना चाहते हैं, हर अदा और अन्दाज़ में देश के राजनीतिक, सांस्कृतिक आसमान पर। दिल्ली घुस गई सबके मन, दिमाग़, आत्मा में, पर्याय लगने लगी पूरे देश की। धीरे-धीरे हर कमबख़्त अपने शहर, क़स्बे या गाँव में रहकर एक अदद दिल्ली अपनी पीठ पर ढोता घूमने लगा। कहीं भी रहे, उसकी आत्मा दिल्ली रहती है, उसके सपनों का लॉकर हो गया दिल्ली।

सभी सन्त यह साफ़-साफ़ कहने के लिए कि उन्हें सीकरी से काम नहीं है, दिल्ली ही आने लगे और वहाँ प्रेस कान्फ्रेंस आयोजित कर यह बताने लगे कि उन्हें कोई गरज नहीं है और वे बिना दिल्ली के काम चला सकते हैं, दिल्ली के विरोधी अन्ततः पसरकर बैठ गए दिल्ली की ही कुर्सियों पर।

दिल्ली के नाम पर एक दरवाज़ा हर शहर में बना और हर स्थानीय स्वप्नजीवी उस दिल्ली-दरवाज़े से गुज़रता हुआ मंज़िल पर पहुँचने की सोचने लगा। सारी रेलों का आख़िरी स्टेशन बन गया दिल्ली। गाँव की पंचायतों में जो पौधे पनपे थे, वे बढ़ने के बाद सूख कर कटे दिल्ली में। मित्रों की क़स्बई गोष्ठियों में जो नया स्वर पहली बार फूटा था, उसने अन्तिम सोलो परफार्मेंस दिल्ली में दिया। जो अपने शहर में हूट होते थे, वे जम गए दिल्ली में। सबकी क़िस्मत तय करने लगी है दिल्ली। हमारी

जन्मपत्री के लग्न में बैठ गई घुसकर अपने शनि, मंगल और राहु-केतुओं के साथ। हाय रे दिल्ली! पलना कहीं हो किसी का, पलँग दिल्ली में बिछता है। ग़म के बोध को भुनाने के चक्कर में फँसे अन्ततः पहुँच जाते हैं लोग निगमबोध घाट पर। अकेलेपन के मरीज़ों का वार्ड है कनॉट प्लेस, सब मानों को बेमानी करता और बेमानी में अर्थ खोजता गोल-गोल।

दिल्ली एक काम्प्लेक्स है, एक ग्रन्थि है। दिल्ली एक सिल्ली है सीने पर रखी हुई। दिल्ली—भुस का लड्डू, जिसे न आप खा सकते हैं और न छोड़ सकते हैं। आप में उलझी हुई। आप से अकारण फँसी, कम्बल की तरह आपको छोड़ने से इन्कार करती हुई आपसे लिपटी हुई दिल्ली। एक झिल्ली हर शख़्स के इरादों पर लिपटी हुई। अरमान उगलने के लिए एक स्थायी वॉश बेसिन। एक तिल्ली पूरे शरीर की अपेक्षा अधिक बढ़ी हुई। आत्मा पर शरीर, शरीर पर खद्दर, खद्दर पर ओढ़ी दिल्ली। भाव को शब्द, शब्दों की पुस्तक, पुस्तकों का समर्पण दिल्ली। आक्रोशों की छुरी से ख़ुश-ख़ुश काटी जाती एक केक की तरह सजी-सँवरी दिल्ली। विद्रोहियों को मनसबदार बनाती, क्रान्तियों को पुरस्कृत कर शॉल पहनाने वाली, लाशों को तमगे बाँटती, समझौतों का स्टॉक एक्सचेंज, जन भावना के दलालों का विराट सराफा है दिल्ली। देश का काउंटर जहाँ लोग अपने आवेश जमाकर सुविधाएँ ड्रा करते हैं। आवेग जमाकर वज़ीफ़े हासिल करते हैं। दिल्ली, जहाँ देश के हर क़स्बे के चालू ईसा मसीह अपने सलीब बेचकर दो रोटी पाने के लिए क्यू में खड़े हुए हैं।

दिल्ली आख़री कसौटी है, खटोला वहीं बिछेगा, इसीलिए चले जाते हैं भूखे प्रान्तों के सूखे मुख्यमन्त्री अपने टुटपुँजिया हवाई जहाज़ों में हिचकोले खाते, रोज़ दिल्ली की दिशा में। चला जाता है मौलिक चिन्तन की गठरी बग़ल में दाबे रेल के डिब्बे में ऊँघता साहित्यकार दिल्ली की तरफ़। दौड़ा जाता है चित्रकार अपना अधूरा कैनवास बग़ल में दाबे दिल्ली की तरफ़, अपनी उम्मीदों की तस्वीर पूरी करने के चक्कर में परेशान। अटके रहते हैं नाटककार उस पागल आकांक्षी भीड़ में मुट्ठी भर शुद्ध दर्शक तलाशते। दिल्ली मर्तबान है काँच का, जिसमें प्रतिभाएँ फर्मेंट होकर एक अलग मज़ा और स्वाद देने लगती हैं। दिल्ली घाट है, जहाँ लोग नियति के धोबी के पीछे ख़ुश-ख़ुश दुम हिलाते पहुँचते हैं। उफान ठंडे होते हैं, भभके बूँदी में निथर जाते हैं। दिल्ली यथा स्थिति का गौरीशंकर है, जिस पर चढ़ने की कोशिश में हर पर्वतारोही जीवन भर जूते के तसमे बाँधे नीचे फिसलता रहता है। जहाँ त्यागी अपने लिए प्रमाण-पत्र तलाशते हैं और रसीले अपने प्राइवेट निर्झर। दोनों का केन्द्र वही है। देश में कहीं भी तार बजाना हो, खूँटियाँ कसने की जगह दिल्ली है।

पिछले सालों में दिल्ली एक वज़न की तरह हमसे बँध गई है। अपने पिंजरे में हर तोता दिल्ली की हरी मिर्च खाने के सपने देखता है। कर्म और त्याग के आनन्द

भवन छोड़ जो लोग ऐश और आकांक्षाओं के विलिंग्डन क्रिसेंट गए, वे जय-पराजय, मान-अपमान, आशा-निराशा की हर स्थिति में दिल्ली से चिपके रहे। यह भय उन्हें सताता रहा कि रिटायरमेंट के दूरस्थ सदाकत आश्रमों में उन्हें कोई नहीं पूछेगा। कुर्सी को अन्तिम बिस्तर बनाने की तोड़-जोड़ में लगे वे मेडिकल इंस्टीट्यूट में अपने थके फेफड़ों को जँचवाते वहीं बने रहे। हर शहर, हर गाँव ने अपना श्रेष्ठ व्यक्ति दिल्ली के प्यासे अग्निकुंड को होम दिया और वह भी मेरा यार कूद गया अपनी जड़, अपनी ज़मीन को भूलकर।

जो लोग ढोते हैं, अपना-अपना क़स्बा दिल्ली में, वे ख़तरनाक नहीं। वे तो असहाय हैं, करुणा के पात्र। ख़तरनाक हैं वे, जो सिर पर उठाए फिरते हैं एक दिल्ली हमेशा अपने छोटे-से शहर या क़स्बे में। दिल्ली उन्हें फ्रॉड बनाती है और वे शहर के लोगों में हीनता बाँटते हैं। दिल्ली उन्हें भ्रष्ट करती है, वे स्थानीय कृपाएँ बिखेरते हैं। दिल्ली उन्हें शब्द देती है, छोटे शहर में वे चीख़ते हैं। एक मुन्नी-सी दिल्ली टहलती रहती है हर छोटे शहर के सीने पर। वहाँ के साहित्य, संस्कृति, राजनीति सब पर फन फैलाए फुँफकारता है दिल्लीधर्मी तिकड़मी मानस, सबको रौब देता। दिल्ली दर्पण नहीं, मात्र एक दर्प है। उखड़े लोगों का नशा है। दिल्ली हमारी-तुम्हारी नहीं, दिल्ली उनकी है।

इस देश का हर फूल सूरजमुखी नहीं होता। वह दिल्लीमुखी होता है। उसे सूरज से क्या मतलब? वह पूरे वक़्त निरन्तर दिल्ली की तरफ़ टापता हुआ धीरे-धीरे मुरझा जाता है। तानसेन, बीरबल या ग़ालिब ने यह नहीं सोचा था कि एक दिन इस देश के हर राग की हर तान दिल्ली पर टूटेगी, हर सूझ दिल्ली से घिघियाती इनाम माँगेगी और हर ग़ज़ल अपने अन्तिम शेर में कहेगी—हाय दिल्ली, हाय दिल्ली!

वोट ले, दरिया में डाल

आख़िर वोट से क्या माने हैं? इसमें 'वो' किसके लिए स्टैंड करता है और 'ट' किसके लिए स्टैंड करता है? दरअसल दोनों अपने-अपने लिए ही स्टैंड करते हैं। यह एक बुनियादी बात है, इसे समझ लिया जाना चाहिए। हमारे लिए कोई स्टैंड नहीं करता। हमारे लिए हम ख़ुद स्टैंड करते हैं, बशर्ते हममें स्टैंड करने की कूवत हो। अंग्रेज़ी का यही मज़ा है। बजाय अंग्रेज़ी में 'स्टैंड' करने के हमें हिन्दी में खड़ा होना चाहिए। मत करना चाहिए। मत में 'म' किसके लिए खड़ा है और 'त' किसके लिए खड़ा है? साफ़-साफ़ कहूँ कि 'म' मेरे लिए है, 'त' तेरे लिए है। मत का सारा मामला मेरा-तेरा क़िस्सा है। और कुछ नहीं। अब स वाल यह है कि कमबख़्त क्यों चुनाव लड़ने के लिए खड़ा हो गया है तो इसका जवाब बच्चन जी ने काफ़ी पहले लिख दिया है कि 'इसीलिए खड़ा रहा कि तुम मुझे पुकार लो। पुकारकर दुलार लो, दुलारकर सँवार लो...'

इसमें ज़रा 'लो' पर ग़ौर कीजिए श्रीमान्। ज़रूरत से कुछ ज़्यादा आया है। कितना कीजिएगा। वह तो उम्मीदवार बनकर खड़ा हो गया है। अबे बैठ क्यों नहीं जाता? क्या तुझे शक है कि बैठ जाएगा तो तुझे कोई पुकारेगा नहीं? और पुकारेगा तो दुलारेगा-सँवारेगा नहीं? सच यह है कि वह चुनाव में खड़ा है और इसीलिए खड़ा है कि उसकी थोड़ी पूछ-परख होगी। दुलरने-सँवरने का मौक़ा मिलेगा। जब बड़ों को आवाज़ लगेगी तब उसे भी पुकारा जाएगा। वह इसी चक्कर में खड़ा है। यों वह आम कवियों या प्रेमियों की तरह (बच्चन जी दोनों मामलों में अपवाद हैं) फड़तुस नहीं है। उसकी जेब में नोट भरे हैं। नोट की तुक इस मुल्क़ में वोट से मिलती है। यद्यपि दोनों अंग्रेज़ी के शब्द हैं मगर उनकी तुकें इसी मुल्क़ में मिलती हैं। यह कुछ ऐसा ही है, जैसे डॉलर से स्कॉलर की दुम मिलती है। ख़ैर, उसे छोड़िए, फिलहाल मतलब की बात कीजिए। हालाँकि वह भी मतलब की बात है। वह अपना-अपना मत है जो लब पर आ जाता है। लब में 'ल' क्या है और 'ब' क्या है? ऊपर वाला 'ल' है, नीचे वाला 'ब' है। ये दोनों 'मतलब' में दो बार मिलते हैं। 'मत' में एक बार, 'लब' में एक बार। इस तरह बार-बार। बिना उसके कोई मतलब नहीं

निकलता। बार-बार मिलना होता है मत के लिए, वोट के लिए जिसकी तुक नोट से मिलती है। वह इसीलिए खड़ा है। उसे बुलाओ, उसे वोट दो। वह उसे ले जाएगा। जिसका जो है, वह ले जाता है। दाने-दाने पर जिस तरह खाने वाले का नाम लिखा रहता है, उसी तरह हर वोट पर लिखा है ले जाने वाले का नाम। आ और ले जा।

वोट क्या है? वोट एक इंजेक्शन है जो पाँच साल में एक बार लगता है। बीमारी ज़्यादा बढ़ जाने से इस बार चार साल में ही लग रहा है। मगर यह वह इंजेक्शन है जो मरीज़ अपने डॉक्टरों को लगाते हैं। हम जिसके भरोसे बिस्तर पर पड़े हैं, जिसके भरोसे जी रहे हैं, दम अटका हुआ है, उस डॉक्टर का भी स्वस्थ रहना ज़रूरी है।

और वोट का तुलना अगर दिल से कर दी जाए तो कितने नए आयाम प्रकट हो जाएँगे। वास्तव में चुनाव दिल वालों की नहीं, दिल-जलों की कहानी होती है। लोग इसीलिए खड़े रहते हैं कि कोई उन्हें पुकार ले, पुकारकर दुलार ले वगैरा। मगर जब कोई पुकारता नहीं तब उनका दिल जल जाता है। वोट एक माचिस है जिससे आप किसी की सिगरेट सुलगा सकते हैं, किसी की फूस की गंजी जला सकते हैं, उसका दिल जला सकते हैं। जलाते रहे हैं, आगे भी जलाएँगे। वोट की इस माचिस ने मुल्क़ में बड़ा उजाला किया है। वोट एक लालटेन है जो सुलगता-भभकता रहता है। इसका मज़ा यह है कि केरोसीन किसी और का जलता है, रास्ता किसी और को नज़र आता है। जिसका कैरोसीन जलता है, वह बेचारा अंधेरे में ही रहता है। दूसरा ही कोई लालटेन हिलाता आगे बढ़ जाता। हमें कुछ नहीं मिलता। इसी को कहते हैं दीया तले अँधेरा। लोकसभा-भवन में जो प्रतिनिधित्व की गैसबत्तियाँ लटक रही हैं, उसी के तले इस देश में अँधेरा है। हमें कुछ नहीं मिलता। बदले में हमें एक वोट भी नहीं मिलता। वोट एक ऐसा उधार है जो सिर्फ़ दिया जाता है और जिसे हम देकर भूल जाते हैं, उसे धरम का काम समझते हैं, दान-खाते में डाल देते हैं। वोट एक भिक्षा है जो हम भिखारी के घर जाकर देते हैं। भिखारी खड़ा रहता है। इसीलिए कि कोई उसे पुकार ले। कोई उसे दुलार ले, सँवार ले। ये सब फ़िज़ूल की बातें हैं। हम जाते हैं और उसे वोट दे आते हैं।

हम और क्या कर सकते हैं? हमारे पास दो ही बातें हैं—दें या न दें? हम दे देते हैं। अच्छा रहता है। इस देश के राजनीतिक रेगिस्तान में भटकते हुए वोट हैं। एक नखलिस्तान है जो पानी का मीठा भ्रम उत्पन्न करता है। परिवर्तनों की आकांक्षा लिए हम हिरन भटकते हैं। वोट हमें भटकाता है, हर बार नई उम्मीदें पैदा करता है और पुरानी निराशाओं को दुहराता है। वोट देना अक्सर ओखली में सिर देने के बराबर साबित होता है। एक मूसल-सा सतत हम पर पड़ता है। ग़लती

हमारी है। ओखली में सिर हमने दिया था। अब मूसल उसके हाथ में है। यह मूसल हमने दिया था। वोट एक शस्त्र है जो हम दूसरों को इसलिए देते हैं कि वह हम पर प्रहार कर सके। वह वास्तव में इसीलिए खड़ा रहा था कि कोई उसे पुकार ले। पुकारकर उसे शस्त्र दे दे। फिर दुलारने-सँवारने का काम तो वह स्वयं कर लेगा। वोट एक चाकू है, एक उस्तरा है जो हम ग़लती से या जान-बूझकर एक बन्दर के हाथ में देते हैं। पता नहीं, वह इसका क्या करेगा! वह ख़ुद का गला भी काट सकता है, वह हमारा भी काट सकता है। या वह न भी काटे।

हातिमताई जब मुनीरशामी के लिए स वालों के जवाब तलाशने निकला था तब यह एक ऐसे बूढ़े शख़्स से मिला था जो 'नेकी कर और दरिया में डाल' का साक्षात् प्रतीक था। जब वह बूढ़ा अमीर था तब वह रोज़ दो रोटियाँ बनवाकर दरिया में डलवाता था। ऐसा वह बरसों करता रहा। जब उसके बुरे दिन आए और वह भूखों मरने लगा तब दो शख़्स उसके दरवाज़े पर आए और हाथ जोड़कर खड़े हो गए। कहने लगे कि हम आपको खिलाएँगे-पिलाएँगे। बूढ़े ने उनसे पूछा कि तुम लोग कौन हो तो वे बोले कि हम ही वे दो रोटियाँ हैं जिन्हें आप दरिया में डालते थे। इस तरह दरिया में डाली नेकी काम आती है। वोट भी ऐसी ही नेकी है जिसे आप दरिया में डालते हैं। मगर हातिमताई की कहानी में और आज की में इतना फ़र्क़ है कि वह नेकी मुसीबत में काम नहीं आती। दोनों नौकर दल बदल लेते हैं और किसी दूसरे के सामने हाथ जोड़कर खड़े हो जाते हैं जो आपकी मुसीबतों का कारण हैं। वोट एक नेकी है जो चुनाव के दरिया में बेकार जाती है।

उम्मीद पर दुनिया क़ायम है और वोटों पर प्रजातन्त्र। खड़ा रहने वाला इसीलिए खड़ा रहता है कि लोग उसे पुकारेंगे और अगर न भी पुकारेंगे तो वोट ज़रूर देंगे। मौसम आता है, देशभर में वोट खिलते हैं, झरते हैं और धन्धा करने वाले अपनी टोकरियाँ भर लेते हैं। नेता, नेता, वोट कितने? बेटा, सब सामने आते हैं। शोर होता रहता है। मतगणना तक बँधी मुट्ठी लाख की होती है तथा एक और एक ग्यारह का भ्रम देती है। गणना के बाद मुट्ठी खुल जाती है और पता लगता है कि एक और एक दो ही होते हैं। जो इसीलिए खड़ा था, वह इसीलिए चल देता है या स्थायी रूप से बैठ जाता है। जब एक और एक ग्यारह नहीं हो पाते तब बेहतर है कि नौ-दो ही ग्यारह हो जाएँ।

'म' मेरे लिए खड़ा है, 'त' तेरे लिए खड़ा है। मैं-तू लड़ रहे हैं, तू-तू-मैं-मैं चल रही है। यही मत है, यही चुनाव है। नाव है, सूराख हैं, लहरें हैं। खेने वाला है, डुबोने वाला है, दोनों एक ही नाव में बैठे हैं बल्कि कहा जाए, खड़े हैं। इसीलिए खड़े हैं कि पुकार लो। जिस नाव में जा रहे हैं, उसमें छेद कर रहे हैं। जिस थाली में खा रहे हैं, उसमें भी छेद कर रहे हैं। वे आपसे वोट माँग रहे हैं जिससे कार्य में

प्रगति हो। छेद बड़ा हो, नाव बेज़रूरत हो जाए। वोट एक तीर है जो एक बार छूटने के बाद पाँच साल से पहले लौटकर नहीं आता। एक चूक है जो दुरुस्त नहीं होती। एक पूजा है जो चढ़ती है, उतरती नहीं। एक पुकार है जो लगती है, लौटकर नहीं आती। तुम पुकार रहे हो? वह इसलिए खड़ा रहा है कि तुम उसे पुकार लो। पुकारकर दुलार लो, सँवार लो। इस 'लो' पर ज़रा गौर कीजिए श्रीमान्। बहुत हो रहा है। 'लो, लो' ही कब तक चलता रहेगा? 'दो, दो' भी होना चाहिए। चुनाव के बाद ज़रा ध्यान रखिए कि जो काफ़ी देर से इसीलिए खड़ा था, वह कहीं भाग न जाए।

प्रजातन्त्र की जड़ें

अभी एक सज्जन बता रहे थे कि देश को आज़ाद हुए इतने साल बीत गए। मेरा भी यही अन्दाज़ा है। ज़रूर बीत गए होंगे। वे कह रहे थे कि खेद है, अभी तक देश में प्रजातन्त्र की जड़ें गहरी नहीं जमीं। मैंने भी सहमति में खेद प्रकट किया। वे कह रहे थे कि इस बारे में हर बुद्धिमान व्यक्ति को विचार करना चाहिए। मुझे सन्देह हुआ कि कहीं उनका इशारा मेरी तरफ़ तो नहीं है? मुझ-जैसे अक्लमन्द को इशारा नाकाफ़ी होता है। जड़ें गहरी जमने की समस्या यों भी कृषि से ताल्लुक़ रखती है। पर वे चाह रहे थे कि मैं इस पर विचार करूँ। मैंने कहा कि आप क्यों नहीं करते, आप नेता हैं। ऊपर मैंने इन्हें सज्जन लिखा है, वह सभ्यतावश है। आप सज्जन नहीं है, नेता हैं। नेता को सज्जन व्यक्ति कहो तो बुरा मान जाता है। कहने लगे, सबको विचार करना चाहिए कि प्रजातन्त्र की जड़ें गहरी देश में क्यों नहीं जमीं। कई कारण हो सकते हैं। मिट्टी ख़राब है, पथरीली है, खाद नहीं मिलता और यही कि जड़ में कीड़े लग गए हैं।

हमारे देश में प्रजातन्त्र प्राचीन काल से था। प्राचीन काल में हमारे देश में हवाई जहाज़ भी थे। प्राचीन काल में प्रजातन्त्र के नेता, प्राचीन काल के हवाई जहाज़ों में बैठ दौरे करते थे। बाद में प्रजातन्त्र नहीं रहा तो हवाई जहाज़ भी बेकार हो गए। विदेशी लोग यहाँ आए और प्रजातन्त्र तथा हवाई जहाज़ विदेश ले गए और राजतन्त्र तथा बैलगाड़ी छोड़ गए। देश में प्रजातन्त्र को ठेठ भारतीय तरीक़े से चलाया जाए। वेद-पुराणों में चुनाव लड़ने के कौन-से पैंतरे दिए हैं, पता नहीं। अध्ययन करने की आवश्यकता नहीं, अनुमान किया जा सकता है।

चुनाव के लिए, समय-निर्धारण करने के लिए पंडितों और ज्योतिषियों की मंडली बैठनी चाहिए। तिथियों का अध्ययन कर, शुभ घड़ी, शुभ समय निश्चित किया जाना चाहिए—जिस समय राशियों का ठीक मेल बैठता हो। अलग-अलग दलों को चुनाव का टिकट माँगने वालों की जन्म-पत्रियाँ एकत्र करनी चाहिए और चुनाव के समय किसका सिंह उच्च का है, राजयोग किसके प्रबल हैं, उसे ही टिकट दिया जाना चाहिए। यथासमय नामों की घोषणा करनी चाहिए। अपना नाम निश्चित होने पर

उम्मीदवार को नगाड़ा बजाते हुए गाँव या शहर के मन्दिर में जाना चाहिए और नारियल चढ़ाकर प्रसाद ग्रहण करना चाहिए। चुनाव के एक माह पूर्व सारे देश में धार्मिक और सांस्कृतिक वातावरण बन जाना चाहिए। उम्मीदवार श्वेत वस्त्रों पर हल्दी के पीले छापे लगवाता घूमे और बड़े-बूढ़ों के चरण-स्पर्श करे। 'मेरा टेसू यहीं अड़ा, खाने को माँगे दही-बड़ा' के अन्दाज़ से लड़कों का एक झुंड उम्मीदवार के साथ चले। सुहागिनें उसे तिलक करें और बूढ़ियाँ बलाएँ लें। लड़कियाँ रास्ता रोकें और रुपया प्राप्त करें। माता-बहनें गोबर से चुनाव-चिह्न बनाएँ। चुनाव के एक सप्ताह पहले सब एक-दूसरे के घर जाएँ और अक्षत-चावल हाथ में देकर अपने उम्मीदवार को वोट देने की प्रार्थना करें। सब एक-दूसरे के अक्षत स्वीकार करें, चाहे वोट न दें। अपने उम्मीदवार की प्रशंसा में कवित्त-सवैये रचे जाएँ, बधावे गाए जाएँ और विरोधी उम्मीदवार के लिए प्रेम-सनी गालियाँ!

चुनाव के तीन दिन पूर्व किसी पवित्र स्थल पर पोलिंग-बूथ की प्रतिष्ठा की जाए। स्थान पर पानी छिड़क, गोबर लीप, रंगोली आदि के बीच वोटिंग-बॉक्स के रूप में कलश या मटका रखा जाए जिसका ढक्कन बन्द हो। उसकी सुरक्षा के लिए दो ब्रह्मचारी वीर नियुक्त किए जाएँ। मटके के ऊपर सिन्दूर से सारे चुनाव-चिह्न बनाए जाएँ। चुनाव-मंडप का निर्माण कर सारे स्थान को बन्दनवार से सजाया जाए।

चुनाव के शुभ दिन सब लोग ब्राह्म मुहूर्त में, जब मुर्ग़े बाँग देते हैं, उठें। इस दिन बाँग देने के लिए विशेष सांस्कृतिक मुर्ग़े तैयार किए जाएँ। प्रातःकर्म, स्नान आदि से निवृत्त होकर सकल जन-देवता को पूजें और शुभ्र धुले वस्त्र धारण कर शकुन-अपशकुन का ध्यान रख पोलिंग-बूथ की ओर गाते-बजाते चलें। पोलिंग-बूथ पर विभिन्न उम्मीदवारों द्वारा नियुक्त पड़े अपने यजमानों का स्वागत करें। मटके में वोट काग़ज़ के रूप में नहीं, वृक्षों के पत्तों अथवा पुष्पों के रूप में डाला जाए। किशनलाल जी को वोट देना हो तो मटके में पीपल का पत्ता और रामलाल जी को देना हो तो बड़ का पत्ता मटके में डाला जाए। वोट डालते समय प्रजातन्त्र के नाम पर एक मन्त्र उच्चारण की भी विधि हो। सारा काम हवन में आहुति देने की अदा से किया जाए। कन्याएँ और बटुक वोट न दें।

वोट देने तक कोई जन भोजन न करे और उम्मीदवार दिन भर निराहार रहे। सूर्यास्त तक यह विधि चलती रहे। रात भर ब्रह्मचारी वीर मटके की रक्षा करें। दूसरे दिन सब जनों की उपस्थिति में मटके खोलकर पत्ते गिने जाएँ। जिसके पत्ते ज़्यादा हों, बाज़ी उसकी! उसे तिलक किया जाए और नारियल दिया जाए।

विजयी उम्मीदवार फिर एक चौकी पर बैठ जाए और उसे रुपया आदि आशीष के रूप में सब दें। मुँह में पेड़ा, उसके गंजे सिर पर आशीष, पान-इतर-फुलेल आदि

का वातावरण बने। चाहे तो वह मन्दिर भी जाए। उसके बाद उस नरपुंगव को पाँच वर्ष के लिए लोकसभा की दिशा में हाँक दिया जाए।

उपर्युक्त विधि का पालन करने से हमारे भारत में प्रजातन्त्र की जड़ें गहरी जम सकती हैं कि खोदे से नहीं ख़ुदें। बल्कि जितना खोदें उतनी गहरी होती जाएँ। वर्तमान प्रजातन्त्र इस मामले में गड़बड़ है। लोग वोट देने ही नहीं जाते।

मैंने उक्त सज्जन को (मैं पुनः उन्हें सभ्यतावश सज्जन कह रहा हूँ) जब उपर्युक्त मार्ग बताया तब वे पहले तो गम्भीर हो गए और फिर हँसने लगे। फिर गम्भीर हो गए और मुझे घूर-घूरकर देखने लगे। कहने लगे, "कहाँ रहते हो?" मैंने वार्ड नम्बर बताया। (अस्पताल का वार्ड नम्बर नहीं, चुनाव का।) बोले, "आप कौन-से पागलखाने में अपना इलाज करवा रहे हैं?"

मैंने कहा, "किसी पार्टी में नहीं हूँ, इंडिपेंडेंट हूँ।"

वे मुझे और क्रोध से देखने लगे। फिर चल दिए। नहीं तो मुझे अस्पताल भिजवा कर जाते! प्रजातन्त्र की जड़ें सौभाग्य से इस देश में अभी गहरी नहीं हुईं।

एक पराजित उम्मीदवार की सेवा में पत्र

प्रिय भाई साहब,

उस दिन कलेक्टोरेट में परिणाम सुनने के बाद आप शाम की रेल से पधार गए तब का दिन है और आज का दिन, मेरा रोटी जीमने तक का मन नहीं कर रहा। राजनीति का क्षेत्र मुआ ऐसा है जिसमें इनसान को बुरे-अच्छे दिन देखने को मिलते हैं, मगर इस बार तो भारी हो गई। आप यहाँ से उदास गए। आपका अफ़सोस भी वाज़बी है कि रुपए दस लाख से उतर गए इस चुनाव में और इज़्ज़त गिरी सो अलग। मगर एक कर्त्तव्यनिष्ठ सेवक के नाते मेरी उदासी भी कम नहीं है। वाइफ़ बहुत कहती है कि अब मूड ठीक करो और ज़रा दुकान-धन्धे की बात करो, पर सच कहता हूँ बाबू साहब, आपकी हार ने हमें डुबो दिया। आप नहीं हारे, मुझे लगता है, जैसे मैं ही हार गया। कैसे खोटे भाग पड़े भाई साहब, ज़रा सोचो। आज मैं कहीं का नहीं रहा। मेरे दोस्त हवा देख समाजवाद का नारा लगाने लगे तो आज वे सुख-चैन से हैं और मैं आत्मा की आवाज़ के चक्कर में पड़कर आपका कार्य करता रहा तो इस क़ाबिल भी नहीं रह गया कि म्युनिसीपाल्टी के लिए खड़ा हो जाऊँ। क्या-क्या अरमान लेकर चले थे, सब पर पानी फिर गया। आप तो दिल्ली-बम्बई घूमते-फ़िरते हो बिजनेस में और आपका मन रम जाता है, मगर मैं तो क्षेत्र का ग़रीब कार्यकर्ता ठहरा, मैं कहाँ जाऊँ? मुझे तो यहीं रहकर अपनी राजनीति करनी है। मेरा दुख मैं ही जानता हूँ।

क्या-क्या मनसूबे बाँधकर पॉलिटिक्स में घुसे थे कि एक दिन हमारे भी अच्छा बँगला होएगा, कार होएगी, आदर मिलेगा, चार पैसे बटोरने का समय आएगा। मगर देखो! कैसी उलटी हो रही है, हम तो शुरू से ही ग़लत लाइन में पड़ गए। आपका भी ख़याल था कि आज नहीं, कल कांग्रेस उखड़ेगी और इसलिए फ़िलहाल अपोज़ीशन में खड़े रहने में ही दूरंदेशी है। मगर तब से आज तक काया को चैन नहीं मिला। और इस हार ने तो बाबू साहब, बिलकुल तबीयत निराश कर दी। गीता में ऐसे मौक़े के लिए क्या-क्या वचन कहे गए हैं कि इनसान को हिम्मत नहीं हारनी चाहिए, उसी की प्रेरणा से यहाँ बना हूँ। नहीं तो सच कहता हूँ भाई साहब, तबीयत संन्यास लेने की कर रही है।

फिर भी मुझे इतनी ख़ुशी है कि जमानत बच गई। पिछली बार तो आपको याद होगा कि आपकी जमानत भी जब्त हो गई थी। इस बार कोई तीन हज़ार वोट ऊपर पड़े हैं जिसकी क्रेडिट मैं तो भवानीसिंह जी को दूँगा जो रात को ठर्रे की दस बोतलें और हज़ार रुपया लेकर गए और झोंपड़पट्टी का काफ़ी वोट अपनी तरफ़ फोड़ लाए। यह सच है कि जेल में होने के कारण भवानीसिंह जी हमें देर से प्राप्त हुए पर जो काम उन्होंने किया, वह सॉलिड है। हमें भविष्य में ऐसे ही कार्यकर्ता लगेंगे। मैंने उनसे चुनाव के काफ़ी पहले बोल दिया था कि देखो, कोई नया क्राइम मत करना, क्योंकि अगर मध्यावधि चुनाव पड़ गए तो बाबू साहब लोकसभा के लिए इस बार भी खड़े होंगे और तब इनको वर्कर लगेंगे। मगर वे एक चक्कर में फँस गए। उनके लिए तो ढाई महीने की जेल कोई बात नहीं मगर हम जैसे पोलिटिकल फील्ड वालों को उनकी कमी अखर गई। यदि वे जल्दी आ जाते तो सारा जरायमपेशा वोट हमें गिरता।

अब समय है कि हम हार के कारणों पर ठंडे दिल से विचार कर सकते हैं और आगे के वास्ते कोई सोलह आना योजना बना सकते हैं। मेरे मन को बड़ा दुख है और आपका दुख भी मैं समझ रहा हूँ मगर हमें धीरज नहीं छोड़ना चाहिए। सबसे पहले तो मैं आपसे निवेदन करूँगा कि पॉलिटिक्स त्यागने की जो बात आप स्टेशन पर विदा के वक़्त बोल रहे थे, सो ग़लत है। जब मुझ-जैसा साधारण-जन इतने जूते खाकर भी इसमें पड़ा हुआ है तो आप तो समर्थ हैं जिसके पास इतना काम-धन्धा और बाप-दादों का रुपया है। आपके निराश होने का स वाल नहीं है। यह लाइन ज़रा देर से फल देती है और शुरू में थोड़ी त्याग-तपस्या माँगती है। आप जैसों के निराश होने की बात तब तक नहीं आती जब तक हम आपके साथ हैं और अपना भविष्य आपसे नत्थी किए हिम्मत से बढ़ रहे हैं। आपको ऑल इंडिया लीडर बनना है तो हमें भी लोकल तो बनना ही है। ऐसे निराश होने से कैसे काम चलेगा!

चुनाव में अपनी हार के कारणों पर जब मैं विचार करता हूँ तो मुझे लगता है, रुपया आने में आपकी तरफ़ से देरी हुई। मैंने पचास हज़ार मँगवाया था। काम चालू करने के लिए आपने बीस हज़ार भेजा। वह भी देर से। अगर कोई दस दिन पहले रुपया आ जाता तो हम पब्लिक में घुस जाते और ऐसी सुरसुरी फैला देते कि कांग्रेस की पहली मीटिंग में ही जूता फिंक जाता। दूसरे सिद्ध पेंटर की टीम भी तय हो जाती जिनका दीवारें रँगने में जवाब नहीं। हज़ार रुपया हाथ पर धर देते तो वह मान जाता। वह कलाकार अच्छा है और जिस पार्टी से सौदा तय करता है उसका साथ आख़िर तक निभाता है। इसी तरह हमें कनछेदी से कार्यकर्ताओं की बात जल्दी कर लेनी चाहिए थी। उसने पहले मुझे कह दिया था कि अगर समाजवाद का हल्ला उठ गया तो दस रुपए रोज़ से कम पर वर्कर नहीं मिलेगा और प्रचार तो दूर, ऐन वक़्त पर वोटर को चिट्ठी पहुँचाने वाला कोई नहीं होगा। इधर प्रजातन्त्र ही हवा ऐसी ज़ोर

पकड़ गई है कि हर आदमी विचारधारा रखने लगा है और पॉलिटिक्स के वास्ते सस्ते ईमानदार कार्यकर्ता जुटाना कठिन हो गया है। चार पैसे का वर्कर रम और ह्विस्की से कम पर बात नहीं करता। आपका रुपया समय से आ जाता तो हम कनछेदी की मार्फ़त चर्चा कर लेते। जब हम रुपया लेकर बाज़ार में उतरे, सारा वर्कर सत्ता कांग्रेस और जनसंघ वालों में बँट गया था और हमें इब्राहिम लँगड़े, सन्तु महाराज, भालचन्द और बहादुर दादा के अलावा कोई आदमी नहीं मिला। इसमें भालचन्द को संसोपा वाले झटक ले गए। भविष्य के लिए मैंने तय कर लिया है कि हम ऐसे सिद्धान्तवादी टाइप के वर्करों से बात ही नहीं करेंगे।

सो रुपया आया मगर देर से आया। हमने ख़र्च भी जी भरकर किया मगर जनता की शिकायत रह गई कि बाबू साहब देर से पहुँचे। दूसरा मेरा निवेदन है कि अब वक़्त आ गया है जब आपको थोड़ा-बहुत दिखावे ही सही, समाजवादी हो जाना चाहिए। इसलिए हमें भी होशियारी दिखानी चाहिए। क्यो नहीं हम आज से ही समाजवादी हो जाएँ? मैं तो हो रहा हूँ और मेरा निवेदन है कि आप भी हो जाइए। आप समर्थ हैं, पैसे वाले हैं, आपके इतने धन्धे और कारख़ाने चल रहे हैं कि आपको समाजवादी हो जाने में कोई हर्ज नहीं। आपकी समाजवाद से नहीं बल्कि समाजवाद की शोभा आपसे बढ़ेगी। अब चुनाव हो गए और जैसे परिणाम आए हैं, उनसे लोगों का मूड समझकर अगर आप समाजवादी हो जाएँ तो आपकी जय-जयकार हो जाएगी। यह अवसर मिला है जो बार-बार नहीं आएगा। नीति का प्रश्न है, विचार कर लीजिए। मैं तो समाजवादी हो रहा हूँ। अच्छे कार्यकर्ताओं की इज़्ज़त सभी पार्टियों में होती है। अगर विधानसभा चुनाव में डटकर काम कर लूँगा तो एकाध बस का परमिट मिल जाएगा। थोड़ी आमदनी बढ़ जाए तो पॉलिटिक्स करने में भी मज़ा आएगा। सत्ता से दूर रहकर भी ईश्वर की कृपा से मेरी दो टैक्सियाँ चल रही हैं तो समाजवाद मान लेने के बाद तो मैं आपके आशीर्वाद से अच्छी प्रगति कर लूँगा। मेरी तो हार्दिक इच्छा है और कार्यकर्ता के नाते आपको भी सलाह दूँगा कि आप भी लगे हाथ समाजवादी हो जाएँ। जो होना था सो हो गया। उसका रंज-ग़म भूलकर अब आगे की सोचने में ही ख़ैर है। नंगा-भूखा आदमी अगर समाजवाद-समाजवाद चिल्लाए तो उसकी क्या इज़्ज़त मगर जब कोई खाता-पीता, पैसे वाला आदमी समाजवाद की बात करता है तो लोग—जनता भी उसका मान करती है। आप समाजवादी हो जाइए और परमपिता ईश्वर पर भरोसा रखिए, आपका कोई कुछ नहीं बिगाड़ सकता।

अगले चुनाव की स्थितियों को समझकर एक कर्मठ कार्यकर्ता के नाते मेरा आपसे सुझाव है कि कहीं से एकाध हेलीकॉप्टर की व्यवस्था होनी चाहिए। एक हेलीकॉप्टर वह काम करता है जो सौ जीपें भी नहीं कर सकतीं। अगली बार यदि

आप समाजवाद के साथ हेलीकॉप्टर लेकर चुनाव मैदान में उतरे तो आपका दुहरा आकर्षण बढ़ जाएगा। नया मिल जाए तो कहना ही क्या! मगर सेकंडहेंड की भी जुगत जम जाए तो चूकिए मत। अगले चुनाव में ईश्वर ने चाहा तो आपके पर्चे आसमान से बिखरेंगे और सारे क्षेत्र में आनन्द छा जाएगा। ज़मीन पर जीपें अपना काम करेंगी, आसमान पर हेलीकॉप्टर घूमेगा, फिर देखें, वोटर बचकर कहाँ जाता है! इस बार तो हम ठीक से सम्पर्क नहीं कर पाए मगर अगली बार क्षेत्र की गाँव-गली भटकेंगे और मैं चिल्लाकर आपकी तरफ़ से कहूँगा कि कमबख़्तो, अरे असली समाजवाद लाने वाला ऊपर से उतरा है, मत देना वोट मगर ज़रा दर्शन तो कर लो, जीवन सफल हो जाएगा, किस दुनिया में पड़े हो। अरे जीप-मोटर वालों को तो बहुत वोट देकर देख लिया, कुछ नहीं हुआ, अब ज़रा हेलीकॉप्टर वाले को देकर देखो, क्या होता है। ग़रीब की ऊपर वाला ही सुनता है। हेलीकॉप्टर में बाबू साहब पधारे हैं तो भगवान के भेजे हैं हमारे लिए, नहीं इस पिछड़े क्षेत्र को कौन पूछता है। मैं ख़ुद माइक हाथ में लेकर एनाउंसमेंट लगाऊँगा, फिर देखो, कैसा रंग जमता है। मेरा निवेदन है कि आप राजनीति के लिए एक हेलीकॉप्टर की व्यवस्था ज़रूर करें। अरे हम सिर्फ़ हेलीकॉप्टर में घूमने का लालच देकर सौ से ऊपर कार्यकर्ता खड़े कर लेंगे। कोई कठिन बात नहीं। चमत्कार को सब नमस्कार करते हैं।

यदि आप छोटे मुँह बड़ी बात नहीं समझें तो एक निवेदन मेरा और है। यों तो आप चुनाव के समय हर बार ही आठ-दस लाख रुपया खर्च करते हैं जो आप जैसे धनाढ्य व्यक्ति को शोभा भी देता है, मगर यदि चुनाव के पूर्व लाख रुपया साल भी क्षेत्र में खर्च कर दें तो आपकी मशहूरी सॉलिड होगी जो आगे वोट हासिल करने में काम आएगी। आप बिजनेस में लगे रहते हैं इसलिए आप स्वयं बार-बार यहाँ आवें, यह सम्भव नहीं है मगर लाख रुपया किस तरह ख़र्च हो, यह आप मुझ पर और भवानीसिंह जी पर छोड़िए जिन्हें हम धीरे-धीरे क्राइम के क्षेत्र से समाज-सेवा के क्षेत्र में ला रहे हैं। वे ख़ुद भी बार-बार जेल जाने से ऊब गए हैं और शेरे पंजाब टाइप होटल खोलना चाहते हैं ताकि शान्ति से एक स्थान पर बैठकर काम कर सकें। भवानीसिंह जी की और मेरी मैत्री पुरानी है। बरसों पहले उन्होंने मुझसे आग्रह किया था कि स्मगलिंग के काम में मैं उनका पार्टनर रहूँ मगर मैंने कहा कि मैं पॉलिटिक्स में घुसने की सोच रहा हूँ इसलिए दूर रहकर जितनी मदद कर सकूँगा, अवश्य करूँगा। मैंने की भी है और इसी कारण वे मेरे कहने पर इस चुनाव में कांग्रेस और जनसंघ जैसी ज़ोरदार पार्टियाँ छोड़ आपकी मदद को आए। अब उनकी भी इच्छा है और मेरी भी इच्छा है कि आप थोड़ी आर्थिक मदद करें तो वे एक होटल डाल दें। राजनीतिक दृष्टि से भी उचित होगा क्योंकि इसके द्वारा हम कार्यकर्ताओं के बैठने के लिए एक अड्डा हो जाएगा। मेरी योजना इस क्षेत्र में एक ऐसा आदर्श युवक

संगठन बनाने की है जो इशारे पर काम करे और क्षेत्र में कोई मीटिंग उसकी रज़ामन्दी के बिना हो ही न सके। भवानीसिंह जी को उस संगठन का नेता बनाना होगा। वे कुशल संगठक हैं और हर बाधा का सामना करने के लिए मौक़े पर दस-पच्चीस आदमी जुटा लेते हैं। यदि आपका आशीर्वाद और सहयोग रहा तो हम जल्दी ही इस काम में लग जाएँगे और संस्था खड़ी कर लेंगे।

मैंने स्टेशन पर निवेदन किया था कि पाँच हज़ार रुपया तुरन्त भिजवा दें तो अभी तक आपकी कृपा नहीं हुई है। हार का दुख होना मनुष्य के लिए स्वाभाविक है और यह दुख आपको ही नहीं, हमें भी है, मगर इस चुनाव में यह दुख बड़े-बड़ों ने उठाया। जहाँ ऐसे दिग्गज डूब गए वहाँ हम जमानत बचाकर साफ़ निकल आए, यही क्या कम है? फ़िलहाल मैं इतना ही कह सकता हूँ कि यह हवा जो आज है, कल नहीं रहेगी और लोग आपको चुनेंगे। आज भी क्षेत्र में आपकी सर्वत्र प्रशंसा है कि आपने आदर्श चुनाव लड़ा और रुपयों के ख़र्च की परवाह नहीं की। आपने क्षेत्रवासियों का हृदय इतना ख़र्च कर जीत लिया है। आप हारे हैं राजनीतिक दृष्टि से मगर नैतिक एवं आर्थिक दृष्टि से विजय आपकी हुई है। सब आपके ही गुण गा रहे हैं। समाजवाद आएगा जब आएगा, अभी तो ग़रीब आदमी आप से ही उम्मीद लगाए है और इस चुनाव में आपकी कृपा से बहुतों के दलिद्दर कट गए। क्षेत्र की जनता यह हार्दिक कामना करती है कि आप यहीं से इस बार खड़े हों और मुझ जैसे व्यक्ति को सेवा का मौक़ा मिलता रहे। पत्र लिखते समय भवानीसिंह जी पास बैठे हैं और आपको नमस्कार कह रहे हैं। ड्राफ़्ट की प्रतीक्षा है ताकि हम जनसेवा चालू करें। कृपया शीघ्र उत्तर देवें।

विनम्र सेवक

अपनी-अपनी मछली : एक काल्पनिक संवाद

एक काल्पनिक बातचीत है यह मध्यप्रदेश के मुख्यमन्त्री श्री अर्जुन सिंग व तथाकथित दस्यु सुन्दरी फूलन देवी के बीच की।

अर्जुन सिंग फूलन देवी की तरफ़ देख मुस्कुराए व फूलन देवी अर्जुन सिंग की तरफ़ देख मुस्काई। अर्जुन सिंग तो मुस्कुराते ही रहते हैं, फूलन देवी का किसी नेता की तरफ़ देख मुस्कुराने का यह पहला मौक़ा था। वह समर्पिता थी। उसके भाग में अब नेताओं की तरफ़ देखकर मुस्कुराना ही बदा था।

''कैसी हो?'' मुख्यमन्त्री ने पूछा।

''ठीक हैं।'' फूलन देवी ने कहा।

''तुम्हें यहाँ कोई तकलीफ़ तो नहीं?''

''अब हमरी तकलीफ़ हम ही भुगतेंगे, ऊ में तुम क्या कर लोगे...?'' फिर फूलन देवी ने कहा, ''नहीं, कोई तकलीफ़ नहीं।''

''हमारे ख़याल से समर्पण कर तुमने बहुत समझदारी का काम किया है फूलन!''

''हमको फूलन-वूलन ना कहो, हम तुम्हारी कोई लगती ना!''

''हाँ, फूलन देवी जी, मैं कह रहा था कि समर्पण कर आपने बहुत समझदारी का परिचय दिया है।''

''हम कोई परिचय-वरिचय ना दें, जिसको गरज होगी वोई परिचय देगा।'' फूलन देवी फिर तमक गई।

''हाँ, मेरा मतलब, आपने बहुत अक़्लमन्दी का काम किया।''

''अब जे तो आगे चल कर पता पड़ी है कि हमने ठीक किया कि ग़लत किया। अब ही तो फँस गए तुम्हारे चंगुल में।''

''नहीं, फूलन देवी, तुम्हें सरकार पर विश्वास करना चाहिए। वो जो करेगी तो तुम्हारे भले के लिए करेगी।''

फूलन देवी कुछ देर सोचती रही, फिर बोली, ''यही हम भी सोचत हैं। आजकल की सरकार पर हम चोर-डाकू भरोसा ना करेंगे तो कौन करेगा?''

मुख्यमन्त्री मुस्कुराए। उन्हें यह जानकर प्रसन्नता हुई कि फूलन देवी के मन में मध्यप्रदेश शासन की अच्छी छवि है।

''एक बात पूछें फूलन देवी?'' मुख्यमन्त्री ने कहा।

''वही पूछोगे जो दूसरे पूछते हैं या कछु दूसरा पूछोगे?...हाँ, पूछो।''

''सच-सच बताना फूलन, तुमने और तुम्हारी गैंग ने अब तक कितनों को मारा, कितनों को लूटा, कितनों को तकलीफ़ पहुँचाई?''

'''अब जे तो ऐसा है मुख्यमन्त्री जी, कि आपने कितनों के तबादले करवाए, कितनों को बेघरबार करवाया, कितनों पर मामले-मुक़दमे करवाए, नौकरी से अलग किया, सज़ा कराई, तो आपको थोड़ेई याद होगा! तुम हमरी गैंग की पूछो, अरे तुमरी गैंग के पुलिस वालों ने कितनी महिलाओं को बेज़्ज़त किया, कितनों को पीटा और कितनों को बेघर किया। हमरे पास बन्दूक़ थी, तुमरे पास कुर्सी, जो हमसे बन गया वो हम कर गए, जो तुमसे बना वो तुम कर रहे हो।'' फिर कुछ रुककर बोली, ''हमने तो समर्पण कर दिया, कोई तुम कुछ थोड़े ही करोगे?'' [बेचारी फूलन देवी अपढ़ ठहरी, उसे क्या पता कि अपराधी अपराध करते हैं, फिर देवी के चरणों में समर्पण करते हैं और नेता पहले देवी के चरणों में समर्पण करते हैं, फिर अपराध करते हैं।]

मुख्यमन्त्री चुप थे, फिर बोले, ''आगे क्या इरादा है?''

''इरादा! कैसा इरादा? कुछ करने को रह गया जो इरादा पूछते हो? जो काम सात जनम में न कर पाए वो हमने कर दिया। अब कैसा इरादा?''

''मेरा मतलब था फूलन देवी, कि सज़ा भुगतने के बाद तुम क्या करना चाहोगी? क्या बनना चाहोगी?''

फूलन देवी कुछ देर सोचने लगी, भविष्य के शून्य में खो गई, फिर बोली, ''अब क्या बताएँ मुख्यमन्त्री जी, देश में मूक प्राणियों की संख्या बहुत बढ़ गई है। अत्याचार करने वाले बहुत बढ़ गए हैं। सज़ा भुगतने के बाद सोचते हैं कि फिर से बन्दूक़ हाथ में ले लें, ठाँय-ठाँय कर सारे बदमासन को मार दें। फिर सोचकर रह जाते हैं कि ऐसा करेंगे तो इस देश के सारे बड़े लोग मारे जाएँगे, कितने अफ़सर मारे जाएँगे, कितने नेता मारे जाएँगे। सबका मरना ठीक नहीं, परजातंतर भी तो चलाना है इस देश में!''

मुख्यमन्त्री ने घड़ी देखी व धीरे से उठ खड़े हुए।

''एक अरज है हमरी,'' फूलन देवी ने कहा।

''कहो?''

''हमरे बाप मछुआरे हैं। हम भी बचपन से मछली पकड़ती रही, और दुई टाइम की रोटी जुटाती रही। अब आप एक काम करो, कोई नदी-तालाब के पास हमें थोड़ी-सी ज़मीन दे दो। मछली बेचकर चार पैसे कमा ज़िन्दगी गुज़ार देंगे।''

और कुछ बरस बाद यही हुआ। सज़ा भुगतने के बाद फूलन देवी एक तालाब के पास घर बनाकर रहने लगी। सारा दिन मछली पकड़ती, शाम को बाज़ार में बेचती और जीवन बिताती। कुछ दिनों बाद तालाब के पास एक बगुला आकर बैठने लगा। फूलन देवी बगुले को देखती तो बस, देखती रह जाती।

एक दिन माँ ने पूछा, ''ए फूलन, तू का उस बगुले को एकटक देखती रहती है?''

फूलन हँसी, फिर बोली, ''याद है माँ, वे कौन नेता थे जो हमरा समर्पण कराने आए थे? ऐसे ही बगुला जैसे झक कपड़े पहने थे, ऐसा ही खामोस सांत भाव से हमरे पास खड़े थे। का नाम था उनका...?''

''अर्जुन सिंग।''

''हाँ, अर्जुन सिंग, कहाँ हैं आजकल वे? सुनाई नहीं देता उनका नाम।''

''वे भी कहीं तेरी तरह मछरियाँ पकड़ रहे होंगे,'' माँ ने कहा व अन्दर चली गई।

फूलन देवी फिर उसी तरह मुस्कुराती हुई बगुले को देखती रही।

एक उदीयमान नेता से भेंट

अब तक वे अच्छे-ख़ासे नेता हो गए होंगे। चार साल बीत गए। मैट्रिक प्रथम श्रेणी में पास करने वाले के विषय में बिना जाने ही चार साल बाद कह सकते हैं कि वह बी. ए. हो चुका होगा। कहानी में जैसे लिखा होता है कि अब तक कमला, विमला या निर्मला जवान हो गई होगी, उसी तरह से कह सकता हूँ कि वे नेता हो गए होंगे। स्थानीय राजनीति के भीड़-भरे चौराहे पर जिस तरह धक्का-मुक्का करते, गरदन उचकाते, पैर कुचलते वे आगे बढ़ रहे थे, उस हिसाब से उन्हें नेता हो जाना चाहिए था। वे किस दल में प्रवेश कर गए होंगे, कह नहीं सकते। कांग्रेस से कम्युनिस्ट, जनसंघ से स्वतन्त्र, वे कहीं भी जा सकते हैं। यह भी हो सकता है कि एक निजी क़िस्म की पार्टी वे बना चुके हों और ख़तरे की तरह खड़े हो गए हों!

उनकी बाँकी छवि देखने का सौभाग्य एक हरिजन सम्मेलन में प्राप्त हुआ। हरिजनों के सम्मेलन में पंडित ब्राह्मणों की, चाहे वे वक़्ता ही क्यों न हों, स्थिति ऐसी हो जाती है, जैसे प्राचीन काल में ब्राह्मण सभा में शूद्र की रहती थी। दिमाग़ और ज़बान के बीच डेढ़ मील का फ़ासला बना चुप बैठा रहे। विचार आए तो कह नहीं सके। पर पंडित गजानन मिश्र, जो अपने क्षेत्र के उदीयमान नेता थे, चुप नहीं रहे और संयोजकों को कहला भेजा कि भाषण देना चाहते हैं। मुख्य अतिथि आए नहीं थे और भीड़ बनाए रखने के लिए भोंगे से कोई ध्वनि निकलती रहे, आवश्यक था। संयोजकों ने घोषणा की—पंडित गजानन मिश्र और हरिजन श्रोताओं ने साश्चर्य कहा—ओ हो पंडित बोलेंगे, हमारी सभा में! वे जमकर बैठ गए।

भोंगे से निकले मिश्र जी के वचन आज तक मेरे मानस में 'रिकॉर्डित' हैं। कहते थे—हरिजन भाइयो, किस फेर में पड़े हो? अब जात-पाँत नहीं रही। होटल में साथ बैठकर अखिल मानव चाय आदि पीते हैं। ब्राह्मण पुत्र क्रिस्तान की पुत्री से विवाह करता है। वैश्य और शूद्र सबका रेल में एक ही डब्बा बन गया है। दो पटरी पर नाना मुसाफिर। धर्म का टंटा नहीं रहा। जब धरम नहीं तो जात क्या? जब जात नहीं तो सम्मेलन कैसा? आप लोग आज हरिजन सम्मेलन रचाया। एक बात उठी मन में तो बोलने आया हूँ। हरिजन की सबसे मोटी समस्या क्या? यही कि

वह हरिजन है। सम्मेलन करिएगा तो और भी हरिजन हो जाइएगा। भारतीय संस्कृति 'मिक्सचर' की संस्कृति है। पब्लिक दाल चूड़ा सेव मिला कर खाती है। ब्राह्मण दाल हैं तो क्षत्रिय चूड़ा और आप सेव हैं और हमारा भारत एक प्लेट है। तीनों जितना मिलेगा, उतना टेस्ट बढ़ेगा भाइयो। अब तो सर्व जाति सम्मेलन होना चाहिए। ईश्वर ने सबको एक-एक वोट दिया है। कोई भेद नहीं किया। ब्राह्मण और शूद्र का वोट एक ही रंग का है। आप जरा विचारिए और समय की चाल भाँपकर काम कीजिए।

भाषण समाप्त होने पर श्रोताओं ने तालियाँ और संयोजकों ने गालियाँ बजाईं। आरम्भ में ही सभा-उखाड़ भाषण?

मंच से रौब से उतरते पंडित जी से मैंने विशिष्ट नवनीत-नम्रता के साथ झुककर कहा, "वाह, आप बहुत सुन्दर बोले।"

"देखो, बोले न!" वे मुस्कुराए। फिर कहने लगे, "हमसे कहते थे सब लोग कि आप हरिजनों के सम्मेलन में बोल नहीं सकते। हमने कहा, बोलकर दिखाएँगे। सबकी सभाओं में बोलते हैं तो हरिजनों की सभा में भी बोलेंगे।"

"आप सब सभाओं में बोलते हैं?" मैंने पूछा।

"इस क्षेत्र में ज़ो सभा होगी, उसमें हम बोलते हैं। कांगरेस, कम्युनिस्ट, जनसंघ और वह क्या नाम है इसका...!"

"स्वतन्त्र।"

"अरे नहीं-नहीं, वह दूसरा अच्छा-सा नाम है...क्या...।"

"प्रजा समाजवादी।"

"हाँ-हाँ...उनकी सभा में भी हम भाषण दिए हैं।"

"इन सब सभाओं में आप किस विषय पर बोलते हैं?"

"अरे, सभी विषयों पर बोलते हैं। नेता होना है तो सब विषयों पर बोलना ही होगा। देखो, शास्त्र में लिखा है कि भाषण दो तरह का होता है–खंडन और मंडन। तो मंडन में चापलूसी हो जाती है और धाक जमती नहीं। हम खंडन करते हैं, चाहे कोई विषय हो।" वे मुस्कुराए।

"आप गांधीवादी हैं, समाजवादी, साम्यवादी, क्या हैं?"

"अरे हम होशंगाबादी हैं। वहीं के रहने वाले हैं, नर्मदा किनारे के। यहाँ आन बसे हैं। मैया के आशीष से 'पोलटिक्स' में घुस जावेंगे। हमें एक बात पता है, बोलने की अच्छी 'प्राक्टिस' हो जावे तो नेता बनना कोई मुश्किल नहीं इस ज़माने में।"

"आप अध्ययन भी करते हैं राजनीतिक साहित्य आदि का?"

"उहँ! देखो, तीन पुस्तकें हैं, जिनमें सारी राजनीति का सार-निचोड़ आ गया है। चाणक्य-नीति, विदुर-नीति और शुक-नीति। हमने तीनों घोंट ली हैं और पीए

बैठे हैं। और एक बात जानते हैं कि जनता चमत्कार को नमस्कार करती है। कुछ रुपया एकत्र हो जावे तो हम घर का भोंगा और बेटरी ख़रीद लेंगे। जहाँ चाहें वहाँ सभा रचा दें। हमें कौन नेता बनने से रोक सकता है? और इधर कथावाचन को जाएँगे तो वहाँ भी हमारा भोंगा लगवाएँगे और जजमान से उसका रुपया अलग वसूल करेंगे।'' वे दूर क्षितिज की ओर देखने लगे, जैसे वहाँ उनकी सभा हो रही हो!

पंडित जी से दूसरा साक्षात्कार तब हुआ, जब वे अनशन को बैठे थे। अफवाह चल गई कि क़स्बे से थाना उठाया जा रहा है। चोर-उचक्कों के अभाव में कोत वाली की कोई उपयोगिता नहीं है। किसी ने मिश्र जी से कह दिया कि थाना उठ गया तो क़स्बे की रौनक चली जाएगी। वे बोले–हम इस बात पर अनशन करेंगे। तीसरे दिन एकादशी का व्रत भी था। पंडित गजानन मिश्र थाने के सामने तख़्त बिछाकर बैठ गए। भोंगा लगवाया और सरकार को चुनौती देते हुए अनशन की घोषणा की। उस दिन आपका भाषण अत्यन्त प्रभावशाली था–''भाइयो, यह जो थाना आप सामने देख रहे हैं, यह जो इस क़स्बे की जान है, शोभा है। यह थाना, जिसे बड़े-बड़े रथी-महारथियों को गिरफ़्तार करने का सौभाग्य मिला है, अब इस क़स्बे में नहीं रहेगा। यह यहाँ से चला जाएगा। यह थाना, जो दूध-का-दूध और पानी-का-पानी कर देता है। यह दे वालय के समान है भाइयो। जब किसी को कष्ट होता है, हम यहाँ शिकायत कर देते हैं और कष्ट दूर हो जाता है। यह थाना, जिसका हमारे क़स्बे के सामाजिक और राजनीतिक उत्थान में बड़ा हाथ रहा है। जो हमारी परम्परा से जुड़ा हुआ है, यह अब यहाँ नहीं रहेगा। यह चला जाएगा। भाइयो, सरकार थाना नहीं तोड़ रही, मानो हमारा हृदय तोड़ रही है। आप सोचिए कि थाना नहीं रहेगा तो क्या होगा? हम लोग मुँह दिखाने लायक नहीं रहेंगे। आज क़स्बे का बच्चा-बच्चा शान से कहता है कि हमारे यहाँ एक थाना है। पर कल जब बात चलेगी, वह शर्म से सिर झुका लेगा। सारी दुनिया क्या कहेगी कि हमारे यहाँ एक थाना भी नहीं। हम पुलिस वालों के दर्शन के लिए तरस जावेंगे। आज इस कोत वाली के कारण आठ पुलिस वालों की रोटी चल रही है। कल थाना नहीं रहेगा तो उनका क्या होगा? उनके बच्चे बिलख-बिलखकर मर जाएँगे। नहीं, ऐसा नहीं होगा। जब तक मैं जीवित हूँ, यह थाना नहीं टूट सकता। आज एकादशी है। मैं अनशन करूँगा। अनशन के लिए ऐसी पुण्य-तिथि और कौन-सी होगी! यह थाना अगर जावेगा तो मेरी लाश पर से जावेगा। सरकार कहती है, यहाँ थाने की कोई ज़रूरत नहीं, क्योंकि यहाँ चोरी नहीं होती, डाके नहीं पड़ते। मैं सरकार के इस तर्क

का खंडन करता हूँ। मेरा विश्वास है, मैं डंके की चोट पर कहता हूँ कि इस भूमि में चोरों की कमी नहीं। अरे, चोरी तो मानवीय प्रवृत्ति है और मानव पर मेरी दृढ़ आस्था है। थाना उठाने का कोई कारण नहीं। मैं सरकार से अपील करता हूँ कि थाना नहीं उठाए और क़स्बे की जनता की ओर से विश्वास दिलाता हूँ कि यहाँ बराबर चोरी के केसेस होते रहेंगे। जब तक सरकार मेरी माँग मंज़ूर नहीं करती, मैं अनशन करूँगा।''

उस रोज़ उनका भाषण सुन थाने पर पहरा देने वाले सिपाही भी रोने लगे थे।

जनता ने नारे लगाए, ''थाना नहीं टूटेगा। पंडित गजानन मिश्र जिन्दाबाद!''

उस दिन वे ख़ासे नेता हो गए थे। बाद में सरकार को झुकना पड़ा और थाना नहीं उठा। अनशन समाप्त कर एक माह तक पंडित जी भोजन के निमन्त्रण पाते रहे।

क़स्बे से मेरा तबादला हो गया। चार साल हो गए। कभी-कभी जब राजनीति की चर्चा चलती है, उनकी याद आ जाती है। वे अब तक नेता हो चुके होंगे। चार वर्ष की साधना बहुत होती है, फिर वे तो तीनों नीति ग्रन्थ पढ़े बैठे हैं।

शासन जड़, तबादले चेतन

मैना डाल पर फुदकती है, मौसम बदलते हैं, मनुष्य बार-बार अनेक रूपों में जन्म लेता है और सरकारी नौकरों के तबादले बार-बार होते हैं। शासन जड़ है सिर्फ़ तबादले चेतन हैं। सरकार हिलती नहीं। हज़ारों हाथ और डंक वाला यह भयानक कीड़ा इस पृथ्वी पर निष्क्रिय पड़ा रहता है। वह अपनी खूँखार आँखों से इधर-उधर देखता है और उसके पैर हिलते रहते हैं। वह आगे नहीं बढ़ता, वह वहीं-वहीं अपने पैरों को हिलाता रहता है। ऐसा करने से वह निष्क्रिय कीड़ा सक्रिय लगता है। वह हल चल का भ्रम बनाए रहता है। तबादले होते हैं। लोग इधर से उधर जाते हैं। अपनी खटिया और अपनी बीवी को ढोकर एक सरकारी नौकर कुछ मील यहाँ से वहाँ हो जाता है। इस व्यस्त-से लग रहे हिलते-डुलते शरीरों में एक ही सुप्त आत्मा वास करती है। वही असली आत्मा है शासन की। ठस्स, रुकी हुई, कीचड़ में फँसी हुई गाड़ी की आत्मा। सरकारी नौकर इधर-उधर जाते हैं। यहाँ का लेक्चरर वहाँ और वहाँ का सब-इंस्पेक्टर यहाँ। आदेश की डोर से बँधे कठपुतले अपनी डोर को हिलाते भी हैं, तबादले रुकवाते और बदलवाते भी हैं; पर सरकार का स्वरूप नहीं बदलता, इम्प्रेशन नहीं बिगड़ता। सरकार तबादलामय है, नौकर हिलता-डुलता रहना चाहिए, उसे यहाँ से वहाँ होते रहना चाहिए और वहाँ से कहीं और।

जैसे सड़ा हुआ गोबर है, जिस पर कीड़े हल चल कर रहे हों जैसे, केंचुए दिशाहीन तरीक़े से निरर्थक यहाँ-वहाँ हो रहे हों, जैसे किसी गन्दे पशु के दुम फटकारने पर मक्खियाँ उड़ी हों और उसी शरीर के किसी अन्य भाग पर जाकर बैठ गई हों। यह तबादला है। आदेश की दुम फटकती है और मक्खियाँ जगह बदलती हैं। पशु मक्खियों पर प्रशासन करता है, उन्हें जब चाहे यहाँ से वहाँ कर सकता है। उसका रौब है, अधिकार है, उसके तौर-तरीक़े हैं। सरकारी नौकर एक जगह से दूसरी जगह जाता है। वह परिवर्तन की पीड़ा भोगता है, टी.ए. चाटता, डी.ए. खाता वह यात्रा करता है और नई जगह नए कोटर में स्थान खोजता है। उसकी यन्त्रणा से शासन को एक विशेष क़िस्म का परपीड़न सुख मिलता है, सैडिस्टिक प्लेज़र। यह बड़ा सुख है। प्रशासन का यह मात्र सुख है। पुराने बादशाह जैसे दास-दासियों और नौकरों के

शरीर पर हंटर मार उनकी चीत्कार सुन प्रसन्न अनुभव करते थे, वैसा ही एक गहन अव्यक्त सुख शासन को कर्मचारी का तबादला करने पर होता है। कर्मचारी की पीड़ा शासन के लिए मधुर छेड़छाड़ है। जब चाहा जिसे चाहा, छेड़ दिया। वल्लभ भवन का वल्लभ बाँसुरी बजाता है और चारों दिशाओं की गोपियाँ यहाँ-वहाँ भटकती अपने श्याम की पुकार करने लगती हैं। श्याम नहीं सुनते। आदेश आदेश है। वे अपनी बाँसुरी बजाने में मगन हैं। गोपियाँ परेशान हैं। श्याम चुहल कर रहे हैं। वे बेचारी क्या करें! वे श्याम की सेविकाएँ हैं। जैसा श्याम नचाएँगे, वे नाचेंगी। वे कत्थक करती, ता-ता थई-थई करती इस ज़िले से उस ज़िले, इस शहर से उस शहर जाएँगी। वे श्याम की हैं, श्याममय हैं, वे सरकारी नौकर जो हैं।

सरकारी नौकरों के लिए राजधानी आकर सचि वालय की चौखट पर मत्था टेकना आवश्यक है। कम-से-कम वर्ष में एक बार। श्याम यहीं से बाँसुरी बजाते हैं, छेड़छाड़ करते हैं। यहाँ आकर उस नटखट नागर की चालों और इरादों की टोह लेना चाहिए। सब आते हैं और फ़ाइलों को चलाने वाले पंडे-पुजारियों से मीठी-मीठी बात करते हैं। पूरी गर्मी-भर लेक्चरर और प्रोफ़ेसर आते रहे और तबादले सम्बन्धी सम्भावनाओं को सूँघते रहे। आज जब महाविद्यालय के दुआर खुले हैं, कई प्रकार के लेक्चरर आए हैं। एक वे हैं जिनके न तबादले हुए और न होने की बात उठी। ये किसी विधायक, मन्त्री आदि के अपने हैं, और नहीं हैं तो पिछले दिनों ही तबादला हो चुके हैं। इस बार इसी कारण तबादले का संक्रामक रोग बिना स्पर्श किए इनके समीप से गुज़र गया। दूसरा प्रकार उन लेक्चररों का है जिनका तबादला हुआ था और वे अपनी चुस्ती, प्रभाव, दबाव या अन्य लगावों का उपभोग कर रुकवाने में सफल हुए हैं। उनका पौरुष प्रमाणित हो चुका है, कि उनका ज़ोर है, वे तबादला रुकवा सकते हैं, वे शासन के क़िले में चूहा बन प्रवेश कर सकते हैं। इस समय वे रौब में हैं और तबादला रुकवाने के उनके चतुराई-भरे संस्मरण सुनने से ताल्लुक रखते हैं। तीसरा प्रकार उस वर्ग का है जो अभी-अभी तबादला होकर आए हैं। रुकवाना चाहते थे पर रुकवा नहीं सके। जमाया था मगर नहीं जमा। ये अपरिचित क्षेत्र में अभी आए हैं और पराजयबोध से ग्रस्त हैं। इनका चेहरा लटका हुआ है। इनका वक्तव्य यह है कि हमने कोई कोशिश नहीं की, आदेश हुआ और हमने माना। हम अच्छे सरकारी नौकर हैं। एक वर्ग उन सफल व्यक्तियों का है जिन्होंने प्रयत्न कर अपना तबादला करवाया और हो गया। वे अपने प्रिय स्थल पर आ गए हैं। अपने प्रिय पुराने महाविद्यालय के आँगन में खड़े शुद्ध ठंडी हवा खा रहे हैं।...

मन्त्री जी की डायरी

30 अप्रैल, 52

आज सुबह जब उठा तब बदन टूट रहा था, जैसे खादी का डोरा हो। अस्वस्थ-सा हो रहा हूँ। समझ में नहीं आता, इतना खाने पर भी बदन कमज़ोर क्यों है! अंडे, गोश्त, घी सब बेकार क्यों जा रहा है! शरीर को अब मेहनत नहीं करनी पड़ती। पर यह तो सर्दी-गर्मी चलती ही रहेगी। जब तक ज़िन्दगी है, जवानी भी है। अभी दस साल मिनिस्ट्री कर सकता हूँ। दिन भर भाषण दे सकता हूँ। क्या हुआ है? पाँच का बाप हूँ। बुड्ढा थोड़े हो गया हूँ।

नौकर से सुना बाहर एक अख़बार का सम्पादक प्रतीक्षा कर रहा है। अख़बार वाले आजकल बड़े हरामख़ोर हो रहे हैं। एक सप्ताह हो गया, मेरा कहीं फ़ोटो नहीं आया छपकर। आख़िर मन्त्री हूँ या मज़ाक हूँ? साले अभिनेत्रियों के फ़ोटो छापते हैं। अरे हम क्या अभिनेत्रियों से कम हैं? मगर मैंने सोचा, आ गया तो ठीक से मिल कर बोल लूँ।

पहले अन्दर गया, मुँह-हाथ धोया। पत्नी आजकल फूलती जा रही है, जैसे मैं हज़ारों की कमाई इसी के ख़ातिर कर रहा हूँ! मोटा चमड़ा और ऊपर से ज़ेवर। अन्य मन्त्रियों की बीवियों को देखता हूँ तो साली छुरी चल जाती है दिल पर। यह जानकी भी ऐसी होती तो...आज ठाठ के साथ लेकर घूमता। मगर यह तो उस ज़माने से मेरे पल्ले पड़ी है जब मेरी शादी होना ही मुश्किल हो रहा था। आज तो जाति वाले आगे-पीछे घूमते हैं। ठीक है, वक़्त पड़े वोट तो देते हैं। मुझे क्या करना है?

आज सुबह का नाश्ता उस सम्पादक के साथ ही किया। वक्तव्य नोट कराए। वह भी क्या याद करेगा कि नाश्ता किया था। काश्मीरी फल खिलाए, ताज़े। उसके बाप ने भी नहीं खाए होंगे। उसके पत्र की ज़रा तारीफ़ भी कर दी। नई योजनाएँ उसे बताईं और गांधी जी के साथ मेरे कुछ अनुभव भी बताए। अच्छा-ख़ासा प्रभाव पड़ा। हाँ, उसने वा'यदा भी कर लिया है कि उस कम्युनिस्ट कहानी लेखक को कार्यालय से अलग कर देगा। अब देखता हूँ...बड़ा ग़रीब, मज़दूर में चेतना फूँक

रहा है। कांग्रेस की बुराई करता है। भूखे मरेगा तो सब अकल ठिकाने पर आ जावेगी।

नहाकर सेठ रखबचन्द जी के यहाँ गया। आजकल के विद्यार्थियों में ज़रा भी अनुशासन नहीं रहा है। राह में जब मेरी कार रुकी तो दो-तीन विद्यार्थी जो साइकिल लेकर खड़े थे, मुझे देख मुँह टेढ़ा कर हँसने लगे। सोशलिस्ट होंगे साले। इन पर तो ऐसा गोली चार्जिंग किया जाए कि हँसना भूल जाएँ। अब कभी आन्दोलन करने दो इन्हें...नहीं अगर बदला लूँ तो असली कांग्रेसी नहीं!

सेठ रखबचन्द जी कितने भले आदमी हैं! इनकी ही सहायता समझो कि चुनाव जीता हूँ, नहीं तो मेरे पास सिवाय भाषण के क्या था! पर ईश्वर की सौगन्ध अगर सेठ साहब को भूल जाऊँ। जिसने मुझ पर एहसान किया है, मैं भी उसे बदला दूँगा। आख़िर जब हम कुत्ते को भी रोटी डालते हैं तो यह विश्वास रखते हैं कि वह हमारे सामने पूँछ हिलाए। फिर मैं तो मनुष्य हूँ, कांग्रेसी हूँ।

मुझे तो सेठ साहब के साथ की गई बम्बई-यात्रा भुलाई नहीं भूलती। उनकी कोठी पर (क्या शानदार कोठी है) मैंने पहचाना कि जीवन क्या है! आज उन्होंने फिर वायदा किया है...बम्बई चलेंगे। लोग हमारी हँसी-ख़ुशी का विरोध करते हैं। अरे हम नेता हैं। जेल गए थे, जनता की सेवा की थी। आज अगर आराम से नहीं रहेंगे तो बताओ, शासन कैसे चलाएँगे? बड़ी-बड़ी योजनाएँ कैसे बनाएँगे? ये पंचवर्षीय योजना कैसे पूरी होगी? जनता हमें धोखेबाज़ समझती है। हम बम्बई जाते हैं तो देहली भी तो जाते हैं। कोठियों पर आनन्द लिया है तो राजघाट पर फूल भी चढ़ाए हैं। गाँव-गाँव वोट के लिए गर्मी-सर्दी घूमे हैं, किसी को क्या पता? अभी इस चुनाव में हमें कोई डेढ़ मील कच्ची सड़क चलना पड़ा गर्मी में। कहीं पानी नहीं मिला। ज़मींदार साहब के यहाँ पहुँचे तब कहीं शर्बत वगैरा का इन्तज़ाम हुआ। तो हमने कष्ट भी सहा है।

रखबचन्द जी के यहाँ एक बड़े व्यापारी से मुलाक़ात हुई। उसने बताया कि अमेरिकी पूँजी आसानी से भारत में पैर जमा लेगी। नुकसान नहीं है कुछ। मुनाफ़ा होगा व भारत से कम्युनिस्ट-प्रभाव भी कम हो जाएगा। मैं उससे सहमत हूँ। हमारा आदर्श चीन नहीं, अमेरिका है। उसने कुछ ठेके भी माँगे हैं। मैं दिलवा दूँगा। मेरा ख़याल रखने का वायदा किया है। रुपए की सख़्त आवश्यकता है। ज़मीन ख़रीद ली है, मगर मकान रहा है। कोशिश करूँगा। कुछ सेठों का काम और बनाना पड़ेगा। मिनिस्ट्री करें और सात पुश्त खा सकें, इतनी जायदाद नहीं छोड़ें तो क्या किया?

वहाँ से निकला तो एक कवि मेरे पीछे चिपक गया। चुनाव के दिनों में प्रचार पर कविता लिख दी थी। कहने लगा—तुमने लिखवाई थी, पारिश्रमिक लाओ। मैंने

कहा—यह तो तुमने देश-सेवा की है। पर नहीं माना। मैंने सोचा, कवि है। कहीं ख़िलाफ़ हो जाएगा तो मौत है। दस रुपए दिए और कह दिया कि अब कहीं मेरा भाषण हो तो स्वागत-गीत लिखे। अब मुझ पर भी साहित्य लिखा जावेगा। हर मन्त्री के पास एक कवि होना चाहिए ताकि प्रचार अच्छा हो सके। इस योजना को रखूँगा।

कांग्रेस-कमेटी के दफ़्तर गया। आदिवासियों की ओर से कुछ व्यक्ति मिले। वे एक शाला खोल रहे हैं। मुझसे उद्घाटन करने को कहा। मन में आया, नहीं कह दूँ। गाँवों में कब तक भटकूँ। अब तो मुझे विदेश की यात्रा का मौक़ा मिल जाए तो मज़ा रहे। साले काले आदिवासियों में तो उलटी आती है। पर स्वीकार कर लिया। हमें उस क्षेत्र पर अपना प्रभाव रखना है। हर मनुष्य एक वोट होता है। अगर कोशिश करने पर अपने प्रभाव में आता है तो ठीक अन्यथा उसे रद्द कर दो। अगले चुनाव के पूर्व मर जाने दो। वे उस क्षेत्र की अकाल परिस्थिति की बात करने लगें। बेवकूफ़ कहीं के! किसी को नौकरी न मिले या भूखा मर जावे तो सरकार ज़िम्मेदार। जैसे सरकार इनके बाप की नौकर हो! मैंने कहा कि मैं प्रान्त में चन्दे की अपील करूँगा। अजीब बात है! ये मन्त्री को सारे काम सौंपने की कहते हैं। कांग्रेसी हैं, मगर गोली मार देने के क़ाबिल हैं।

आज दोपहर को खाना चन्दूलाल जी के यहाँ खाया। उसके घर घी मेरे यहाँ से अच्छा है। घी में डालडा मिला कर बेचता है मगर ख़ुद बहुत अच्छा खाता है। मैंने भी दो टीन माँगे हैं। भला आदमी है—गांधी जी पर बड़ी निष्ठा रखता है—टीन भेज देगा।

आज नेहरू जी की याद आ गई, न जाने कैसे! मन उदास हो गया। बहुत दिन हो गए, उनके साथ फ़ोटो नहीं उतरवाया। देहली जाने का प्रोग्राम बनाऊँगा।

दोपहर को ऑफिस में गया। पाँच-छह दस्तखत किए। सेक्रेटरी होशियार है। सारा काम सम्हाल लेता है, नहीं तो मुझे ही...नहीं दूसरा लगाना पड़ता!

शाम को कार में घूमा। तीन व्यक्तियों ने सलाम किया। वे शायद ज़रूर कोई छोटे व्यापारी या स्कूल-मास्टर होंगे। मन में प्रसन्नता रही।

शाम को ही चरखा-संघ की मीटिंग थी। गया। चरखे जैसी चलती ही रही। वापस आ गया। मित्रों के साथ शरणार्थी-कॉलोनी में गया। शरणार्थियों की हालत ख़राब है, मगर उनकी लड़कियाँ बड़ी सुन्दर हैं। कुछ नए मकान बनवाने पड़ेंगे। पंजाबी डॉक्टरनी से परिचय हुआ। जानकी का इलाज उसी से करवाना चाहिए। मैंने सुना है, शरणार्थियों में सोशलिस्टों व कम्युनिस्टों का प्रभाव बढ़ रहा है। अब सारा शहर कांग्रेस-विरोधी होता नज़र आता है। चौक में गांधी जी की मूर्ति बनवानी पड़ेगी। उसके बगैर काम नहीं चलेगा।

आज रात को 'ब्ल्यूस्काय' में डिनर था। तीसरे युद्ध की सम्भावना नज़र आ रही है। वहाँ कुछ लोगों से सुना था। ठीक है। मुझे भारतीय नृत्य-कला की अपेक्षा अंग्रेज़ी नृत्य अधिक प्रिय है। कला का उद्‌देश्य हमें मनुष्य के निकट पहुँचाना है। अंग्रेज़ी-नृत्य-कला में हम नारी के ज़्यादा निकट पहुँचते हैं। अतएव वह मुझे प्रिय है। मैं कला पर एक किताब लिख सकता हूँ। राजनीति में पड़कर सांस्कृतिक क्षेत्र छूट ही गया है।

अब सोऊँगा। अमेरिका में इस वक़्त दिन हो रहा होगा। सोचता हूँ, कांग्रेसियों को रात को गुडमॉर्निंग करना चाहिए। आज डिनर के बाद दो उल्टियाँ हुईं। मुझे भी और सेठ साहब को भी खाना नहीं पचता। खरी कमाई होने पर नहीं पचेगी तो कब पचेगी, आश्चर्य है।

नींद आ रही है। कुत्ते भूँक रहे हैं मानो अपने प्यारे नेता की जयहिन्द कह रहे हैं!

1 मई, 52

आज मेरी इच्छा नहीं थी कि उठूँ। वहीं पड़े-पड़े चुपचाप रहूँ या गाना गाऊँ। गीत मुझे बहुत कम आते हैं। कुछ प्रभातियाँ जो आज़ादी की जंग लड़ते समय सुबह सड़क चलते गाते थे। पर वे गीत तो गाने की इच्छा नहीं थी। सिनेमा के गीत गाने की इच्छा थी पर अफ़सोस, वह भी नहीं आता था। गांधी जी के भजन भी गाने की इच्छा नहीं थी जो उनके मरने पर बहुत गाए थे। मन्त्रियों के लिए संगीत का अध्ययन आवश्यक है। अमेरिका में तो हर मन्त्री नृत्य कर सकता है लड़की को लेकर, पर भारत...ओह, क्या देश है! मैं सोचता हूँ, जब संसार में सब विषय की ट्रेनिंग की आवश्यकता है तो मिनिस्ट्री का भी ट्रेनिंग आवश्यक है। चुनाव होते व शपथ लेते ही हमें अमेरिका भेज दिया जाए। वहाँ हम सब कुछ सीख सकें। ख़ैर, मैं उठा व रेडियो चलाया। क्या मीठा गीत था :

दिल में तू, मेरे दिल में तू
सपनों की महफ़िल में तू।

स्वतन्त्रता के पश्चात् से हर्ष व आनन्द की एक ऐसी लहर दौड़ गई है देशभर में कि जहाँ देखो, वहीं मुस्कुराहट व जवानी है। मेरा मन नाच उठा।

मगर इसी बीच कमबख़्त ड्राइवर आ गया यह कहने कि वह आज नहीं आएगा। उसका बेटा मर गया है। कितना आश्चर्य है, देश में अन्न पैदा नहीं हो रहा है, विदेश से अभी कारें आ नहीं रही हैं इतनी कि ड्राइवरों की आवश्यकता हो और ड्राइवर लोग बच्चे पैदा किए जा रहे हैं। बच्चे पैदा भी होते हैं व मरते भी हैं। यह सौभाग्य है कि देश में बराबर दवाई का इन्तज़ाम व रोक नहीं है, अन्यथा मृत्यु

तो होती नहीं और जनसंख्या बढ़ती जाती। अपीलों पर जनता ध्यान नहीं देती है। मैंने छुट्टी दे दी व ख़र्चे के दस रुपए भी। छोटे लोगों को इनाम-इकराम देते रहना चाहिए। ये लोग बेवकूफ़ों-से सिनेमा में ख़र्च कर देते हैं फिर कोई मर जाता है तो कफ़न के लिए उधार माँगते हैं। बचाकर रखना जानते ही नहीं।

ड्राइवर के बच्चे की बात छेड़ने पर मुझे ख़याल आ गया कि जानकी को तीन एक माह में डिलीवरी होने वाली है। सुना है कि ऐसे समय में माँ जैसे विचार रखती है, उसका होने वाली सन्तान पर प्रभाव पड़ता है। मैं भी प्रयोग करूँगा। उसे हिटलर, मुसोलिनी, ट्रू मेन आदि महापुरुषों की जीवनी दूँगा। मन्त्री का बेटा मुख्यमन्त्री होना चाहिए।

नहा-धोकर जब उठा तब कुछ व्यक्ति सलाह लेने आ गए थे। सलाह देने-सा आनन्द कहीं नहीं है। उस पूरे परगने में आज दो महीने से क़रीब बारह क़त्ल हो चुके। कांग्रेस कमेटी वाले कहते हैं कि वहाँ का वातावरण बहुत विचित्र हो गया है। कुछ तरकीब समझ नहीं आती। आए दिन कुछ नई घटना हो जाती है। पुलिस हैरान हो गई है। मैंने कुछ सलाहें दी हैं। पहली यह कि वहाँ शिक्षा का प्रचार हो। साक्षरता हो, ताकि लोगों में सहयोग की भावना हो व आपस में प्रेम बढ़े। वहाँ गांधी वाचनालय खोलो ताकि लोग शान्ति से रह सकें। उनका ध्यान 'अधिक वृक्ष उपजाओ' आन्दोलन की तरफ़ लगाओ। इससे वहाँ आगे से क़त्ल नहीं होंगे। उस व्यक्ति का कहना था कि जब से वहाँ बेकारी बढ़ गई है, क़त्ल व चोरी होने लगी है। मगर मेरा ख़याल दूसरा है कि वहाँ पर गांधीवाद का प्रचार न होने के कारण क़त्ल हो रहे हैं।

इसके बाद पन्द्रह मिनट तक विरोधी दल वालों ने प्रचार की मोटर लेकर मेरे मकान के पास चिल्लाना शुरू किया। 'कांग्रेस गद्दार है, शहर में बेकारी बढ़ गई है, मगर अभी तक कानों में तेल डाले सरकार पड़ी है, जनता को धोखा दिया जाता है, ये है, वो है।'—मुझे पहले तो बड़ा क्रोध आया पर पिछले दिनों की याद-सी आ गई। कई बरस पूर्व हम भी इसी प्रकार विरोधी भाषण देते थे और वे दिन क्या संघर्ष व मज़े के थे! हमारे पास सच्चाई थी। हम सत्ता का विरोध करते थे पर विजयी हुए, क्योंकि कहते हैं कि सच्चाई हमेशा जीतती है। जो चीज़ समय नहीं चाहता, बहुत कम रहती है। वे लोग भोंगे बजाते चले गए। मगर मैं पिछली बात सोचता रहा कि कैसा था हमारा जंग। कांग्रेस ने पहले अंग्रेज़ सरकार से जंग लड़ा व विजयी हुई, आज दूसरा मोर्चा है, वह गद्दार जनता से जंग लड़ रही है और फिर जीतेगी। अंग्रेज़ के पास ज़्यादा शक्ति थी पर हम जीते थे। आज करोड़ों निहत्थी जनता से भी हम मोर्चा ले सकते हैं। जब विरोधियों में फूट हो जाती है तब जीत तो निश्चित रहती है।

आज जनता भी सोशलिस्टों व कम्युनिस्टों में बँटी है और हम जीतेंगे, यह बात पक्की है।

फिर अख़बार पढ़ा। मुझे समझ नहीं आता कि भारत में अख़बार निकालने की अक़्ल ही नहीं है। पहले मेज़ पर कुछ केन्द्र की ख़बरें व कोरिया के समाचार थे। बाक़ी सब पृष्ठों में अधिकांश में यही छपा था कि उस जगह पर चोरी हो गई, अमुक डाकू भाग निकला, तीन व्यक्तियों ने आत्महत्या कर ली, ख़ून हो गया, भूख से मर गया, ठंड से मर गया, उस शहर में अनाज नहीं है, हड़ताल हो रही है, ज़मीदारों ने किसानों को पीटा, पुलिस के सिपाही ने बलात्कार किया और उस जगह शिक्षा का प्रबन्ध नहीं, आदि। आख़िर ये छुटपुट बातें क्या इतना महत्त्व रखती हैं कि सारे देश में फैला दी जाएँ? क्या नए उद्‌घाटन प्रान्तों में नहीं होते या कहीं कोई मन्त्री भाषण नहीं देता, विवाह नहीं होते? इस प्रकार की ख़बरें छापी जाती हैं। विदेशों के अख़बार देखो—कहीं मन्त्री लोग हाथ मिला रहे हैं, सिगरेट जला रहे हैं, फ़ौज को सलामी दे रहे हैं, किसी दूसरे की बीवी से बातें कर रहे हैं, अपनी पत्नी के पास खड़े हैं, अपनी पत्नी के साथ बातें कर रहे हैं। यहाँ के अख़बारों में ऐसे चित्र क्यों नहीं आते?

सड़क पर लेटे व्यक्तियों और भूखों के भी चित्र मैंने देखे हैं मगर उसके फ़ोटोग्राफ़ बहुत कलात्मक हैं। जब भूखे और नंगों के इतने सुन्दर चित्र देखता हूँ तो लगता है, यदि संसार से भूख और नग्नता हट गई तो फिर इस प्रकार के फ़ोटो नहीं उतर सकेंगे। हमें पेट भरने का मज़ा जभी आ सकता है जब हम किसी को भूखा देखें। अगर सबको खाना मिल जावे और मकान मिल जावे तो फिर भोजन करने व मकान में रहने का मज़ा ही नहीं। वह साधारण-सी चीज़ हो गई। इसलिए संसार में भूख अनिवार्य है, बीमारियाँ व कष्ट अनिवार्य हैं ताकि हम रुपया, तन्दुरुस्ती का मज़ा ले सकें। समता की बात की जाती है मगर वे यह नहीं सोचते कि अगर सबको रोटी, रोज़ी, कपड़ा मिल गया तो मज़ा क्या रहेगा? उदाहरण के लिए मैं मन्त्री हूँ। मुझे भरपेट खाने को मिलता है, मकान मिलता है, कपड़ा मिलता है, इसका आनन्द मैं लेता हूँ। यह आनन्द मुझे इस कारण आता है कि कई अन्य भूखे हैं, नंगे हैं, बेघर हैं। नहीं तो मैं ख़ुशी किस बात की मनाता?

मैं अपने यह विचार अगला भाषण होगा तब कहूँगा। इससे ग़रीबी और भूख की समस्या छेड़ लोगों को बहका पार्टी में मिलाने वालों का साथ जनता छोड़ देगी।

आज कोई सम्पादक या संवाददाता मिलने नहीं आया। मन में कई विचार व योजनाएँ उठती हैं पर वह छप नहीं पातीं बराबर।

उसके बाद साले साहब आ पहुँचे अपने बेटे की रिकमेंडेशन लेकर। जानकी ने भी कहा कि उसे कहीं नौकरी दिलानी पड़ेगी। मैंने मंज़ूर कर लिया। आजकल बी.ए.

पास को, सुनता हूँ, नौकरी नहीं मिलती है। शिक्षालयों में एक विषय क्लर्की होना चाहिए। क्लर्की में एम.ए. करने वालों को ही केवल नौकरी मिलना चाहिए। बाक़ी विषय कोई अर्थ नहीं रखते। विरोधी लोग जबरन चिल्लाते हैं कि युवक बेकार हैं व बी.ए. पास मिल में जाते हैं, मैट्रिक पास चपरासी बनते हैं। मैं कहता हूँ कि देश के लिए इससे ज़्यादा क्या सौभाग्य हो सकता है कि हमारे यहाँ के मज़दूर सब बी.ए., एम.ए. हों। मेरे घर में झाड़ू निकालने वाला मैट्रिक हो। यह तो सबूत है इस बात का कि शिक्षा बढ़ रही है। अगर भीख माँगने वाला भी एम.ए. है तो ठीक है—उससे हमारे देश की शिक्षा का स्टैंडर्ड मालूम पड़ता है। मगर विरोधी अच्छाई में बुराई देखता है। कांग्रेस राज आने पर हमारी शिक्षा कितनी बढ़ गई है, वह नहीं सोचता।

कार में बैठ मन्त्री दोस्त के यहाँ गया। इससे मिले बग़ैर काम नहीं चलता। बरसों से हम एक साथ रहे हैं, दोस्त जैसे। जब मैं लड़ाई के दिनों में कपड़े का व्यापार करता था तब यह गेहूँ के मोर्चे पर कमाई करता था। मैं जब जेल था तब यह भी था। मैंने जब अनशन किया तब यह भी भूखा रहा। पन्द्रह अगस्त को जब मुझे आज़ादी मिली तब इसे भी मिल गई। मैं मन्त्री बना तब यह भी बना। आज मैं अमीर हूँ, यह भी अमीर है। आगे देखो...राम जाने...मेरा क्या होता है, इसका क्या होता है! वक़्त कहकर नहीं आता।

वहीं कई व्यापारी व पुलिस वालों से मिला। वे सब सतर्क हैं। गोली, लाठी, गैस किसी की कमी नहीं। केवल हड़ताल होने की देर है। मुझे मन को बड़ी शान्ति मिली। अब मिल-बन्दी के नोटिस लगने वाले हैं। मज़दूरों के बेकार होते ही कुछ गुंडे हड़ताल बग़ैरा करेंगे। नारेबाज़ी होगी। मुझे वक्तव्य-पर-वक्तव्य देना पड़ेंगे, पुलिस की हर क़दम पर ज़रूरत होगी। दिन भर काम रहेगा। सब मन्त्रियों को ऊपरी अलाउंस मिलना चाहिए।

आज नेहरू जी ने अपील निकाली है, मैं भी निकालूँगा।

शाम को भाषण दिया। बहुत से लोग उठ कर जा रहे थे। बहुत प्रभावशाली रहा। विरोधी दल चुप हो गया। मंच पर बैठे समस्त कांग्रेसी बार-बार ताली बजाते थे। मैंने आश्वासन अच्छे दिए हैं। अभी सरकार बच्चा है। पाँच वर्ष के बच्चे से जिस प्रकार हम आशा नहीं कर सकते, सरकार को अभी कितने साल होंगे। जादू की लकड़ी तो है नहीं जिसको घुमाने से काम चल जाए।

उसके बाद पार्टी हुई। वक़्त हँसते-हँसते बीता। वन्दे मातरम् गाने वाली लड़कियों को भी मिठाइयाँ दी गईं। उनका गला अच्छा था। इस प्रकार की कुछ वन्दे मातरम् गानेवालियों को नौकर रख लेना चाहिए। जहाँ मीटिंग हो, वहाँ वे आ जावें।

अमेरिका से लाखों डॉलर भारत के लिए ग्रांट होने वाले हैं और अब देश उन्नति करेगा। भारत की ज़मीन अब सोना हो जावेगी।

रात को कार में लौटा तब नींद आ रही थी। पर बदक़िस्मती से ब्लिट्ज उठा कर पढ़ा तो नींद नहीं आ रही है। सोचता हूँ, क्या करूँ? ब्लिट्ज में लिखा है कि कांग्रेस अब ज़्यादा दिन राज नहीं करेगी और पूँजीपतियों की सत्ता ख़त्म हो जाएगी। क्या होगा, अगर ऐसा हुआ तब? मन-ही-मन प्रस्ताव बना रहा हूँ। क्या सोशलिस्ट हो जाऊँ? हे ईश्वर...!

रात काली और दृढ़ है। हवा के तीखे स्वर आ रहे हैं। उल्लू मकान के पास वाले पेड़ पर बोल रहा है। बदन पर भार-सा लगता है। टूट रहा हूँ, जैसे किसी सेलोलाइट के गुड्डे पर जूता दाब रखा हो।

पराजय एक हेलिकॉप्टर की

हर गम्भीर समस्या पर चिन्तित हो जाने का प्राइवेट मर्ज़ मुझमें भी है। व्यर्थ का मर्ज़ है, बिला वजह पाल रखा है, कोई ख़ास फ़ायदा नहीं हो रहा। इसी मर्ज़ के मारों को आज़ादी के बाद के वर्षों में क्या-क्या लाभ नहीं हुए, मगर अपना यों रह-रहकर चिन्तित होना बेकार गया। फिर भी इस रोग का मारा मैं चिन्तित हुए बिना नहीं रहता। महू में कांग्रेस हार गई। हाई कमान चिन्तित है, मिडिल कमान चिन्तित है, लोअर कमान चिन्तित है और मैं जिसके हाथ में कोई कमान नहीं, मैं भी चिन्तित हूँ। कांग्रेस जीत भी जाती तो भी मैं चिन्तित अवश्य रहता। इस बार पार्टी को लेकर चिन्तित हूँ, तब मैं जनता को लेकर चिन्तित हो जाता कि हाय, कैसी पब्लिक है, इतनी महँगाई, अभाव और अव्यवस्था को देख रही है, सहन कर रही है फिर भी अपनी नाराज़ी व्यक्त करने का एक अवसर मिला, इसका उपयोग नहीं किया। हाय, क्या हो गया इस देश को! कैसे चलेगा प्रजातन्त्र? मैं तब भी चिन्तित रहता मगर कांग्रेस हार गई, अतः मैं जनता से प्रसन्न हूँ कि उसने अपनी नाराज़ी अभिव्यक्त कर दी। अब कांग्रेस पर चिन्तित हूँ।

महू चुनाव ने कुछ प्रश्न खड़े किए हैं जिन पर हमें गम्भीरतापूर्वक विचार करना होगा। ग़ौर से देखा जाए तो ये प्रश्न पुराने हैं। चूँकि ऐसी दुर्घटनाएँ होती आई हैं अतः सबक भी पुराने हैं। फिर भी हमें उस पर नए सिरे से विचार करना होगा। फ़िलहाल और कुछ करने को भी नहीं है। बताइए, विचार नहीं करेंगे तो पूरे माह क्या करेंगे? ठंड के दिन हैं, धूप में बैठने का यह बेहतर बहाना है कि हम कांग्रेस की पराजय पर विचार कर रहे हैं। यदि धूप में कुर्सियाँ लगा इस विषय में परिसंवाद रखा जाए तो मैं भाग लेने को तैयार हूँ। विषय होना चाहिए कि 'हेलिकॉप्टर के उपयोग के बावजूद कांग्रेस क्यों हारी।'

मैं पूछता हूँ, क्या खाने के लिए दाना तलाशने के चक्कर में जनता ने इतना सिर झुका रखा है कि उसे ऊपर उड़ता हुआ हेलिकॉप्टर नज़र नहीं आया? पेट्रोल के भयानक संकट के इस काल में कांग्रेस पार्टी ने इतना पेट्रोल महू के चुनावी आकाश में चक्कर काटते फूँक दिया और जनता ने आभार नहीं माना। नाराज़ी

कांग्रेस से थी मगर हेलिकॉप्टर ने क्या बिगाड़ा था जो उसके होते लोगों ने वोट नहीं दिए? यह कांग्रेस की चुनाव मशीनरी नहीं बल्कि हेलिकॉप्टर की मशीनरी का अपमान है। राजनीति और अर्थशास्त्र के साथ लगे हाथ विज्ञान और वैज्ञानिक आविष्कारों की भी बेइज़्ज़ती हो रही है। यह देश कैसे प्रगति करेगा? शेम, शेम! इस मध्यप्रदेश में जहाँ दो-तिहाई आदिवासी और हरिजन जैसे पिछड़े टाइप के लोग हैं वहाँ हेलिकॉप्टर का प्रभाव न पड़े, यह खेद का विषय है। क्या नेतागण रॉकेट में बैठकर गाँवों के सभा स्थलों पर उतरें तब असर पड़ेगा? जिन दो गाँवों की दूरी कार से बारह मिनट में कवर की जा सकती है उसे हेलिकॉप्टर से दस मिनट में पूरी कर हमारे नेता महोदयों ने राष्ट्र के दो बहुमूल्य मिनटों की बचत की है, उसके लिए वे अभिनन्दन के पात्र हैं। खेद है, कांग्रेस फिर भी हार गई। ज़रा सोचिए कि एक हेलिकॉप्टर के कारण इतने वोट भी कांग्रेस उम्मीदवार को मिल पाए, यदि वह भी न होता तो क्या होता? जमानत जब्त हो जाती। मैंने तो कांग्रेसी चुनाव व्यवस्थापकों से निवेदन किया था कि चार-पाँच हेलिकॉप्टरों के बिना काम नहीं चलेगा क्योंकि संघर्ष कड़ा है मगर वे मुझ पर नाराज़ हो गए। बोले–देख नहीं रहे, राष्ट्र पर पेट्रोल का संकट है! मेरे विचार से आज कांग्रेस की हेलिकॉप्टरी पराजय का कारण अरब-इज़रायल युद्ध के कारण उत्पन्न पेट्रोल की कमी है। पर्याप्त पेट्रोल होता, ज़्यादा हेलिकॉप्टर होते तो क्या कांग्रेस महू में हार सकती थी? कभी नहीं। मुझे लगता है, पेट्रोल की कमी को देखते हुए उत्तर प्रदेश के चुनाव पोस्टपोन कर दिए जाने चाहिए।

लोग कह रहे हैं कि महू का असर उत्तर प्रदेश पर पड़ेगा। मैं आदतवश इस बात पर भी चिन्तित हूँ, मगर प्रसन्न हूँ कि वाह, मध्य प्रदेश के महू जैसे अदना क्षेत्र का प्रभाव इतने बड़े उत्तर प्रदेश पर होगा! हमेशा यों हुआ है कि साहित्य, राजनीति सभी मामलों में उत्तर प्रदेश का प्रभाव इधर पड़ा है। यदि इस बार उलटा हुआ तो क्या होगा? हस्बमामूल मैं चिन्तित हो जाऊँगा।

और प्रशंसा के दो शब्द प्यारे आरिफ़बेग के लिए। ज़रा भाई की प्रजातान्त्रिक स्पिरिट पर ग़ौर कीजिए। हारने वाले पाँच साल में एक बार चुनाव हारते हैं मगर भाई आरिफ़ पाँच साल में दो बार हार जाते हैं। चुनाव में यों खड़े हो जाते हैं, जैसे किसी के इश्क में बस स्टैंड पर खड़े होना हो और खड़े-खड़े क़ुरबान हो जाते हैं। इस मुल्क़ में जहाँ नेता बैठे-बैठे बरबाद हो रहा हो, वहाँ खड़े-खड़े क़ुरबान होना कम प्रशंसनीय मामला नहीं है। मैं दाद देता हूँ यदि कभी मैं राष्ट्रपति बना तो राज्यसभा में जो फोकट की दस-बारह सीटें अपने वालों को बँटती हैं, उनमें से एक सीट प्रजातन्त्र के इस स्थायी दीवाने को अवश्य दूँगा। यों मेरा राष्ट्रपति बनना भी श्री आरिफ़ बेग के चुनाव जीतने की तरह कठिन ही नज़र आता है। कोई बात नहीं। उम्मीद पर आरिफ़ बेग क़ायम हैं। मैं भी हूँ।

बातें बयान से बाहर हैं

अजब छटा है इस मुल्क़ की जहाँ हिमालय गन्दी नदी हो जाने के लिए पिघलता है और तीन तरफ़ से पानी से घिरे देश में लोग प्यासे बैठे हैं। इमारतें जितनी ऊँची की जा सकती थीं, की जा रही हैं, झोंपड़ियाँ जितनी हटाई जा सकती थीं, हटाई जा रही हैं। करोड़ों का देश। अरबों रुपया खर्च करने वाला, पर किसी को नहीं पता कि क्या तो होगा और क्या कर लोगे। सपनों को फफूँद लग गई मगर ज़िक्र जारी रहा। अच्छे-अच्छे भाव, विचार, शब्द आहुति हो गए। ऐसा हवनकुंड रचा है व्यवस्था ने जो क्रान्ति को भी स्वाहा कर सकता है। हर क़िसम की आग को लील सकता है। मुँह बाए खड़े देखता रहता है आदमी स्थानीय से राष्ट्रीय बलात्कार तक। हम क्या कर सकते हैं? पेचिश के मरीज़ की मुद्रा में कमर पर हाथ रख डॉक्टर की तरह अगले इलेक्शन का इन्तज़ार कर नक़ली दवा की सूई कूल्हे में चुभवाता रहा भारत का आदमी। अब ठीक होगा, अब ठीक होगा। चरखे से मल्टीनेशनल तक पूरे चालीस साल कुलाँचें भरकर यात्रा की इस देश ने। ज्वार छोड़ी, बाजरा छोड़ा, गेहूँ के अरमान ले भूखा सोता रहा। पाँचतारा सपने सँजोए पंचतत्त्वों में मिल गया, टी.वी. देखते-देखते पूरे आदेश से कभी टाटा-बिड़ला के सामने मुट्ठी तानने वाला यह सिद्धान्तवादी देश कितनी आसानी से फिसलकर अम्बानी और नुस्ली वाडिया के हाथ चला गया! राज चलने के बाद राजा का बेटा ज़्यादा धूमधाम से राजकुमारी का ब्याह रचता है–आज़ादी के चालीस साल बाद जलती बहुओं के इस देश में। यदि दुम पकड़ने के प्रयत्न में गोल-गोल घूम जाना प्रगति है तो ख़ूब प्रगति की है इस देश ने। मुट्ठी भर नमक की आज़ादी के लिए आरम्भ हुई लड़ाई मुट्ठी भर रिश्वत की गारंटी पर समाप्त हो गई। अहिंसा के पुजारी से प्रेरणा पाकर चले थे, तोपों की ख़रीदी में कमीशन बटोरने तक पहुँचे। सूत कातकर जीविका अर्जित करने का आर्थिक सिद्धान्त स्विस बैंक में खाते खोलने तक चला। चालीस साल में कैसी आँखें खुल गईं देश की–उसे सब पता है। उसे पता है कि समाधि पर फूल चढ़ाने कब जाना है। उसे पता है कि जुए के विकास के लिए 'केसिनो' खोलना राष्ट्र के लिए कितना उपयोगी है। दिन-पर-दिन

किस दिशा में और किन दशाओं में समझदार होता चला गया यह देश इन चालीस वर्षों में, बयान से बाहर है।

आज कौन हरामज़ादा यह कहने की हिम्मत करेगा कि देश ने प्रगति नहीं की? यह मारुति जो सड़क पर चल रही है, तेरा बाप लाया? यह जो एयर बसें हम ख़रीद रहे हैं तो क्या तेरे भरोसे पर? यह जो कॉम्प्लेक्स और एयर कंडीशंड मार्केट बने हैं तो क्या फ़रिश्ते आएँगे यहाँ? विदेशी माल यों ही खप जाता है? 'स्मेक' के ख़रीददार हैं तभी तो आती है। लोग बच्चों को अंग्रेज़ी पढ़ा रहे हैं तभी तो नित नए कॉन्वेंट खुलते हैं। अगर पहननेवालियाँ नहीं हैं तो जेंद्रा रोड्स यों ही पच्चीस हज़ार की साड़ियाँ डिज़ाइन करती है? प्रगति तो हुई ही है न! सोना क्या यहाँ खेतों में खाद डालने के लिए स्मगल होकर आता है? ऐयाशी के सामानों का बाज़ार आख़िर व्यवसायी ही चला रहे हैं। करोड़ों रंगीन टी.वी. देशवासियों ने भीख माँगकर तो नहीं ख़रीदे, पैसा पैदा होता ही है, किया ही जाता है। एक्टिंग से, फ्रॉड से, दलाली से, ठेके से, सप्लाई से या मेहनत कर। चार पैसे उगाए हैं तभी तो बीअर पी रहा है और कैब्रे देख रहा है आदमी। यह प्रगति न हुई तो क्या हुई? कितनों की दुकानें चौड़ी हो गईं, अतिरिक्त पत्नियाँ रख लीं, फ़ार्महाउस बन गए। सही नीतियों के बिना इतनी ख़ुशहाली हो सकती है? तू ससुर किस कसौटी पर प्रगति नापेगा देश की? सस्ती सब्ज़ी के लिए थैली लेकर दौड़ते आदमी की अगर अंगूर के ढेर पर नज़र पड़े तो इसमें गवर्नमेंट का क्या कसूर? कम्प्यूटर को न समझ पाना नागरिक का निजी दोष है। सरकार तो जहाँ-जहाँ से जितना जापान इस देश को बना सकती है, बना रही है। अब यह तो अपना-अपना नसीब और पिछड़ी परिस्थितियाँ हैं कि सरकार जब इलेक्ट्रॉनिकी पर ज़ोर दे रही हो, कुछ किसान आलू-प्याज के ठीक दाम पाने की कोशिश में लगे हों। इसीलिए तो सरकार विरोधी दलों से नाराज़ है। बेबात की बात छेड़े रहते हैं।

देश के पास आज कमी क्या है? अभिनेता हैं, क्रिकेटर हैं, नेता हैं, कथक नाचने वाले हैं, श्रीदेवियाँ हैं, सोशल वर्कर्स हैं। आप मन बहलाने को वन डे क्रिकेट, नृत्य, फिल्म, भाषण, धूमधाम की शादी, गज़ल, प्रदर्शनी, अपना या पराया उत्सव—किसी का भी मज़ा लूट सकते हैं। क़दम-क़दम पर बार हैं, ऐशगाह हैं, आपके टूरिस्ट मूड में आते ही पूरा देश बिछ जाता है आपके सामने। दिन गुज़ारने और शामों को सुहानी बनाने का जितना सामान सरकार मुहैया कर सकती थी, कर रही है। जिस ज़मीन पर अरब रईस मज़े मारकर चले जाते हैं, वहाँ भारतीय होकर कोई दुखी रहे तो गवर्नमेंट क्या करे? वह कड़के या दिलजले आदमी की शिकायत सुनने तो नहीं बैठी! उसने एक घोर उपभोक्ता संस्कृति विकसित कर छोड़ दी है। अब यह नागरिक का काम है कि वह उसके अनुरूप अपने को ढाले। यहीं आकर तो

सरकार मजबूर हो जाती है कि वह घोड़े को पानी पिलाने की समूची व्यवस्था कर देने के बावजूद उन्हें पीने के लिए मजबूर नहीं कर पा रही है। इस देश में कुछ है कि यह उन दिशाओं में प्रवृत्त नहीं होता जहाँ सरकार की गाड़ियाँ जाती हैं। एक जूनी-पुरानी आत्मा है इस देश की जो रह-रहकर शरीर को झँझोड़ देती है। उतनी नहीं मस्ताती जितना सामान उपलब्ध है। गुलछर्रे उड़ाने के इस युग में इस ग़रीब देश को उसका इतिहास सताता है। वेदों में ढली, गीता-रामायण से संस्कारित, बुद्ध, महावीर द्वारा सँवारी, गांधी से नई चेतना प्राप्त देश की आत्मा नई सरकार के अधुनातन बुलावों को ललक के साथ स्वीकार नहीं कर पा रही है। सरकार चाहती है कि वह एडजस्टमेंट करना सीखे। अपने में एक दूसरा देश जगाए बदले। इसीलिए उससे चिल्ला-चिल्लाकर आगाह किया गया कि इक्कीसवी सदीं आ रही है। उसके अनुरूप ढलना होगा। अपने को बदलो। पर लोग हैं कि इक्कीसवीं सदी में प्रवेश करते समय उन बीस सदियों के दर्द को भूल नहीं पाते जिनसे मनुष्य गुज़रा था। बीसवीं सदी में खाना नहीं है, इक्कीसवीं सदी तक हमें पिकनिक की आदत डाल लेनी चाहिए। पित्सा का महत्त्व समझ लेना चाहिए। एक पीढ़ी थी जो वर्धा से प्रेरणा लेकर देशभर में फैली थी। एक पीढ़ी आ गई है जो दून स्कूल से सपने सँजो इस देश पर छा गई है। हम सामाजिक न्याय माँग रहे हैं। वह हमें मारुति कार दे रही है। हम एकता चाहते हैं, वह हमें एशियाड दिखाती है। हम ईमानदारी को प्रतिष्ठित करना चाहते हैं, वह अमिताभ बच्चन सामने ले आती है। हमारी जिज्ञासाओं के उसके पास उत्तर नहीं हैं। उसकी कल्पनाओं को मूर्तिमान करने का हममें न दम है, न इच्छा।

एक ज़माने में ऐसी स्थिति में एक मुहावरा कहा जाता था कि देश इस समय दोराहे पर या चौराहे पर खड़ा है और हमें दिशा निश्चित करनी है। पर अब बात उतनी सरलता से नहीं व्यक्त की जा सकती। इसलिए कि दिशाएँ निश्चित हैं और क़दम बढ़ाए जा चुके हैं। एक तरह का वन-वे ट्रैफ़िक है। आपके पास कोई यू टर्न नहीं है कि आप घूमकर अपनी दिशा सुधार लें। यदि आप उनकी दिशा से सहमत नहीं हैं तो गाड़ी से उतर जाएँ या उतार दिए जाएँगे। धक्के देकर फेंक दिए जाएँगे। आपमें दम हो तो रास्ता रोकिए, चक्का जाम कीजिए, सामने लेट जाइए। बहुत सम्भावना है कि वे कुचलते हुए आगे बढ़ जाएँगे अपने दृष्ट लक्ष्य की ओर।

ये दिन बड़े चौंकाने वाले हैं और हतोत्साहित कर सकते हैं। अब फिर यह कहने के दिन आ गए हैं कि सत्य तो इतिहास ही बताएगा और न्याय तो भगवान ही करेंगे, जैसे छिटककर खड़े होने का आन्दोलन चल रहा हो! निकाले जाने की मुहिम जारी हो! विश्वनाथ प्रताप सिंह से वेद मरवाह तक अलग होने के एक विचित्र अनुभव से गुज़र रहा है इस देश का क्रियाशील ईमानदार। अनुशासन का

अर्थ है सब कुछ से सहमत होना, हर कुछ से सहमत होना। चालीस साल ही तो हुए जब नेहरू गांधी से, पटेल नेहरू से और मेनन पटेल से असहमत हो जाते थे। वे असहमतियाँ इस प्रजातन्त्र में एक सौन्दर्य उभारती थीं। अब असहमति की कल्पना दहशत जगाती है मन में। सबके कंठ रुँध जाते हैं एक जानी-मानी सच्चाई बोलते हुए। इस देश की स्वतन्त्र चेतना को सत्ता का ऐसा साँप सूँघ गया है। गाली देकर खड़े रहने वालों का देश गोली मारकर भाग जाने वालों का देश बन गया। जिनके पास कान हैं, उनकी जुबान बुझ गई। जिनकी ज़ुबान चाकू है, उन्हें कुछ सुनाई नहीं देता। साक्षी बयान नहीं देता। जज के अपने पूर्वग्रह हैं, चपरासी आवाज़ नहीं लगाता, वकील यह भूल गए कि हमें पक्ष किसका लेना है। ऐसे में न्याय का रूप क्या होगा? अजीब हालत हो रही है। बस, इतनी भर होशियारी सिखाई जा रही है कि पुरस्कार पाकर, कुर्सी झटककर, जेब गरम कर तृप्त हो जाओ, जैसे इसके आगे जीवन ही नहीं है! जैसे हममें ज़रा भी देश नहीं बचा! तर्क का स्पर्श करते ही स वाल उछलता है कि आख़िर आप चाहते क्या हैं? निश्चित ही आप कुर्सी चाहते होंगे। कैसे बताए कोई कि वह क्या चाहता है—वह, जो अपने लिए कुछ न चाहता हो? आप सिर झुकाकर तकली कातिए, कल चर्चा फैल जाएगी कि स्टंट है। आप ख़ामोश रहिए, कहा जाएगा, षड्यन्त्र बना रहा है। आन्दोलन से वनवास तक आप किसी को अपनाइए, आप पाएँगे कि आप सत्ता के सामने प्रश्नचिह्न हैं। अब तो वे अच्छे दिन भी नहीं रहे जब लोग चमचे की ज़िन्दगी जी लेते थे।

लोग पूछते हैं कि देश के भविष्य को लेकर आपका क्या ख़याल है? सम्पादक कहते हैं, वर्तमान स्थिति पर लिखिए। एक समय था कि इस बात पर कलम और जुबान आसानी से चल पड़ती थी। हम अपने को समझते थे, देश को समझते थे, सरकार को न समझते हों पर समझा सकते थे। अब यह स वाल हमारी नासमझी को उजागर करते हैं। कहाँ से शुरू करें—भ्रष्टाचार से या पदलोलुपता से; बोफोर्स से या सबमेरीन से; बिहार से या मध्यप्रदेश से; स्मगलिंग से या मिलावट से; हत्या से या धर्म से; पंजाब से या तमिल से; भीषण सूखे से या कम्प्यूटर क्रान्ति से; अजिताभ से या विन चड्ढा से—कहाँ से शुरू करें? प्रश्न चिट्ठों की खेती हो रही है इस देश में—केबिनेट के सरिस्का जाने से या ग्वालियर की शादी से; उद्योग से या शेयर बाज़ार से; फिल्मी हड़ताल से या क्रिकेट की पराजय से; इटली से या स्वीडन से; उधारी से या महँगाई से; कितने बिन्दु हैं कि आप निश्चित नहीं कर पाते। करने पर ज़रूर कुछ छूट जाता है। बाद में पता लगता है, वही सबसे ज़रूरी था। आपने जो अन्याय हो रहा है, वह नहीं लिखा। आप हरिजनों की जो दुर्गति हो रही है, भूल गए। आपने बढ़ते जातिवाद को रेखांकित नहीं किया। आपने

कांग्रेस के विकल्प को लेकर कुछ नहीं कहा। बढ़ते टैक्सों की तरफ़ इशारा नहीं किया। आप आतंकवाद पर नहीं बोले। पता नहीं कितने बिन्दु हैं और जैसा आइंस्टीन कहता था, हर बिन्दु केन्द्र होता है एक वृत्त का और एक-दूसरे से जुड़े रहते हैं। देश अब यही रह गया है चालीस साल में। अनेक बिन्दुओं पर अनेक वृत्तों का एक विराट वृत्त। बयान की परिधि से कहीं बड़ा।

युद्ध का वर्णन सरल होता है। कुछ लोग युद्ध करते हैं। शेष उनका साथ देते हैं। कितना ही घमासान हो, महाकाव्य उसे शब्दों में बाँध लेते हैं। पर आज तो हर व्यक्ति एक छोटा-सा रणक्षेत्र बना अपनी प्राणरक्षा के युद्ध में लगा है। जान हथेली पर है, पीठ दी वाल से टिकी है, शस्त्र इतना विश्वसनीय नहीं और जीवित रहना बहुत ज़रूरी है। आप कितने युद्धों का वर्णन एक साथ करेंगे? चप्पा-चप्पा मामले हैं और कोई बचाव जोखिम से ख़ाली नहीं। बूचड़खाना बन गया है देश। इसे कैसे बयान किया जाए? वर्णनातीत है मामला। सम्पादक कह देते हैं, देश की वर्तमान स्थिति पर लिखिए, क्या-क्या लिखिए, कितना लिखिए, किस कोण से शुरू कर कहाँ अन्त कीजिए। दो पृष्ठ रँगने को एक बोफोर्स ही पर्याप्त है। शेष का क्या होगा? व्यक्तिवाद से कुचले जा रहे इस प्रजातन्त्र का क्या होगा? सही आदमी के पैरों तले से खिसकती ज़मीन का विश्लेषण कौन करेगा? कौन है दार्शनिक जो एक सूत्र में बयान कर दे? कौन है दूरदर्शी जो कल की भविष्यवाणी करे? हम सब बहुत जागरूक हुए तो भी तमाशबीन से अधिक नहीं। आइए, तालियाँ बजाएँ और फिर पूछें कि क्या हुआ? वे जो सूचित करें, वही परम सत्य है। उसे लिख सम्पादक को दे दें। देश की यह छटा है। इस तस्वीर को फ़्रेम करा लें कृपया। सत्य, असत्य जो भी हो, कोई राष्ट्रभक्ति पर सन्देह नहीं करेगा। कृपया स्वीकारें।

'शर्म तुमको मगर आती है'

उनके चमचे ने मुझे धीरे से बताया कि वे इस समय शर्मिन्दा हैं, अगर कोई ज़रूरी काम हो तो आप मिलें। बात यह है कि जब वे शर्मिन्दा रहते हैं तब डिस्टर्ब होना पसन्द नहीं करते।

"किस बात पर शर्मिन्दा हैं?" मैंने पूछा।

"पता नहीं, आज किसी बात पर हैं। कल तो छात्रों की अनुशासनहीनता पर थे।"

"मैं मिलना चाहूँगा। मैं लेखक हूँ और मुझसे इस वक़्त चर्चा करना शायद वे पसन्द करें।"

"ज़रूर मिलिए। जब वे शर्मिन्दा होते हैं, अक्सर कवियों को याद करते हैं। तीन-चार दिन हुए, एक कवि आया था। जब तक रहा, लज्जा से गड़ा रहा।"

मैं मन्त्री महोदय के कक्ष में घुस गया। वे सामने खादी के सोफ़े पर खादी के कपड़े पहने पैर समेट बैठे थे। उनकी गर्दन और हाथ लटके हुए थे। मुझे वे समूचे ही लटके हुए लगे। मैंने उन्हें नमस्कार किया। कोई उत्तर नहीं मिला। उन्होंने मुझसे बैठने को नहीं कहा, मगर मैं बैठ गया।

एक लम्बी सरकारी क़िस्म की चुप्पी के बाद उन्होंने नज़रें उठाईं और मुझे घूरने लगे। वे मेरी तरफ़ ऐसे देख रहे थे, जैसे में उनके समीप पड़ा एक शव हूँ। काफ़ी देर तक मृत बैठा उनकी घूरती नज़रों को झेलना जब असम्भव हो गया, तो मैंने करुण रस में सनी कमरे की चुप्पी तोड़ी और बोला, "सुना, आप शर्मिन्दा हैं?"

"हूँ।" वे बोले।

"शर्मिन्दा हों आपके दुश्मन, आप क्यों शर्मिन्दा हो!" मैंने कहा।

"नहीं, मैं शर्मिन्दा हूँ।"

"आप किस बात पर शर्मिन्दा हैं?" मैंने पूछा।

वे चौंके। वे कुछ देर याद करते रहे कि वे किस बात पर शर्मिन्दा हैं, मगर याद नहीं कर पाए। वे शायद पिछले एक-दो घंटों से लगातार शर्म से इतने गहरे डूब गए थे कि वे अपने शर्मिन्दा होने की वजह भूल गए थे। मगर मन्त्री हैं, इस तरह भूल

जाएँ तो देश का काम कैसे चले? उन्होंने डायरी निकाली और उसके पन्ने पलटने लगे।

"आज कौन-सी तारीख़ है?" पूछा।

"नौ।"

"अक्टूबर चल रहा है न। हाँ, अक्टूबर ही तो! अभी तो गांधी जी का सब कुछ हुआ।" डायरी देखकर बोले, "आज मैं औरंगाबाद पर शर्मिन्दा हूँ।" फिर हैरानी से कहा, "आजकल याददाश्त बहुत कमज़ोर हो रही है।"

"काम भी तो बहुत रहता है।"

"हाँ, बहुत काम रहता है, मगर फिर भी वक़्त निकाल कर घंटा-दो घंटा शर्मिन्दा रह ही लेता हूँ।"

"आप अहमदाबाद पर शर्मिन्दा हुए या नहीं?"

"अरे, अहमदाबाद पर तो दो-तीन दिन रहा। पिछले दिनों तो कुछ ऐसा हुआ कि जब शर्मिन्दा होने को कुछ नहीं मिला, तो अहमदाबाद पर हो लिया। मगर स वाल यह है कि एक ही विषय पर कब तक शर्मिन्दा रहें? बोर हो जाता हूँ।"

"सही बात है!"

"क्या किया जा सकता है! हमारा देश इतना विशाल है, समस्याएँ इतनी अधिक हैं और हालत ऐसी हो गई है। कई बार तो दिन में दो-तीन मामले ऐसे हो जाते हैं कि नेताओं का काम बढ़ जाता है और उन्हें लम्बे वक़्त तक शर्म से झुके रहना पड़ता है।"

"मगर मैं पूछता हूँ, आप अपने विभाग की शर्म झेलिए। आप दूसरे मन्त्री के विभागों की बातों पर क्यों शर्मिन्दा होते हैं? केबिनेट में सबको अलग-अलग विभाग बँटे हुए हैं।"

"ठीक कह रहे हो।"

"जैसे रबात सम्मेलन में हमें भाग लेने नहीं दिया गया, शर्म की बात हुई। मगर साहब, इसके लिए विदेश विभाग के मन्त्री लज्जित हों, आप काहे अपना कीमती वक़्त खराब करेंगे?"

"कह तुम ठीक रहे हो, मगर भाई, हम ऑल इंडिया लीडर हैं, हमसे कुछ अपेक्षाएँ की जाती हैं, हमारे कुछ फ़र्ज़ हैं। सिर्फ़ अपने विभाग तक हम सीमित तो नहीं रह सकते।"

"इस तरह तो आप अपना स्वास्थ्य खराब कर लेंगे।"

"देश के लिए जीवन दे दिया है, तुम स्वास्थ्य की बात कर रहे हो?"

"मैं आपसे सहमत नहीं। आपके पास दो-तीन विभाग हैं, आप वरिष्ठ नेता हैं। आपकी शर्मिन्दगी की एक सीमा है, एक स्तर है। आप हर किसी मामले में शर्मिन्दा

नहीं हो सकते। जैसे आपके पास कृषि विभाग है और देश में पैदावार कम हो रही है, विदेशों से अनाज माँगना पड़ रहा है। आपको सिर्फ़ इस बात पर शर्मिन्दा होना चाहिए।"

"पहले तो तुम यह सुधार कर लो कि मेरे पास कृषि विभाग नहीं है। जब था, तब भी मैं इस बात पर शर्मिन्दा नहीं था कि हमें बाहर से अनाज माँगना पड़ता है। यह नीति का प्रश्न है, इसमें शर्म कैसी?" वे गरजकर बोले।

उन्हें क्रोधित देख मैं नरम पड़ा। मगर मैंने सूत्र नहीं तोड़ा। मैंने कहा, "श्रीमान, जहाँ तक मुझे ख़याल आता है, मैंने अनेक बड़े नेताओं को यह वक्तव्य देते भाषणों में सुना है कि यह हमारे लिए शर्म की बात है कि देश को बाहर से अनाज माँगना पड़ रहा है।"

वे ज़ोर से खिलखिला हँस पड़े।

"देखो भाई, ऐसा है कि शर्म-शर्म में भी फर्क होता है। कुछ बातों को लेकर नेता लोग जनता को शर्मिन्दा करने की कोशिश करते हैं, जैसे अनाज ज़्यादा न करने की बात, अधिक बच्चे पैदा करने की बात। कुछ जनता की बातों पर हम नेता लोग शर्म से सिर झुकाते हैं और कई बातें ऐसी हैं जिस पर जनता और नेता सभी शर्मिन्दा रहते हैं।"

"जैसे?" मैंने पूछा।

"जैसे पूज्य बापू के बताए मार्ग पर देश का न चल पाना। इसे लेकर जनता हमें कहती है कि शर्म आनी चाहिए। हम जनता को कहते हैं कि तुम्हें शर्म आनी चाहिए। गरज यह कि दोनों शर्मिन्दा हैं। इस प्रकार सारा देश ही शर्मिन्दा है। आख़िर देश है क्या–जनता और नेता से मिल कर ही तो देश बना है!"

"क्या बात है! आप बहुत बड़ी बात कह गए। वाह! देश है क्या, नेता और जनता से मिल कर ही तो देश बना है–वाह!"

"और जनता भी क्या।" वे बोले, "असल में तो नेता ही देश है। जब नेता शर्मिन्दा होता है तो अपने-आप सारे देश का माथा शर्म से झुक जाता है।"

"मगर एक निवेदन है।"

"कहिए।"

"प्रतिदिन के बजाय आप सप्ताह में एक दिन शर्म का निश्चित कर दीजिए। उस दिन आप पूरे समय राष्ट्रीय, प्रान्तीय, स्थानीय और पार्टी के आपसी मामलों को लेकर जितना शर्मिन्दा होना हो, हो लिया कीजिए। क्या ख़याल है! यह रोज़-रोज़ का सिर दर्द!"

"पहले मैं यही करता था। मैं सिर्फ़ रविवार को शर्मिन्दा होता था। उस दिन मिलने-जुलने वाले काफ़ी आते हैं। मैं बातें भी करता रहता था और बात-बात पर

अफ़सोस भी जाहिर करता रहता था। लोग प्रभावित होते थे। वे कहते थे कि आप सचमुच अखिल भारतीय स्तर के लीडर हैं, क्योंकि आप सारे देश के सभी मामलों और घटनाओं पर अफ़सोस करते हैं, सारा दिन शर्म से झुके रहते हैं।''

''इसमें क्या शक है!''

''दूसरे नेता टुच्चे हैं, बेशर्म हैं।'' वे क्रोध में बोले, ''मैं जितना हर बात पर शर्मिन्दा होता हूँ, उसके वे एक-चौथाई भी नहीं होते।''

''उनकी आपसे क्या बराबरी! आप तो शर्म में डूब मरते हैं, जब कि वे चिन्ता भी नहीं करते। निहायत शर्म की बात है।''

''तुम मानते हो?''

''मानता हूँ।'' मैंने ज़ोर देकर कहा।

''तुम्हारा कोई काम हो तो बताना, हम कर देंगे।'' वे बोले।

''फ़िलहाल कोई काम नहीं। मगर आप यह बताइए कि आपने सप्ताह में एक दिन शरमाना बन्द क्यों कर दिया?''

वे गम्भीर हो गए। उन्होंने छत की ओर देखा, गरदन सहलाई और धीरे से कहा, ''देखो, हमारा देश प्रगति कर रहा है। प्रगति करने के साथ समस्याएँ बढ़ रही हैं। अब वह समय नहीं रहा जब नेता मज़े से सिर्फ़ सप्ताह में एक बार शर्म खाता था और बाकी दिन आराम से पड़ा रहता था। अब स्थितियाँ बदल रही हैं। जनता हमसे उम्मीद करती है कि हम ज़्यादा-से-ज़्यादा शर्म करें और हमें करनी पड़ रही है।''

''मगर कब तक, आख़िर कब तक? कब तक आप देश की हालत पर शर्मिन्दा होते रहेंगे? कुछ कीजिए, निर्णय लीजिए, क़दम उठाइए साहब। मुझे तो आपके स्वास्थ्य की चिन्ता हो रही है। कहीं आपको दिल का दौरा न पड़ जाए।''

''इस शरीर ने जीवन-भर दौरा किया है। सारा देश-विदेश घूमा है। एक दौरा दिल का भी सही।'' वे बोले और सिर लटकाकर बैठ गए।

''नहीं-नहीं, मैं यह नहीं होने दूँगा। आप कुछ कीजिए। पार्टी को एक कीजिए, समस्याओं के हल निकालिए, कड़े क़दम उठाइए, कुछ कीजिए।''

''मैं शर्मिन्दा हूँ।''

''सिर्फ़ इससे काम नहीं चलेगा, कुछ कीजिए।''

''मैं शर्मिन्दा हूँ और क्या करूँ?'' वे झल्लाकर बोले, ''मैं शर्मिन्दा हूँ कि पार्टी में एकता नहीं, समस्याएँ हल नहीं हो रहीं, हम कड़े क़दम नहीं उठा रहे, हम कुछ कर नहीं रहे। मैं शर्मिन्दा हूँ, और क्या चाहते हो?''

वे यह सब बहुत चिल्लाकर बोले थे। उनकी आवाज़ सुन उनका वही चमचा, जो मुझे दरवाज़े पर मिला था, दौड़कर अन्दर आया और मुझे सोफ़े से खींचने लगा,

"उठिए आप, निकलिए यहाँ से! आप एक नेता को डिस्टर्ब कर रहे हैं। यह उनके शर्मिन्दा होने का वक़्त है। उन्हें शान्ति से शर्मिन्दा होने दीजिए।"

"आप कौन हैं?"

"मैं मन्त्री जी का चमचा हूँ।"

"मैं डिस्टर्ब नहीं कर रहा।" मैं नेता की तरफ़ घूमा, "आई एम सॉरी। मैं डिस्टर्ब नहीं करना चाहता। मैं शर्मिन्दा हूँ।"

"यह मुझे डिस्टर्ब नहीं कर रहे, इन्हें बैठा रहने दो।" उन्होंने चमचे से कहा।

चमचा मेरी ओर क्रोध से घूरता चला गया।

कुछ देर चुप्पी रही। फिर वे बोले, "तुमको भी कभी शर्म आती है?"

"आती है। कई मामलों में मेरा सिर शर्म से झुक जाता है। जैसे हमारे निष्क्रिय नेताओं को देखकर, जिन्हें हमने चुना है।"

"तुम ठीक करते हो। यह हमारा राष्ट्रीय गुण है, धर्म है। हर भारतवासी को शर्मिन्दा होना चाहिए। अच्छी बात है।"

उन्होंने गर्दन लटका ली, सिमटे पैरों को और समेटा और धीरे-धीरे एक अच्छे नेता की तरह शर्म से सोफ़े में डूब गए।

मिडिलची नेतृत्व

स्वतन्त्रता के बाद बहुत धीमे-धीमे मगर पूरे इत्मीनान के साथ हमारे देश में बड़े पैमाने पर मिडिलची नेतृत्व विकसित हुआ है। सन् पचास के आस पास खादी के स्टैंड कॉलर वाले कुर्तों और जाकेट की बिक्री में जो तेज़ी आई थी, वह अब हमारे राष्ट्रीय जीवन का स्थायी फ़ीचर हो गई है। सुबह कुर्ता-पाजामा पहन कोने के होटल पर आलूबड़ा, जलेबी, पोहा, चाय आदि का भोग लगा, वहीं सारे मुफ़्त के अख़बार बाँच, दाँत ब्रुश करने के एवज में दो पान खा यह शख़्स सेवा के मोर्चे पर खड़ा हो जाता है और जब रात को कच्ची दारू की महक में अपनी सफलता के अहं को मिला वह किसी स्वायत्त संस्थान की जीप में लौटता है तो वाक़ई राष्ट्र सेवा में थक चुका होता है। सन् साठ के बाद से हमारे मोहल्लों से शुद्ध दादा लगभग ग़ायब हो चुका है, जिससे माँ-बहनों और किशोर लड़कों को डर लगता है। कुर्ते-पाजामे और जाकेट का राष्ट्रीय जीवन में बढ़ता महत्त्व पहचानकर अब वही दादा ट्रेड यूनियन लीडर हो गया है और उसी मोहल्ले की छोटी-मोटी समस्याओं के लिए थानेदार से मुख्यमन्त्री तक वह प्रेशर डलवाता है। वह स्थानीय एम.एल.ए. की राजनीतिक नाक का विश्वस्त बाल है। चुनाव के मौसम में वह कार्यकर्ता बन जाता है और मोहल्ले के, जाति के, वोटों के मामलों में उम्मीदवार से पैकेज डील करता है। सस्पेन्डेन्ड लोगों के केस वह रफ़ादफ़ा करवाता है, छोटे स्तर के गुंडों की जमानत करवाता है, रिश्वतों में वाज़बी कमीशन लेता है, छोटे मामलों को अनिवार्य स्थानीय तूल देता है। यह मिडिलची या दलाल नेतृत्व हमारे प्रजातन्त्र का आधार है। बड़ा नेता इनके सहारे टिका रहता है। राजनीति में यह सबसे सुरक्षित वर्ग है क्योंकि परिवर्तनों से इसमें अन्तर नहीं आता।

कर्मचारी, मज़दूर भी इसके पोषण में बड़ा योग देते हैं। अपने कारख़ाने या दफ़्तर की यूनियन का सचिव या अध्यक्ष चुनते समय वे उससे साफ़ बोल देते हैं कि पहले वाले सचिव और अध्यक्ष ने हमारे दस रुपए बढ़ाए थे, देखें, तुम कितने बढ़वाते हो! और मिडिलची नेतृत्व इस वर्ष पन्द्रह रुपए बढ़वाने के महान प्रयास में जुट जाता है। पर वह सीधे नहीं जुटता। कुछ दिनों वह अपनी प्रतिनिधि पोज़ीशन

के नाम पर यहाँ- वहाँ नन्हे-मुन्ने ब्लेकमेल करता है, फ़ायदे लेता है, खाता-पीता है, जमाता-उखाड़ता है, जिसे राजनीति में अपनी पोज़ीशन मज़बूत करना कहा जाता है। जब एक ऐसे उच्च बिन्दु का स्पर्श वह कर लेता है जिसके आगे दोहन सम्भव नहीं, और उसके नेतृत्व का ढाँचा चरमराने लगता है तब वह कर्मक्षेत्र में कूद पड़ता है अर्थात् हड़ताल करवा देता है। मिडिलची नेतृत्व द्वारा प्रति वर्ष प्रत्येक स्थल पर एक अदद हड़ताल हमारे राष्ट्रीय जीवन का स्थायी भाव है। अभाव के अन्धकार में जुगनू की तरह यहाँ- वहाँ हड़तालें चमकती रहती हैं। हमेशा ऐसा लगता है कि ऐसे बिन्दु-बिन्दु प्रयत्न से पूरा उजाला हो जाएगा, क्रान्ति हो जाएगी मगर नहीं होता। ग़रीबी बनी रहती है, हड़ताल से उपजे दस-पन्द्रह रुपए बढ़ते रहते हैं। मिडिलची नेतृत्व अपना रौब ग़ालिब किए रहता है। दारू महकती रहती है, स्टैंड कालर के कुर्ते और जाकेट बिकते रहते हैं।

मिडिलची नेतृत्व भारतीय प्रजातन्त्र का प्राण है। हमारी आकांक्षाओं की मुँडेर पर बैठा स्थायी कौवा है। दंगे-फसाद से लेकर पन्द्रह अगस्त की रैली तक मिडिलची नेतृत्व की आध्यात्मिक पहरेदारी चलती है। सारा देश सोता रहता है तब मिडिलची नेतृत्व जागता रहता है। उस समय वह जुए की फड़ वाले या सट्टे के अड्डे से अपना दैनिक अंश वसूल कर रहा होता है। अड्डे उसके वरदहस्त में चलते हैं, कुलटाओं को लेडीज वर्कर का सम्मान मिल जाता है, निरन्तर फेल होने वाले लड़कों को समूहबद्ध हो यहाँ-वहाँ सिर तोड़ने का धन्धा मिल जाता है, रेप-मर्डर दब जाते हैं, गवाहियाँ मौन हो जाती हैं या अप्रत्याशित रूप से नए गवाह उत्पन्न हो जाते हैं, पुराने लोगों की प्रतिष्ठा-रूपी धोती जहाँ-तहाँ जब चाहें खींच ली जाती हैं। सामाजिक दृश्य बदलते हैं, चौराहे पर मरकुरी लगवा रौब ग़ालिब किया जाता है, सुनार के छोकरों की जेब से पैसे झटके जाते हैं। मुख्यमन्त्री से अपनी यारी की लमतरानियाँ छेड़ प्रभाव विस्तार किया जाता है, विधवाओं, मास्टरनियों, नर्सों के सरेआम चरित्र विश्लेषण के सेमीनार चौराहों पर आयोजित होते हैं, हनुमान मन्दिर का चबूतरा पक्का करवाया जाता है, हेड मास्टरनियों को डरा-धमका फेल लड़के पास करवा लिए जाते हैं, ओटले पटिए काटने से रुकवाकर हलवाइयों पर एहसान लादा जाता है जिसके बदले में यदा-कदा रबड़ी चाट ली जाती है। नल का प्रेशर कम होने पर चीख़ा-चिल्लाया जाता है, वक्तव्य अख़बारों में लग जाते हैं, प्रेशर बढ़ जाने पर सार्वजनिक नल पर स्नान कर 'हर हर गंगे' की अनुगूँज से मोहल्ले की खिड़कियाँ बन्द करवा दी जाती हैं। मिडिलची नेतृत्व कमाल की चीज़ है। समाजशास्त्रीय अध्ययन की दृष्टि से क़ाबिले तवज्जोह है। भारतीय प्रजातन्त्र इनके ही साये में पनप रहा है। ये पार्टी-व्यवस्था के पाये हैं। मिडिलची नेताओं का ग्रुप फ़ोटो ही भारतीय राजनीति की असली तस्वीर है। ग़ौर से देखिए, आपकी यूनियन,

पंचायत या मोहल्ले का एक अदद मिडिलची नेता उस तस्वीर में अवश्य है। और जब मिडिलची नेता को हड़ताल करवानी है तो पॉइंट मिलते देर नहीं लगती। एक ठोस मुद्दा हमेशा यह होता है कि वेतन बढ़ना चाहिए। हिन्दुस्तानी आदमी का वेतन सदैव कम होता है—चाहे ऊपरी आमदनी कितनी ही ज़्यादा हो। अतः वेतन बढ़ना चाहिए। यह माँग सदैव भारतीय मूड के अनुकूल बैठती है। नेता से लेकर रिश्वत लेने वाले अदना चपरासी तक की हार्दिक इच्छा है कि देश चाहे पिछड़ा रहे, हम आगे बढ़ जाएँ। सब चाहे भूखों मरें, हमारा जीवनस्तर उठ जाए। यह घोर कामना केवल ऊपरी आमदनी से साकार होती है। पर उसे सन्तुलित करने के लिए एक क़िस्म का सर्वहारा इमेज बनाए रखना चाहिए, अर्थात् घर में पर्याप्त ज़ेवर ख़रीदने के बाद साधारण बूशर्ट पहन भ्रष्ट मिडिलची नेतृत्व को प्रश्रय दे वेतनवृद्धि की माँग करते रहना चाहिए। राष्ट्र की जनता के सुर से सुर मिलाने के लिए थानेदार और कस्टम नाके के बाबू भी अधिक वेतन की माँग करते हैं ताकि यह इमेज बने कि वे मेहनतकश और ईमानदार लोग हैं। अतः मिडिलची नेतृत्व को कभी कष्ट नहीं होता। उसे राजनीतिक चिन्तन नहीं करना, समस्या नहीं सुलझानी, उत्पादन नहीं बढ़वाना। उसे तो सिर्फ़ समस्याएँ खड़ी करना है, माँग करना है, समझौता होने तक एक तनाव को बरकरार रखना है। हड़ताल एक अनुष्ठान है, यज्ञ है। थोड़े से वेतन की आहुति दो, आँखों में धुआँ बर्दाश्त करो—पूरा होने पर पुण्य मिलता है। हड़ताल एक सट्टा है, ओपन टू क्लोज में जो आ जाए सो भाग्य का। शासन के नेता ख़ुद चाहते हैं कि हड़ताल हो, तब माँगें पूरी की जाएँ ताकि मिडिलची नेतृत्व की जड़ें पुख़्ता हों और प्रभावशाली बन वे भविष्य में चुनाव की राजनीति में सहायता दें। इसीलिए कई बार हड़तालें हो जाती हैं, माँगें पूरी हो जाती हैं। कई बार नहीं होतीं। इनमें किसी क़िस्म का तर्क खोजना व्यर्थ है। देश ग़रीब है, सरकार के साधन कम हैं मगर कई बार, और प्रायः ही सरकार दे देती है। उसके बाप का जाता क्या है? टैक्स भरने वाले और देंगे, नोट छापने वाले कारख़ानों में ओवरटाइम काम होगा, समस्या सुलझ जाएगी। देश नंगा होगा, हम टेरेलीन पहनेंगे और हमारा मिडिलची नेता खादी का स्टैंड कालर का कुर्ता-जाकेट पहन शाम को दारू में और लहकेगा।

जैसी भाषा वैसा भाषण

मन्त्रियों की दासता नदियों के अनुसार बदलती रहती है। गंगा गए तो गंगादास, जमुना गए तो जमुनादास। पर दासता की यह स्वीकृति भाषा के क्षेत्र में अधिक है। वोटर जितनी बोली बोलते हैं, मन्त्री उससे अधिक बोली बोलते हैं। दो भाषाओं के बीच ईमान और निर्णय क्षमता का पेंडुलम लटकता-घूमता रहे, वहाँ तक तो बात शायद समझ आ सकती है पर वह कई भाषाओं के बीच चक्कर लगाता रहे, यह मज़ेदार है और मन्त्रियों में भी जो मन्त्री केन्द्र में होते हैं, वे प्रायः ऐसे अखिल भारतीय गड़बड़झालों के केन्द्र में रहते हैं।

शिक्षा राज्यमन्त्री श्रीमती शीला कौल संस्कृत सम्मेलन में गईं तो उस क्षण उन्हें लगा कि संस्कृत ही समस्या का निदान है। अगर मुश्किल न होती तो संस्कृत एक अच्छी राष्ट्रभाषा हो सकती थी। उन्होंने कहा कि आप ज़रा कोशिश करें और संस्कृत को थोड़ी सरल बना दें ताकि लोग उसे बोलने लगें और यह राष्ट्रभाषा की समस्या का टंटा ही मिट जाए।

अब प्रश्न यह है। सरल भाषा में कहा जाए तो स वाल यह है। दिल्ली-पंजाब की सरल भाषा में कहा जाए तो स वाल यह है कि संस्कृत जिसे कहने वाले संसकिरत भी कहते हैं, सरल कैसे हो सकती है? ग़ालिब के शेर मिला कर। आम जुबान के लफ़्ज़ डालकर। संसकिरत की गिरामर अर्थात् व्याकरण ठीक कर और मान लीजिए, चार संस्कृतदाँ एक कुठरिया में बैठकर उसे सरल भी कर दें तो उसे बोलेगा कौन? उसे राष्ट्रभाषा बनने कौन देगा? जब सरल हिन्दी नहीं बन पा रही है तो सरल संस्कृत क्या बनेगी? जिस तरह हिन्दी के जवाब में उर्दू को खड़ा किया जाता है, शायद सरल संस्कृत की टक्कर में सरल फ़ारसी खड़ी हो जाए।

चौखट इस पर नहीं है। बहस भी इस पर नहीं है। ध्यानाकर्षण का मुद्दा यह है कि मन्त्री संस्कृत की गंगा के पास गया और गंगादास हुआ। उसकी महिमा गा आया, उसे राष्ट्रभाषा की पूरी पात्रता प्रदान कर आया। अब मन्त्री उर्दू की जमुना के पास आया। वह नदी, जो दिल्ली से आगरा होती उत्तर प्रदेश में उर्दू की याद दिलाती उर्दू में गुल खिलाती जाती है और इलाहाबाद में गंगा में मिल जाती है। जब

श्रीमती शीला कौल हैदराबाद पहुँचती हैं तो उर्दू के बढ़ावे की स्कीमों को पेश करती हैं। जमनादास। जहाँ जैसी भाषा, वहाँ वैसा भाषण।

पर भारत केवल दो पवित्र नदियों का देश होता तो मन्त्री केवल दोमुँहा होता कि कभी गंगादास तो कभी जमुनादास। पर भारत में अनेक पवित्र नदियाँ हैं और सबका समान आदर है। आप किसी भी घाट तर्पण कीजिए, मृतात्मा को तृप्ति ही मिलेगी। पावन नदियाँ सात होंगी तो भाषाएँ चौदह। वोट का अभिलाषी अंग्रेज़ीदास, हिन्दीदास, उर्दूदास, संस्कृतदास, मराठीदास, राजस्थानीदास—सभी कुछ हो सकता है और एक साथ हो सकता है, बल्कि वह राजस्थानीदास होते हुए हाड़ौतीदास और उर्दूदास होते हुए फ़ारसीदास भी हो सकता है।

हे प्रभु! इन मन्त्रियों को इस दासपुत्र से कब मुक्ति मिलेगी? यह दासमदास चरित्र कब बदलेगा? ये कितनी नावों में पैर रख-रखकर उसे डुबोएँगे? इनके ईमान का पेन्डुलम कब तक हिलता हुआ वक़्त बरबाद करता रहेगा? आख़िर ये किसी एक घाट ठहर क्यों नहीं जाते? ये अपने रक्त में किस नदी का पानी मिलवाना पसन्द करेंगे, क्यों नहीं स्पष्ट बताते?

मन्त्रियों के दौरे जारी हैं। वे प्रान्त-प्रान्त जाते हैं और भाषा-भाषा भ्रम जगाते हैं। हे नदी, तू उठ और इन नित बदलते दासों को डुबोकर अपने किनारे पवित्र कर।

जनसम्पर्क

राज्य के मन्त्रिगण जब राज्य की जनता से सम्पर्क करने जाते हैं, तो पचास हज़ार रुपया जेब में रखकर निकलते हैं ताकि जहाँ मुसीबत देखें, बाँट दें। मुसीबत कहाँ नहीं हैं! जनता मुसीबत में है और मन्त्रियों की नज़रों से देखा जाए तो जनता का होना ही अपने-आपमें एक मुसीबत है। पचास हज़ार रुपया जेब में रहने से आदमी की इज़्ज़त यों ही बढ़ जाती है। फिर वह पैसा बाँटने के उद्देश्य से जेब में हो तो कहने ही क्या! इज़्ज़त दुगुनी हो जाती है और पचास हज़ार रुपए ख़र्च करने वाला यह मन्त्री जब लाख रुपए का लवाज़मा साथ में ले ज़िले के गाँवों में घुसता है तो सामने वाली जनता शासन द्वारा पठाए इस लाभकारी सरकस के प्रति बाकायदा नम्र हो जाती है। जिन गाँवों में थानेदार भैरवनाथ की तरह पूजे जाते हों, वहाँ एक साथ मन्त्री, कलेक्टर, डिप्टी कलेक्टर, तहसीलदार, नायब तहसीलदार टूट पड़ें तो भक्ति-भाव का कहना ही क्या! दिन-भर के लिए सारा गाँव शासन की अपनी कीर्तन मंडली में बदल जाता है। वे गाँव जहाँ पूरे वर्ष एक क़िस्म की गँवई राजनीति चलती रहती है, श्रीलाल शुक्ल के उपन्यास 'राग दरबारी'' के अध्याय निरन्तर जिए जाते हैं, वहाँ फ़ायदा उठाने का ऐसा महापर्व कितना महत्त्व रखता है, इसकी कल्पना की जा सकती है। ज़िले के किसी गाँव को कुआँ मिल जाता है, किसी को रपट। जहाँ हर ज़िले में विकास का रुपया लेप्स होता हो या रुपया ख़र्च करने के बावजूद भौतिक लक्ष्य एक-तिहाई भी पूरे होते हों, वहाँ उखड़ी हुई परत पर पचास हज़ार से जितना सीमेंट लग सकता हो, जितनी छाजन हो सकती हो, हो जाती है।

मन्त्री गाँव में आ रहा हो तो सभी व्यस्त हो जाते हैं। फॉरेस्ट विभाग और लोक कर्म विभाग के ठेकेदार डागबँगले के अहाते में काजू-किशमिश की प्लेटें नाश्ते के लिए सजाने लगते हैं, शिक्षिकाएँ लड़कियों को स्वागत-गीत तैयार करवाती हैं–'तुम हमें रुपया दो, हम तुम्हें जय-जयकार देंगे' के सार्वजनिक सौदे के बाद अभावों के उस दरिया में पचास हज़ार रुपयों की ख़सख़स फेंक अपने दिए आश्वासनों की स्मृति को भुलाता हुआ मन्त्री राजधानी लौट जाता है।

पेट्रोल का अभाव वरदान हो गया है। मन्त्री इस बार गाँवों तक नहीं जाएँगे। वे राजधानी से पचास हज़ार रुपया ले सिर्फ़ ज़िला-केन्द्र तक जाएँगे और रुपयों का वहीं वारा-न्यारा कर आ जाएँगे। इससे पेट्रोल के साथ वह ख़र्च भी बचेगा जो मन्त्री महोदय के साथ जनसम्पर्क दौरा करने वाले अफ़सरों के यात्रा भत्ते पर आता है। यह अच्छा रहा। इन दिनों भीषण महँगाई के कारण जनता का मूड भी इतना अच्छा नहीं है कि उसके बीच जाकर कोई मन्त्री जय-जयकार की फ़सलें काट सके। पेट्रोल की बचत के बहाने राज्य शासन ने कई अशोभनीय दृश्यों से मुक्ति पा ली, जो जनसम्पर्क दौरे के समय यहाँ-वहाँ खड़े हो जाते। लोग जो प्रश्न करेंगे उसके उत्तर शासन के पास नहीं हैं। ज़िला केन्द्रों के आगे अभावों का डेंजर जोन है। ठीक ही है कि कलेक्टर, अफ़सर, ज़िला कांग्रेस के कार्यकर्ता और शाश्वत चमचों से मिल कर मन्त्रिगण पचास हज़ार देकर लौट आएँ। बेहतर तो यह होगा कि बजाय ख़ुद जाने के भोपाल से भिजवा दें। मगर इससे उनके दौरे-भत्ते का नुकसान हो जाएगा जो शायद वे नहीं चाहेंगे।

डॉक्टर काटजू के ज़माने से जनसम्पर्क का सरकारी तमाशा आरम्भ हुआ जो आज तक जारी है। इतने जीवन्त अनुभवों के बाद कोई हारूनल रशीद जन-समस्याओं का विशेषज्ञ हो जाए मगर सरकार अभी शून्य है इस मामले में। यों धोबी के विचारों से परिचित होने के लिए राम को जनसम्पर्क दौरा नहीं करना पड़ा था। अहल्या का उद्धार करने के लिए उन्हें दिल्ली से आज्ञा नहीं लेनी पड़ी। गाँव की जनता की तीन-चौथाई समस्याएँ तो भोपाल की सरकारी टेबलों पर ठीक काम हो तो सुलझ सकती हैं। शासन का मज़ा यह है कि वह सामने पड़ी फ़ाइल पेंडिंग पटककर वास्तविकता समझने दौरे पर चल देता है। हर संकट के समय सरकार स्थिति समझने की मुद्रा ले लेती है। मुआयने के इस भोले नाजो-अन्दाज़ की कोई ख़ास इज़्ज़त अब जनता में रह नहीं गई। यदि ग़रीब के दरवाज़े निरन्तर जाकर यह पूछा जाए कि तुम कितने ग़रीब हो और क्या वाक़ई ग़रीब हो तो उसकी ग़रीबी तो दूर नहीं होगी, बल्कि एक दिन वह क्रोध में आपको मारने दौड़ेगा। बाढ़ में डूबते शख़्स को बचाने की बजाय यदि हम यह पता लगाने में लग जाएँ कि पानी की सतह कितनी है तो इससे क्या मिलेगा। वास्तविकता जानने की सरकारी कोशिशों की एक इन्तिहाँ होनी चाहिए आख़िर।

प्रसन्नता है कि जनसम्पर्क दौरा नहीं हो रहा। पेट्रोल भी बचा और भीड़ में जाने से मन्त्री भी बचे। जनता को क्या चाहिए, पचास हज़ार रुपए। सो उसे मिल रहे हैं। यदि अभावों से ही समझदारी पनपती है तो बुद्धिमानी के हित में कौन-सी शुभकामना की जाए? क्या ऐसा नहीं हो सकता कि सरकार के पास पेट्रोल हो तब भी वह अक़्लमन्दी के निर्णय ले।

यूँ होता तो क्या होता

राजनीति में होते तो इन दिनों मुख्यमन्त्री हो गए होते। मध्यप्रदेश के न हो पाते तो बिहार के हो जाते। नेतागीरी के लिए बड़ी हरी-भरी ज़मीन है वह। ख़ैर, बिहार में होते तो लेखक ही अच्छे कहलाए जाते। बिहारी नेता ज़ोर डाल कहीं ऊँची जगह दिलवा देते। वाइस चांसलरी भी मिल सकती थी। आस-पास जाति वालों का हुजूम होता और बड़े लेखक माने जाते। मैं बिहार से बड़ा प्रभावित हूँ। वहाँ बड़े परिमाण में नेता, शिक्षाशास्त्री, साहित्यकार और अफ़सर क़िस्म का आदमी पाया जाता है। मेरे ख़याल से हर बिहारी आदमी अनिवार्य रूप से इन चारों में से एक होता है; बल्कि वह बख़ूबी अपनी भूमिकाएँ बदल सकता है या सब कुछ एक साथ होता है। इन बिहारवासियों के नाम लम्बे होते हैं और काम चौड़े। अब हमारे हिन्दी वाले आदरणीय श्री रामधारीसिंह दिनकर को ही लीजिए। मुझे वे सब कुछ एक साथ लगते हैं। संघर्षशील व्यक्ति, कवि, नेता, अफ़सर, कमेटी कला के आचार्य, शिक्षाशास्त्री, इतिहासज्ञ, पुरस्कार झटकने में चिर अग्रणी, विदेश जाने में पहले, राज्यों में बढ़िया सम्बन्ध रखने वाले, कुशल वक्ता, बड़ी किताबें बेच लेते हैं, ख़ूब कोर्स में लगे रहते हैं, चिन्तक भी आला दर्जे के हैं और हर जगह गोटियाँ भी ख़ूब जमा लेते हैं। अगर हिन्दी गैया के चार थन माने जाएँ तो निश्चित ही दो थन अकेले दिनकर जी के हाथ में निजी स्वास्थ्य लाभ के लिए हैं और बाक़ी दो से बाक़ी साहित्यकार मुँह लगाए बैठे रहते हैं।

मैं उदाहरण दे रहा हूँ। दिनकर जी में उनके प्रान्त की प्रतिभा ही अपने उच्चतम रूप में नज़र आती है। बिहार वाले कमाल हैं। अगर उनके हाथ में चिन्दी आ जाए तो उन्हें बजाज बनते देर नहीं लगती। पिछड़े होने को हम मध्यप्रदेश वाले क्या कम पिछड़े हैं? मगर अपने पिछड़ेपन को भी हर राष्ट्रीय काउंटर पर भुना लेना तो कोई बिहार वालों से सीखे। यह तो मजबूरी है कि मुख्यमन्त्री उसी प्रान्त का होता है जहाँ उसे बनना है। अन्यथा आप देखते कि पूरे देश को अकेला बिहार सारे मुख्यमन्त्री सप्लाय कर देता। बड़ा मुख्यमन्त्री लोग पड़ा है उस तरफ़। कुछ बन गया, कुछ बनने को खड़ा है। वहाँ इफ़रात से राजनीतिक प्रतिभाएँ मिलती हैं। जब श्री केदार पांडे

मुख्यमन्त्री बने तब मुझे पता लगा कि अच्छा, केदार पांडे भी कोई बड़े नेता होते हैं। फिर अभी श्री अब्दुल गफ़ूर बने तो सच मैंने पहली बार उनका नाम सुना। ख़ैर, यह तो राजनीति है जिसमें मेरी पैठ नहीं। मगर साहित्य में भी बिहार ऐसे नित नए चमत्कार खड़े करता है। जैसे पिछली बार नेहरू फ़ेलोशिप बंगाली नाटककार बादल सरकार और मोहन राकेश को मिली थी। उनके नाम जगजाने थे। मगर इस बार एक बिहारी सज्जन छायावाद पर शोध करने के लिए नेहरू फ़ेलोशिप मार गए। देश के इतने विश्वविद्यालयों में अकेले छायावाद पर जितनी शोध हुई है उतना तो ख़ुद छायावाद नहीं था। फिर उसी घिसेपिटे विषय पर बिहारी सज्जन फ़ेलोशिप ले गए। इसमें विषय या फ़ेलोशिप की बात महत्त्वपूर्ण नहीं है, मगर प्रशंसनीय यह है कि एक बिहारी ने प्रयत्न किया और वह सफल हुआ। मैं शर्त बदकर कह सकता हूँ कि अगले दस सालों में देश के सभी विश्वविद्यालयों में बिहारी वाइस चांसलर होंगे।

जहाँ तक बुद्धि के सही और व्यावहारिक उपयोग का प्रश्न है, बिहार सारे देश का गुरु है। यह सही है कि बिहार देर से जागता है, लम्बे वक़्त तक बेख़बर पड़ा रहता है मगर जागने के बाद वह इरादे पूरे करने की दिशा में इस तेज़ी से लपकता है कि सबसे पहले वही पहुँचता है। शत्रुघ्न सिन्हा जैसे बिहार का है। मेरा यार विलेन भी है और हीरो भी है। जहाँ जगह हो, वहीं अड़ जाता है और कामयाब है। बिहारी असफल होता ही नहीं। वह तो बांग्ला देश वालों ने बिहार के मुसलमानों के षड्यन्त्रों से घबराकर विद्रोह कर दिया अन्यथा इतिहास में ऐसा एक उदाहरण नहीं कि बिहारियों ने मिल कर कोई सिलसिला जमाया हो और वे सफल न हुए हों। यों दूर से ये लोग पदों के लिए लड़ते अख़बारों में नज़र आते हैं, मगर सामान्य बिहारी दूसरे के प्रति बड़ा स्नेह-आदर रखता है। शत्रुघ्न सिन्हा की पहली फ़िल्म बनी तो दिनकर जी देखने गए और उन्होंने शत्रुघ्न की प्रतिभा पर बड़ी प्रशंसा की। ठीक भी थी। यों दिनकर जी को कहाँ फ़ुरसत कि फ़िल्में देखें और एक्टरों की चर्चा करें।

इसलिए मैं जब नए-नए मुख्यमन्त्री बनते देखता हूँ तो सोचता हूँ कि यदि राजनीति में होता तो क्या मुख्यमन्त्री बनने का चांस मिल जाता? फिर लगता है कि इसके लिए मुझे बिहार में जन्म लेना होता। मध्यप्रदेश वाले की हालत यह है कि मुख्यमन्त्री बनने के इरादे से राजनीति में कूदता है और ज़िला कांग्रेस के अध्यक्ष और उपमन्त्री पर सन्तुष्ट हो जाता है। वाइस चांसलर की योग्यता रखता है मगर हायर सेकंडरी की हेड मास्टरी पाकर तृप्त हो जाता है। इसलिए स्पष्ट है कि मौक़ा नहीं मिलता। बिहार में जन्म लेना होता। हम भी अगर नेता होते, नाम हमारा होता रामअबलू बबलू प्रसाद सिंह, रहने को मिलता बँगला...हैप्पी बर्थ डे टू यू। मगर क्या मुख्यमन्त्री एक के बाद दूसरी हैप्पी बर्थ डे मना सकता है आज के ज़माने में?

चमचे खेले होरी बँगलों में

होली मूर्खों का पर्व है। शायद इसीलिए सबको अपना-सा लगता है। परायेपन का ज़रा भी एहसास नहीं होता। हर इनसान एक-दूसरे का आईना बन जाता है। जिसकी शक्ल में झाँकिए, आप ख़ुद नज़र आते हैं। हिन्दीभाषी क्षेत्र में एक सामान्य-सी प्यार भरी गाली है, जिसका कोई उल्था उन्हीं अर्थों में संसार की किसी भी भाषा में सम्भव नहीं। हम सब तब वही लगते हैं। वह हैं ही। उस दिन कुछ ज़्यादा ही हो जाते हैं। यह एकमात्र दिन है, जब आप उल्लू के पट्ठे को उल्लू का पट्ठा कह सकते हैं। जो है, उसे वही कहने के सुख से हम सालभर वंचित रहते हैं, पर उस दिन क्लर्क का सत्य बॉस के सामने गुलाल लिए तन जाता है। हर औरत प्रेमिका लगने लगती है और प्रेमिका महज एक औरत। क्या नहीं होता इन दिनों गलियों में! जो नहीं होता, वह भी हो सकता है। बड़ी सम्भावनाओं वाला पर्व है होली। चरित्रहीनता को मुबारकबाद देने को दिल करता है। नैतिकता के क्षेत्र में आम आदमी वही भूमिका अदा करने लगता है, जो अज्ञेय ने नई कविता में की। आप मेरी बात समझना चाहेंगे विस्तार से। ख़ैर, छोड़िए। होली है। कहेंगे, जो दिल में आएगा।

सुबह हुई। रात को जलाई होली के अंगारे अभी पूरी तरह नहीं बुझे। मोहल्लों में टेक्नीकलर सम्भावनाएँ उत्पन्न होती नज़र आने लगती हैं। कुछ-न-कुछ घटने लगता है। भाभियाँ रँगे हुए हाथ देवरों के गाल पर फेरने लगी हैं। सब जगह कुछ-न-कुछ होने लगा है, जो हमें नहीं पता। घरों में झाँकने और दीवारें कूद जाने के मूड के बावजूद पूरे साल शराफ़त बटोरने में व्यस्त रहा शख़्स एकाएक इतना साहसी नहीं हो पाता कि होली की सुबह बीवी को ही आँख मार दे। होली जब हो लेती है, तभी होली होती है। जब तक नहीं हो ली तब तक काहे की होली। हो से ली तक की रंगारंग तलाश का नाम होली है। सब कुछ अपनी-अपनी श्रद्धा और दमबूते का तमाशा है।

यथार्थवादियों में एकाध शख़्स आदर्शोन्मुख यथार्थवादी होता है। बड़ी कुत्ती चीज़ होता है वह। होली के पर्व की विगत वर्षों में ऐसी-तैसी करने में इस क़िस्म के लोगों का बड़ा योग रहा है। व्यंग्य से हास्य और वहाँ से बड़े साहब के सामीप्य से उपजी

गम्भीरता की ओर बढ़ते इन मेरे बेटों को देर नहीं लगती। जूतों का मखमलीकरण करने के प्रयास में जूते की ठोस आत्मा का सत्यानाश कर देते हैं। बड़ा आग्रह है कि होली शराफ़त से खेलिए। क्या करें भाई, अपना रंग ख़ुद पर छिड़क लें? नतीजा इस थोथे आदर्शवाद का यह है कि पिछले तीस सालों में होली चमचों की सक्रियता का पर्व हो गया। रंग के साथ मक्खन भी घोलने की साज़िश होने लगी। कांग्रेसी कुरतों पर हर दाग़ ज़रा ज़्यादा ही उभरता है। इसलिए चमचों ने तमीज़ से होली खेलने का ढंग निकाला। सुबह होती है कि लोक कर्म विभाग का ठेकेदार जीप में दो किलो गुलाल ले लोक कर्म विभाग के मन्त्री के बँगले की तरफ़ लपकता है और कोर्स बुक का प्रकाशक शिक्षा मन्त्री के बँगले पर। इस तरह यह होली, जिसका मूल मकसद जाति, धर्म और वर्गों में बँटे समाज को एक याराना इंसानी रिश्ते में जोड़ने का रहा है, अन्ततः फिर वर्गों की होली, स्वार्थों की होली, दलाली के सम्बन्धों की होली में बदलने लगता है। इस वक़्त नज़ारा यह है कि 'चमचे खेलें होरी बँगलों में।'

हिरण्यकशिपु की बहन होलिका प्रह्लाद को जलाने की कोशिश में ख़ुद जल गई थी। प्रह्लाद सच बोलता था। उसे मरने का कुछ खौफ ही नहीं था, क्योंकि सच बोलता था। हिरण्यकशिपु, उसका बाप, कुछ बाप होने की वजह से और कुछ व्यवस्था के नाम पर प्रह्लाद को कहता—बेटा, शटप हो जा, जो भी तू बोलता-बकता है, यह तेरे कैरियर के लिए अच्छा नहीं है। तुझे आज नहीं कल सत्ता सँभालनी है और ऐसी आदतों से सरकार नहीं चला पाएगा। प्रह्लाद, जो प्रतिरोध के नाजों अन्दाज़ अपनाए पब्लिक में लोकप्रिय हो गया था, अपनी बात पर बाप के सामने अड़ा रहा। अड़ा रहा, अड़ा रहा, आख़िर तक अड़ा रहा। हिरण्यकशिपु के परिवार में तब यह निर्णय बहुत भारी लिया गया होगा कि विरोधी जनता के आत्मबल को तोड़ने के लिए प्रह्लाद को मार डाला जाए। बात पीढ़ियों के संघर्ष से कहीं अधिक गहरे जा चुकी थी। राजतन्त्र की और अपनी डिक्टेटरशिप की रक्षा के लिए हिरण्यकशिपु आम जनता के बीच यह बहुत बड़ा दाँव खेल रहा था। अपना बेटा खोकर वह लम्बे वक़्त के लिए सत्ता को सुरक्षित रखना चाहता था। प्रह्लाद की तकलीफ सुकरात और ईसा से अधिक होगी कि उसे पराये नहीं, ख़ुद उसके परिवार के लोग, उसका बाप और बुआ सजा दे रहे हैं। अभिव्यक्ति की स्वतन्त्रता की क़ीमत पता नहीं कितनों ने कब-कब चुकाई है। तय हुआ कि प्रह्लाद को ज़िन्दा जलाया जाएगा और यह काम हिरण्यकशिपु की बहन होलिका अपने हाथों से सम्पन्न करेगी। क्या राक्षसी माहौल होगा और ऐसा बनते देर नहीं लगती।

राजतन्त्र की नाक ऊँची बनाए रखने के इस खूँखार स्टंट के मौके पर लोग क्या कर रहे थे? क्या वे उस प्रह्लाद को जलने दे सकते थे, जो राजा का बेटा होने पर भी साहस और सच्चाई से राजा के मुँह पर लोगों के दिल की बात कहता था? वे

पानी लेकर आए। घड़े, बालटी, गिलास, मटका जो भी था, वे भर-भरकर दौड़े होंगे। उस आग में उन्होंने होलिका को जलने दिया और पानी फेंक-फेंककर प्रह्लाद को बचाया। राजधानी-शहर के चौक में खुलेआम यह आग-पानी, झूठ-सच, सत्ता और जनता की लड़ाई कितने वक़्त तक किस रूप में चली होगी, इसकी कल्पना की जा सकती है, की जानी चाहिए। प्रह्लाद को, सच्चाई को जलने नहीं दिया गया, लोगों ने थोड़े-थोड़े पानी की ताक़त से उसे बचा लिया। होलिका जल गई। सत्ता की एजेंट, जो उस वक़्त ख़िदमत अंजाम दे रही थी, समाप्त कर दी गई। लड़ाई शुरू हो गई थी। तब नरसिंह प्रकट हुआ। एक शख़्स शेर की शक्ल में अपने असली रूप को छुपाए निःशस्त्र हिरण्यकशिपु की ओर बढ़ा और उसने महल की देहरी पर, जहाँ आम आदमी की सीमा समाप्त होती है और राजा की सीमा आरम्भ होती है, अपने वक़्त के उस डिक्टेटर को उसका पेट चीरकर मार डाला। इतिहास में यह सामान्य जन की विजय का दिन था, हिरण्यकशिपु के ख़िलाफ़ अंडरग्राउंड गुरिल्ला मूवमेन्ट की सफलता का दिन था—जब साधारण आदमी होलिका को जलाने और प्रह्लाद को बचाने में लगा था और नरसिंह हिरण्यकशिपु राजा को ख़त्म कर देने में। नरसिंह को अवतार कहा गया है, सो ठीक ही है। अवतार के माने यही है कि जब साधारण लोगों पर गहरी मुसीबत हो तब आए, जन्म ले या खम्भे से फूटे। आकर मुसीबत दूर करे, जिससे श्रेष्ठ मानव-मूल्यों पर हमारी आस्थाएँ कायम रहें। नरसिंह ने यही किया।

प्रह्लाद बच गया होलिका जल गई, हिरण्यकशिपु मर गया, तो फिर लोगों की ख़ुशी और उल्लास के मूड का क्या कहिए। वे पानी के बरतन भर-भरकर लाए थे, उसी आनन्द में एक-दूसरे पर फेंकने, उलीचने लगे, क्योंकि अब आग बुझाने की कोई ज़रूरत रह नहीं गई थी। पानी फेंका गया, फिर उसमें रंग मिला कर फेंका जाने लगा और उसी मूड और मस्ती में राज्य के वे साधारण आम लोग उन भद्रजनों का, भद्रजनों की सभ्यता का, जिसने अत्याचारी डिक्टेटर हिरण्यकशिपु से समझौता कर अपने लिए सुविधा और सुरक्षा बटोरी थी, मज़ाक बनाने लगे, मखौल उड़ाने लगे। गन्दे-गन्दे इशारे कर गालियाँ दे उस पूरे जाल पर प्रहार करने लगे, जो उनकी क़िस्मतें तय करता है। पानी, रंग, गाली, आमोद नृत्य और खरी-खरी सुनाने या आड़ी-तिरछी बात कर छेड़ने का नाम उस दिन से होली पड़ गया। वह दिन जब हर आम आदमी अपनी वाली पर उतर आया। वह दिन जब पहले व्यंग्य का बीच बाज़ार में सामूहिक हिस्सेदारी से जन्म हुआ, जिसे देख व्यवस्था की ढँकी-छुपी करने में व्यस्त समीक्षक ने नाक-भौं सिकोड़ कहा कि व्यंग्य शुद्ध नहीं है—इसमें हास्य का पुट है, स्तर नीचा है और ऐसी टुच्ची हरकत को कला का दर्जा कैसे दिया जा सकता है? मत दे, तेरी ऐसी-तैसी में जा, हम तो लिखेंगे, क्योंकि हिरण्यकशिपु से प्रह्लाद की लड़ाई में ऐसे ही सड़क-छाप लोग थे, जो उस दिन एक बड़ी आग को बुझाने लोटा-भर पानी लिए

मूर्खों की तरह दौड़े थे। होली मूर्खों का त्यौहार है, पर ऐसी ही कुछ बात है जो अपना-सा लगता है। हर क़िस्म के ढोंगी को उस दिन एक्सपोज़ करने को जी चाहता है। आप कारण पूछेंगे, तो उसका एक ही सार्वजनिक जवाब है–होली है।

पर अब बात दूसरी है। हिरण्यकशिपों की पोशाकें बदल गई हैं। वे बँगलों में रहते हैं, उनकी देहरी पर गार्ड खड़ा रहता है नरसिंह अवतार से रक्षा करने और वे प्रह्लाद के सामने संविधान की शपथ लेते हैं। होलिका सोशल वर्क करती है उन गन्दी बस्तियों में और वक़्त आने पर वहीं से हिरण्यकशिपु को वोट दिलवाती है। होली चालू है पर्व की तरह, पर वह कुत्ती चीज़, जिसे कहते हैं आदर्शोन्मुख यथार्थवादी, हमसे आग्रह किया करता है कि हम होली शालीनता से खेलें, हिरण्यकशिपु के बँगले पर जा गुलाल लगा पैर छुएँ और कीचड़ नहीं उछालें, क्योंकि साहब की छवि खराब होने का ख़तरा है। हालत वही है, जो गीत मैंने पहले गाया था–चमचे खेलें होरी बँगलों में।

इन भद्रजनों, आदर्शवादियों, एजेंटों, दलालों, चमचों, मैडम होलिकाओं, सत्तापरस्तों, समीक्षकों और हिरण्यकशिपु के नक़ली दिखावों से होली को बचाए रखना और उसकी आत्मा को क़ायम रखना एक ठोस, असभ्य, जनवादी प्रयास है, एक सांस्कृतिक ज़रूरत है ग़रीबों के इस देश की ताकि जब भी हिरण्यकशिपु हमारे प्रह्लादों को जलाने का नंगा खेल खेलने की घोषणा करे, हम मूर्ख अपने सीमित साधनों में पानी भर मूर्खों की तरह गालियाँ बकते, बड़बड़ाते महल की तरफ़ जाने वाले राजपथ पर हिम्मत से दौड़ सकें, भद्रजनों की सभ्यता और आदेशों को नकारते हुए। व्यंग्य की बस इत्ती-सी सार्थकता है।

रक्षापेटी कुर्सी के नीचे नहीं है

अपने बँगले से मुख्यमन्त्री कार में निकला। वही वक़्त, वैसी ही सुबह। वही दिशा। हर तीसरे-चौथे दिन वह इसी तरह निकलता है और उसी तरफ़ दौड़ जाता है। सड़क पर झाड़ू लगाने वालों ने उसे देखा और वे फिर झाड़ू लगाने लगे। सब जानते हैं कि वह दिल्ली जा रहा होगा। अक्सर ही जब वे झाड़ू लगाते हैं, वे मुख्यमन्त्री को दिल्ली जाता देखते हैं। एयरपोर्ट के रास्ते पर बनी झोंपड़पट्टी के लोगों ने उसे देखा।

"जा रहा है दिल्ली।" किसी ने कहा।

"अभी तो गया था?"

"हाँ। फिर जा रहा है।" जिज्ञासा का उत्तर मिला।

सड़क के किनारे पाखाना करते बच्चों ने उसे देखा। एयरपोर्ट के पहले आने वाले चौराहे पर खड़े ट्रैफ़िक पुलिस ने उसे सैल्यूट मारा। इस रास्ते का यही एकमात्र सैल्यूट है, जो उसे सप्ताह में दो बार दिल्ली जाते हुए मिल जाता है। राज्य का मुख्यमन्त्री है वह। हर मजबूर सलामी पर उसका अधिकार है। प्रान्त में जो अधिकार है, वह दिल्ली में कर्तव्य। वहाँ जाकर उसे सलामी देनी है। वह मुख्यमन्त्री है, इसलिए दिल्ली जा रहा है। वह दिल्ली जा रहा है, इसलिए मुख्यमन्त्री है। दिल्ली और उसके बीच एक अधर में लटका रिश्ता है, जो उसे सप्ताह में दो बार इस रास्ते पर दौड़ने और हवाई जहाज़ में बैठने पर मजबूर किए है।

हवाई जहाज़ एक मुख्यमन्त्री सहित हवा में है। उस मुख्यमन्त्री के अतीत की तरह, उसके भविष्य की तरह हवा में है। मुख्यमन्त्री उसी कुर्सी पर बैठा है, जिस पर वह अक्सर बैठता है। वह जब आता है, एयरलाइंस वाले उसे वही सीट दे देते हैं। दिल्ली जाने और आने वाले हवाई जहाज़ का वह नियमित यात्री है। उसकी सीट सदा ओ. के. है। इसके पहले का मुख्यमन्त्री भी प्रायः इसी सीट पर बैठ दिल्ली जाता था। इसके बाद का मुख्यमन्त्री भी जाएगा। दिल्ली जाने वाले हवाई जहाज़ की यह सीट स्थायी है, मुख्यमन्त्री बदलते-फदलते रहते हैं।

मुख्यमन्त्री ने सीट पर बैठने के बाद नियमानुसार अपने को पट्टी से बाँध लिया है। यह सुविधा केवल हवाई जहाज़ में है कि आप अपनी कुर्सी से बँधे रह सकते

हैं। यदि यह सुविधा राजनीति में होती, तो वह निरन्तर कुर्सी से बँधा रहता। वह सोचने लगा कि मुख्यमन्त्री की कुर्सी हवाई जहाज़ में क्यों नहीं है। क्यों कोई ऐसी व्यवस्था नहीं है, जो उसे पद से बाँधे रखे? वह अपनी ज़मीन टटोलने दिल्ली जाता है। वह अपना आत्मविश्वास बटोरने दिल्ली जाता है। फेफड़ों में प्राणवायु भरने दिल्ली जाता है। वह दिल्ली इसीलिए जाता है कि वहाँ से लौट सके। लोककथा के राक्षस की तरह उसके प्राण एक तोते में है और पिंजड़ा दिल्ली में टँगा है। दिल्ली के आईने में झाँके बिना वह कह नहीं सकता कि वह मुख्यमन्त्री है या नहीं! वह अपनी मुस्कुराहट की तलाश में दिल्ली जाता है। दिल्ली में उसके पापों के निवारण की गंगा बहती है, जिसमें डुबकी लगा वह नए पाप करने की शक्ति बटोरता है। उसके राजनीतिक अधर को दिल्ली हथेली देती है। वह दिल्ली की गोद में बैठा चूहा है। वह दिल्ली की डोर से बँधा गुब्बारा है। वह गुब्बारे से लटका किसी एक राज्य का मुख्यमन्त्री है। गुब्बारे में जो हवा है, वह दिल्ली है। गुब्बारे को जो सूई पंचर करती है, वह भी दिल्ली है।

हवाई जहाज़ में बैठे लोगों ने उसे देखा है और परस्पर खुसपुसाहट कर चुप रह गए हैं। टायलेट की तरफ़ जाते और आते कुछ लोगों ने उसे नमस्कार भी किया। मुख्यमन्त्री गम्भीर है। गम्भीरता का कारण यह कि वह दिल्ली जा रहा है। जब वह दिल्ली से आया था, तब भी गम्भीर था। तब गभीरता का कारण उसका दिल्ली से लौटना था। मुख्यमन्त्री पीठ टिकाए कुछ सोच रहा है। वह सोच रहा है कि दिल्ली में उसे काम क्या है। वह हस्बमामूल आदत का मारा दिल्ली जा रहा है, पर वह नहीं जानता कि वह क्यों दिल्ली जा रहा है। वह सोकर उठा और दिल्ली की ओर चल दिया। या शायद अभी भी नींद में हो और एक सपने में चलता दिल्ली के हवाई जहाज़ में आ बैठा हो।

एकाएक उसकी नज़र सामने लिखी पंक्ति पर गई –'रक्षापेटी कुर्सी के नीचे है।' उसने बार-बार उस पंक्ति को पढ़ा और सोचने लगा कि क्या सचमुच रक्षापेटी उसकी कुर्सी के नीचे है? वह झुका और टटोलने लगा, पर उसे कुछ समझ नहीं आया। मुख्यमन्त्री हवा में नहीं मरते। वे अपनी ज़मीन, अपनी राजधानी, अपने बँगले और अपनी विधानसभा में मरते हैं। वे मुख्यमन्त्री के नाते मरकर राजनेता के नाते तड़पता हुआ-सा जीवन गुज़ार देते हैं। उन्हें समझ नहीं आता कि वे अब क्यों मुख्यमन्त्री नहीं हैं। और जब थे, तब क्यों थे? वे सूरजमुखी के फूल की तरह दिल्लीमुखी रहे, फिर भी जाने क्यों देखते-देखते मुरझा गए!

मुख्यमन्त्री सोच रहा था कि क्या कोई रक्षापेटी उसकी मुख्यमन्त्री की कुर्सी के नीचे है? नहीं है। बिना रक्षापेटी के वह अपने-आपको असहाय अनुभव करने लगा। फिर उसने सोचा कि दिल्ली क्या उसकी रक्षापेटी नहीं है? सत्ता के हवाई जहाज़ में

दिल्ली उसका बोर्डिंग कार्ड है। दिल्ली उसकी रक्षापेटी है। वह सुरक्षित है। जब तक दिल्ली उसके साथ है, राज्य में उसका कोई कुछ नहीं बिगाड़ सकता। वह कुछ न करने के बावजूद मुख्यमन्त्री है। जब भी स्थितियाँ डाँवाडोल होंगी, दिल्ली उसका साथ देगी। वह इसीलिए तो दिल्ली जाता है। दिल्ली जाना उसकी निष्ठा का प्रतीक है। उसके समर्पण, उसकी पूजा की पहचान है। वह खिड़की से बाहर झाँकने लगा। हवाई जहाज़ धीरे-धीरे नीचे उतर रहा था।

कुछ लोगों ने मुख्यमन्त्री को आते देखा। वे दूसरी ओर देखने लगे। उसका दिल्ली आना कोई नई बात नहीं थी। वे उसे अक्सर आते देखते हैं।

बहुत विश्वस्त और अपना आदमी, जो दिल्ली में मुख्यमन्त्री के हितों पर नज़र रखता है, पास आया और धीरे से बोला, ''आपने सुना?''

''नहीं सुना। क्या बात है?'' मुख्यमन्त्री ने कहा।

''मैडम आपकी जगह किसी और को लाने का सोच रही हैं। आप फ़ौरन राजीव जी से मिल लीजिए।''

मुख्यमन्त्री के पैर ठंडे-से हुए। पेट में पानी-ही-पानी महसूस होने लगा। वे क़रीब की कुर्सी पर बैठ गए। उन्होंने गहराई से महसूस किया कि वे असहाय हैं। यह ग़लत लिखा था कि रक्षापेटी कुर्सी के नीचे है। नहीं है। मुख्यमन्त्री की कुर्सी के नीचे रक्षापेटी नहीं है।

दुम हिलाने की क्षमता

कितने दिन बीत गए, कितने बरस बीत गए, वे राजमहल के बाहर खड़े दुम हिला रहे हैं। दुम है कि निरन्तर हिल रही है। पता नहीं, यह दुम की परीक्षा हो रही है या उनकी! पर परीक्षा का यह प्रहर कितना लम्बा है! समझ नहीं आता कि यह क्रिया ऐच्छिक है या अनैच्छिक। वे सोच-समझकर दुम हिला रहे हैं या दुम है कि स्वतः हिल रही है! मैं बरसों से इन दुमों को लगातार हिलती देख रहा हूँ। मुझे सन्देह है कि दुमों ने शरीर से हटकर एक शख्सियत अख़्तियार कर ली है। हिलना, निरन्तर अनर्थक हिलना उनका स्वभाव है, चरित्र है। दुमें थकती क्यों नहीं और इस प्रकार हिलती रहकर वे कौन-सा लक्ष्य अर्जित कर लेंगी, समझ नहीं आता। सिवाय इसके कि वे दुमें बनी रहें और राजमहल के सामने हिलती रहें। खेद यह है कि इतिहास के लम्बे दौर में दुमें शरीर का प्रमुख अंग हो गई हैं। शरीर का पूरा तन्त्र इसीलिए काम कर रहा है कि दुम के लिए अनिवार्य ऊर्जा अर्जित कर सके। भोजन इसलिए कर रहे हैं कि दुम को हिलने की शक्ति मिले। आँखें इसलिए हैं कि राजमहल किस तरफ़ है, उस दिशा का ज्ञान हो। दिमाग़ एक ही बात सोच रहा है कि दुम को हिलाते रहना है। प्रश्न यह है कि कब तक और क्यों?

इतिहास साक्षी है कि दुमें हर दौर में हिली हैं। मैं यों नहीं कहता कि वे पहले कभी हिलीं नहीं। पर कुछ समय हिलने के बाद वे विरक्त हो गईं। शान्त हो गईं। राजमहल के नज़रिए से देखा जाए, तो वे विद्रोही हो गईं और अपने कर्त्तव्य को भूल गईं। वे फिर से हिलने के लिए परिवर्तन का इन्तज़ार करने लगीं। तब तक लगता है कि दुमों में बोध था। वे हिलने के बाबत निर्णय लेने की समझ रखती थीं। अगर वे हिलती दिखाई देती थीं, तो सारे अफ़सोस के बावजूद हम कह सकते हैं उनका हिलना रुकेगा। पर अब स्थिति बदल गई है। वे लगातार हिल रही हैं। मैं सोचता हूँ कि दुमें बोर क्यों नहीं होतीं। हिलते हुए। थकती क्यों नहीं। वे दिशा क्यों नहीं बदलतीं। क्या रोटी के टुकड़े की सम्भावना अन्यत्र कहीं नहीं है?

मैंने मित्रों से चर्चा की। मैंने कहा—यार, बोर हो गए। इन दुमों का ऐसे और यों लगातार हिलते रहना अब रुकना चाहिए। मुझे दुमों पर दया आने लगी है। मित्रों

के अलग-अलग विचार थे। एक तरह का सेमीनार हो गया, इसी विषय पर। एक बोला कि अगर दुम है, तो हिलेगी। यह सोचना ग़लत है कि दुमें केवल मक्खियाँ उड़ाने के लिए होती हैं। अगर यही मकसद होता, तो वे रीढ़ से क्यों जुड़ी रहतीं? रीढ़ नीति का निर्णय करती है और उसके अनुरूप दुम हिलती है। आप उन्हें हिलने से नहीं रोक सकते। दूसरे मित्र ने कहा कि तुम होते कौन हो दूसरों की दुमों के विषय में निर्णय लेने वाले? जिसकी दुम है वह तय करेगा कि उसे हिलाना है या नहीं। अगर कोई हिला रहा है, तो यह उसके सोचने की बात है। अगर किसी की दुम हिल रही है, तो तुम्हारे बाप का क्या है? वह स्वतन्त्र है। प्रजातन्त्र है। संविधान में दुम हिलाने या न हिलाने की स्वतन्त्रता है। तभी एक मित्र ने कहा—अरे, तुम्हारी नहीं हिल रही है, यही क्या कम उपलब्धि है? क्या पता, कल से यही हिलने लगे! पर तभी हमारे एक मित्र, जो अभी तक चुप खड़े थे, बोले कि यार, सच कहो, तो मेरा भी दिल करता है कि दुम हिलाऊँ। उसके फ़ायदे स्पष्ट हैं। कब हिलाना बन्द करें, यह निर्णय बाद में लेंगे। अभी आरम्भ तो करें। किसी ने कहा, हिलाने की इच्छा है तो हिलाओ। वह बोला कि मेरी परिस्थितियाँ ऐसी नहीं कि राजमहल के बाहर अधिक देर खड़ा कर सकूँ। और अगर वहाँ जाकर दुम न हिलाई जाए, तो दुम हिलाने का कोई अर्थ नहीं। हमारा यह सेमीनार चल ही रहा था कि राजमहल से सन्देश आया कि दुम हिलाने के लिए राजमहल के सामने खड़ा रहना ज़रूरी नहीं। आप जहाँ हैं, वहीं दुम हिला सकते हैं। हमारी सब पर नज़र है। नज़र तो वाकई थी। राजमहल को पता था कि सेमीनार में क्या बहस चल रही है।

बड़ी कठिनाई से कुछ मित्र तैयार हुए कि राजमहल तक चला जाए और निरन्तर दुम हिलाने वालों को समझाया जाए कि आपके ऐसा करने से न आपका भला है, न समाज, न देश का और न ही राजमहल का। दुम हिलाने के अतिरिक्त भी कुछ क्रियाओं की आपको स्वतन्त्रता है और आप उस दिशा में भी सोच सकते हैं। हमने बात की और कुछ दुम हिलाने वालों का हम पर ध्यान गया और वे दुम हिलाना रोक हमारी बात सोचने लगे। तभी राजमहल के अन्दर से आवाज़ आई, दुमें ढीली क्यों पड़ रही हैं? हिलाइए। हिलाते रहिए। न हिलाना अनुशासनहीनता मानी जाएगी। भूलिए मत कि आपका दुम हिलाना आपकी निष्ठा की एकमात्र पहचान है। राजमहल से आई आवाज़ को सुन दुमें फिर हिलने लगीं। हम देखते रहे कि वे अपेक्षाकृत तेज़ी से हिल रही हैं। एक दुम हिलाने वाले ने कहा—क्षमा करें भाई साहब, हम दुम हिलाने को अभिशप्त हैं। इसका कोई विकल्प नहीं है। मैंने पूछा—तुम दुम हिलाना बन्द कर दोगे, तो तुम्हारा क्या बिगड़ जाएगा? उसने कहा—दुम हिलाना रोक देने के बाद मेरी सुरक्षा क्या है? मैं कहीं का नहीं रहूँगा। मैं मारा जाऊँगा। मैं, मेरा परिवार, मेरे रिश्तेदार, मेरी जाति, मेरा शहर, मेरा प्रान्त—सब नष्ट

हो जाएँगे। दुम हिलाए बिना हम असुरक्षित महसूस करते हैं। हमें हिलाने दीजिए। कृपया हमें हिलाने दीजिए।

और वे फिर इस युग में अपनी ऐतिहासिक भूमिका निभाने लगे। मैंने देखा, सबकी अपनी शैली है, अन्दाज़ है। बहुतेरे ऐसे हैं, जो स्वतःस्फूर्त और लगन से मगन होकर यह काम कर रहे हैं।

वहीं हमें एक शख़्स दिखा, जो बहुत उदास और अकेला महसूस कर रहा था। हमने कारण पूछा, तो बोला कि मेरे पास दुम नहीं है। यदि होती, तो हिलाता। तभी राजमहल से एक डॉक्टर आया और बोला कि तुम पीठ को झुकाओ, अपनी रीढ़ की हड्डी को नरम करो, आँखें नीचे रखो। बड़ी जल्दी ही तुम्हें एहसास होगा कि तुममें एक दुम उभर रही है। उसे हिलाओ। तेज़ी से और उत्साह से हिलाओ। तुम देखोगे कि तुम एक उपयोगी दुम के मालिक हो।

हम जो एक क्रान्ति लाने और हृदय-परिवर्तन के इरादे से गए थे, लौट आए। तभी हमने पाया कि हममें से एक मित्र हमारे बीच नहीं है। वह वहीं रुक गया है और दुम हिला रहा है। मैंने उसे आवाज़ दी। उसने चिल्लाकर कहा—तुम्हारी मैत्री की अपेक्षा अपने भविष्य की सुरक्षा मेरे लिए ज़्यादा ज़रूरी है। मुझमें क्षमता है, मैं करूँगा।

यह सोचते हुए कि भविष्य क्या है, हम लौट आए।

वह जो एक रेखा है

एक रेखा है। यह रेखा वह रेखा नहीं है, जो हिन्दी फ़िल्मों में होती है। यह वह रेखा है, जो भाषणों में होती है, बयानों में होती है। भारतीय अर्थशास्त्रियों के लेखों में होती है।

अक्षांश और देशान्तर की तरह यह भी खिंची हुई नहीं नज़र आती है। पर आप इसे जानते हैं कि वह है। दो देशों के बीच बनी सीमा की तरह वह अवश्य है। वह ग़रीबी की रेखा है। आप उसका होना महसूस कर सकते हैं। उसका जिक्र सुनते रहते हैं। आप नहीं जानते कि वह ग़रीबी की रेखा कहाँ है, मगर आप जानना चाहते हैं कि उस रेखा के सन्दर्भ में आप कहाँ हैं? वह रेखा अधिकांश भारतवासियों की जेब के क़रीब से गुज़रती है। वह आपके पेट के क़रीब से, आपके कलेजे के क़रीब से गुज़रती है। हो सकता है, वह आपके पेट में से गुज़रती हो! आप ख़ाली पेट शहर की सड़क पर काम की तलाश में भटकते हुए उसे अपने पेट के बीच से गुज़रता महसूस कर सकते हैं। वह निराशा के क्षणों में आपके दिल से गुज़रती लगेगी। यह सब इस पर निर्भर करता है कि आपकी ऊँचाई क्या है; बल्कि कहिए, आपकी निचाई कितनी है? आर्थिक फीते से नापने पर आपका कद क्या है?

आप कहेंगे—न बहुत ऊँचा और न बहुत नीचा। मतलब मध्यम। हमारे देश में यह एक निश्चित-सी अनिश्चित स्थिति है—मध्यम। यह एक वर्ग है। लोग स्वयं को मध्यम वर्ग का कहलाना पसन्द करते हैं। जो अमीर हैं, वे नम्रतावश स्वयं को मध्यम वर्ग का कहते हैं। जो ग़रीब हैं, वे अहं के मारे स्वयं को मध्यम वर्ग का कह देते हैं। और जो सबसे ग़रीब हैं, वे जानते ही नहीं कि मध्यम वर्ग क्या होता है। उनके लिए सब बड़े हैं। पहाड़ की आदर्श ऊँचाई क्या मानी जाए, इस विषय में बयानों की भिन्नता कितनी रहेगी, यह इस पर है कि आप ऊँट हैं या चींटी। मध्यम वर्ग अच्छा-ख़ासा वर्ग है। काफ़ी ग़रीब लोग अपनी ग़रीबी ढँके इसी शीर्षक के अन्तर्गत छुप रहते हैं। जो काली रईसी जीते हैं, वे भी इस परिभाषा में स्वयं को व्यक्त करने में सुरक्षा समझते हैं। काफ़ी ख़ुशफ़हमियों और ग़लतफ़हमियों का पुंज है मध्यम वर्ग। एक छाता है, शरणाह है, दिल बहलाने को ग़ालिब एक ख़याल है। इस वर्ग का व्यक्ति

समझता है कि ग़रीबी की रेखा उसके घुटने के नीचे से गुज़रती है। अब यह दूसरी बात है कि उसका घुटना पेट से सटा रहता है। उसका सिर घुटनों में समाया रहता है। पर वह इस बात से इन्कार करता है कि ग़रीबी की रेखा उसके सिर के ऊपर से गुज़रती है। ऊपर तो उसे अमीरी लगती है। जिस दिन घुटनों के बीच से सिर उठा खड़ा होगा, वह अमीर होगा।

आँगन में बँधी एक डोर है ग़रीबी की रेखा। मध्यवर्गीय एक कुर्ते या किसी पाजामे की तरह उस डोर पर लटका हुआ है। उसका अधिकांश भाग नीचे है, फिर भी कहने को वह डोर के ऊपर है। बड़ी मज़ेदार स्थिति है।

बड़ी लोचदार, बड़ी लचकदार है यह रेखा। फ़िल्म वाली रेखा की अपेक्षा अधिक अनिश्चित। अधिकांश व्यक्ति इस देश में इसके नीचे रहते हैं। इसका अर्थ यह हुआ कि कहलाती चाहे यह ग़रीबी की रेखा हो, मगर है दरअसल वह अमीरी के शुरुआत करने की रेखा। क्योंकि इस रेखा के ऊपर ठाठ हैं, रईसी है, कार है, फ्रिज़ है, स्टीरियो है; बँगला है। और अधिक न हो, मगर एक शानदार नौकरी तो है ही। धन्धा, उद्योग, फ़ार्म तो है ही। एक पूरा क्लास है। अब उसे भी ग़रीबी की रेखा के नीचे कहा जाएगा तो रेखा न हुई, मकान की छत हो गई। फिर तो पूरा देश उसके नीचे आ गया।

ग़रीबी की रेखा किसी रस्सी की तरह है। अधिकांश भारतवासी अपनी टाँग उठा कर इस रेखा को ऊपर से लाँघना चाहते हैं। कुछ हैं, जो रस्सी-रूपी रेखा के ऊपर चलते सर्कस का कमाल दिखा रहे हैं। कुछ लंगूर की तरह इससे लटके हैं और ज़मीन पर पैर टिकाने को इन्कार कर रहे हैं।

सत्ताधारी, जैसा मौसम होता है, रेखा की ऊँचाई और निचाई का वैसा भाष्य करते हैं। जब वे भीख माँगने या उधार लेने विदेश जाते हैं, वे बताते हैं कि रेखा ऊपर है और भारत के लोग उसके काफ़ी नीचे हैं। जब वे चुनाव लड़ने आते हैं, वे कहते हैं कि रेखा काफ़ी नीचे है और हम उसके ऊपर आ गए हैं। अभी-अभी आए हैं। इन पाँच सालों में ही आए हैं। और सत्ताधारी प्रायः इन दो बातों में से किसी एक बात में उलझे रहते हैं। या तो वे उधार माँगते रहते हैं या चुनाव की तैयारियाँ करते रहते हैं। इसलिए कभी समझ नहीं आता कि ग़रीबी की रेखा हमारी शर्ट या पतलून की जेब से कितने ऊपर या कितने नीचे खिंची है। ग़रीबी की यह रेखा अजीबोग़रीब रेखा है। ग़रीब कितने हैं, पता नहीं, अजीब ज़रूर है।

एक रेखागणित होता है, पर इस रेखा का क्या गणित है, कोई नहीं समझ पाता। बरसों से इसके साथ बीरबल का लतीफ़ा चला आ रहा, जिसके अनुसार आप जब चाहें, इसके नीचे छोटी रेखा खींचकर इसे बड़ी कर सकते हैं। जब चाहें, इसके ऊपर बड़ी रेखा खींच इसे छोटी साबित कर सकते हैं। यदि यह रेखा हमने खींची है तो हम नहीं जानते, हमने कहाँ खींची। सब शब्दों के ऊपर खींची या सब शब्दों के नीचे

खींची। शब्दों को रेखांकित किया। स्पष्ट है, वर्षों से इसी रेखा ने हमारे भाग्य का रेखांकन किया और भविष्य में भी करती रहेगी। यही हमारी भाग्यरेखा है। यही हमारी जीवनरेखा है।

ज्यामिति में रेखा को यों परिभाषित किया गया है कि वह दो बिन्दुओं के बीच की निकटतम दूरी है। यदि हम जन्म और मृत्यु को दो बिन्दु मान लें, तो जो जीवनरेखा है, वही भाग्यरेखा है। और वह ग़रीबी की रेखा है। यह एक अन्दाज़ की रेखा है और हम लहराते-डगमगाते चलते रहते हैं। हमारा जीवन ग़रीबी की रेखा में पिरोया-सा लगता है। यदि इस रेखा को एक डोरा मान लें, तो हमारा हर फटा उसी से सिला है। यही रेखा इस देश की आर्थिक आत्मा है। जो धनाढ्य हैं, उनके समस्त पाप और कुकर्म इसके ऊपर हैं। जो ग़रीब हैं, पीड़ित हैं, उनकी सारी निराशा इसके नीचे है। यह रेखा पाप और पुण्य के बीच खिंच जाती है। यह तिजोरियों, चेकबुकों, बटुओं और ख़ाली जेबों के बीच से ही नहीं गुज़रती। इस देश में जो कुछ अच्छा है, बुरा है, उसके बीच से भी गुज़रती है। शायद इसीलिए समृद्ध व्यक्ति इसका ज़िक्र करने से डरता है। कहीं यह रेखा किसी दिन रस्सी होकर उसके लिए फाँसी का फन्दा न बन जाए। वह सत्ताधारी की ओर आशाभरी निगाह से देखता है। वही है, जो इस रस्सी से, इस रेखा से खेलना जानता है। वह है असल जादूगर, जो इस रेखा के दर्शकों को अपने इन्द्रजाल से भ्रम में डालता है। वही है, जो इसी आड़ी रेखा को खड़ी रेखा के रूप में दिखा सकता है। वही है, जो ज़रूरत न होने पर इस रेखा को लपेट एक तरफ़ फेंक सकता है।

चूँकि इस देश की हर राजनीतिक पार्टी ख़ुद को गरीबों की पार्टी कहती है, इसलिए सारे राजनीतिक झंडे इस रेखा के नीचे लहराते हैं। चूँकि अधिकांश वोटरों के हाथ ग़रीबी की रेखा तक पहुँच नहीं पाते, इसलिए सारे नारे इस रेखा के नीचे गूँजते हैं, मगर पार्टी का झंडाबरदार, नारा लगाने वाला रेखा के ऊपर रहता है। यह भी कोई कम सरकस या जादू नहीं है।

ग़रीबी की रेखा कमाल की चीज़ है। यदि आप ज्योतिषी हैं, तो इस रेखा के सहारे प्रजातन्त्र की क़िस्मत निरन्तर पढ़ सकते हैं। बदल तो नहीं सकते। और आप जैसे ज्योतिषियों के किए वह बदलेगी भी नहीं।

परिवर्तन-भीरु

लम्बी यात्रा करने वाले व्यक्ति को सुखद यात्रा के सपने आते हैं कि उसका आरक्षण हो गया है, वह इत्मीनान से लेटा हुआ है। रेल नाव की तरह बहती जा रही है। सामने की सीट पर अपरिचित सुन्दर कन्या है, जिससे रह-रहकर लाइन जाग्रत हो जाती है। सामान चोरी होने का कोई भय नहीं। उसी तरह उन लोगों को, जो विरोधी दल में होते हैं या सत्तारूढ़ दल के सदस्य होकर भी जिन्हें मन्त्री-पद नहीं मिल पाता, देश में सुखद आर्थिक और सामाजिक परिवर्तनों के सपने आते हैं। ये सपने देखते हैं कि वे सत्ताधारी हैं और उनके कहने से महँगाई कम हो गई है। उत्पादन बढ़ रहा है। लोगों को रोज़गार मिल गया है। बिड़ला-टाटा आज्ञाकारी कारिन्दों की तरह चरणों में बैठे आज्ञाएँ मान रहे हैं। अफ़सर दौड़-दौड़कर फटाफट काम कर रहे हैं। वे भाषण देकर समझा रहे हैं और लोग समर्थन में गर्दन हिला रहे हैं। सपना पूरा होने तक देश ख़ुशहाल हो चुका होता है और समृद्धि इस हद तक बढ़ जाती है कि सपना तोड़ देने के अलावा कोई रास्ता नहीं बचता। ठीक जैसे सुखद यात्रा के सपने भरने वाला अपनी अन्तिम ऊँचाई पर रेल के पूरे डिब्बे को ख़ाली महसूस करने लगता है, जहाँ केवल वह और सुन्दर कन्या रह गए हैं। रेल धड़धड़ाती जा रही है, वे रोमांस में खोए हुए हैं—इस हद तक कि सपना तोड़ देने के अलावा कोई रास्ता शेष नहीं रह जाता।

पर जब रेलयात्री डिब्बे के यथार्थ से साक्षात्कार करता है, तब उसकी हालत वही होती है, जो विरोधियों की हालत मन्त्रिमंडल का सदस्य हो जाने पर होती है। सपने जो सरपट बहते थे, अब लड़खड़ाने लगते हैं। वक़्त बीतता जाता है। सत्र-पर-सत्र लाँघते, बैठकें करते, खड़े होते, वादों के साथ तारीख़ें देते-बदलते, सम्मेलन बुलाते, जाते-आते, गम्भीर होते, सोचते, समझते, टालते, फिर ध्यान देते समय गुज़रता जाता है। रेल वक़्त की तरह दौड़ती जाती है और यात्री डब्बे में स्वयं को एडजस्ट नहीं कर पाता। सुखद यात्रा के सपने पूरे होने का इन्तज़ार करता अन्ततः उस स्टेशन पर फेंक दिया जाता है, जो उसकी टिकट पर लिखा था। छह माह, एक साल, दो साल, पाँच साल। बस। आ गया भैया, अपना टेसन, उतर जाओ। ट्रंक-बिस्तर लेकर। उर्फ़ फूटो सरकारी बँगले से, नीचे उतरो फोकट की कार से।

पर एक क़िस्म होती है यात्राभीरुओं की। उन्हें आप आरक्षण करके दे दो, फिर भी पूछते रहेंगे, डरते रहेंगे, क्यों साहब, सीट मिल जाएगी न? गाड़ी बीस मिनट खड़ी रहेगी, पर वे दौड़कर चढ़ेंगे और धक्का-मुक्का करेंगे, अपनी बर्थ पर बैठे-बैठे सहयात्री से लड़ बैठेंगे और खिड़की से झाँक-झाँक टोह लगाते रहेंगे कि उनका स्टेशन निकल तो नहीं गया! उसी तरह राजनीति में होते हैं परिवर्तन-भीरु। जनता इन्हें भारी वोट देकर सत्ता में लाएगी, इनके ऊलजलूल व्यक्तित्व और अगड़म-बगड़म भाषण के बावजूद इन पर भरोसा करेगी, इनके मन्त्री बनने पर अकारण ही प्रसन्न होगी, पर उस सबके बाद भी ये कुर्सी पर बैठे-बैठे काँपेंगे—कभी दाएँ देखेंगे, कभी बाएँ, कभी खड़े हो जाएँगे, कभी बैठेंगे, पर कुछ करेंगे नहीं। शून्य में ताकते रहेंगे। सोचते रहेंगे, लोहिया और दीनदयाल उपाध्याय ने क्या कहा था—गांधी जी मेरी जगह कुर्सी पर बैठे होते, तो इस फ़ाइल पर क्या लिखते। ये वे लोग हैं, जिनकी परिवर्तन के नाम पर नानी मरती है। धोबी लांड्री से कपड़े लाए, तो पहनकर क्रान्ति करें। 'हाय कमबख़्त, आज भी नहीं लाया' क़िस्म का अफ़सोस करते ये बैठे रहेंगे। भाषण, सम्मेलन, प्रेस कॉन्फ्रेंस में ऐसा लगाएँगे कि बस यहाँ से जाकर सीधे परिवर्तन कर देना है, पर बजाय परिवर्तन के वे अगली प्रेस कॉन्फ्रेंस की तारीख़ की बाट जोहेंगे और इस बार छपी ख़बर के अपने प्रभाव को आँकेंगे। फ़ाइल सामने रहेगी, हाथ काँपते रहेंगे। दस्तख़त करूँ कि नहीं करूँ? आज करूँ या कल करूँ? सुबह करूँ या शाम करूँ? अच्छा, थोड़ा और सोच लें। सभी पहलुओं पर सोच लें। इनसे भी पूछ लें, उनसे भी पूछ लें, इस सत्र में रहने दें, अगले सत्र में करें। क्यों, आपका क्या ख़याल है? जो देश के लिए अर्जेंट है, उसे अपनी कायरता से पेंडिंग कर देंगे इस तरह। अरे भैया, तुम्हारी पार्टी की साख गिर रही है। गिरने दो, हम तो नहीं गिर रहे। हम तो पद पर हैं न! बस! और वक़्त रेल की तरह बढ़ता रहता है।

इस देश के सत्ताधारी नसीब वाले रहे हैं कि लोग उन्हें एक मानस से पूर्ण सत्ता सौंपते हैं। नेहरू के चरणों में सौंपी थी, तो वे समाजवाद, समाजवादी ढाँचे की समाज-रचना, विरोधी आर्थिक ताक़तों के सन्तुलन के सूत्र ही तलाशते रहे। इन्दिरा गांधी को पूरी ताक़त दी थी तो ग़रीबी हटाने, संजय को बिठाने में ख़ुद ही हट गईं। अब जनता पार्टी को मिली है, तो वे एक माह बाद ही अफ़सरशाही के तलुए चाटने लगे। जैसी वे सलाह देंगे, वैसा करेंगे। वे कहेंगे—कुएँ में डूब जाओ, तो डूब जाएँगे।

परिवर्तन नहीं कर सकते। लोग एक-दूसरे से पूछते हैं—यार, इन्हें हो क्या गया है? ये कुछ कर क्यों नहीं रहे? दरअसल लोग परिवर्तन-भीरु का चरित्र नहीं समझते। उसकी यही विशेषता होती है। करूँ, नहीं करूँ, करूँ, नहीं करूँ, करूँ, नहीं करूँ...

अबे, कर साले, देखता क्या है!

बाढ़ की चिन्ता और चिन्ता की बाढ़

इस बार भी वही हुआ। नेता चिन्ता में डूबे। देश बाढ़ में डूबता है और नेता चिन्ता में डूबते हैं। वर्ष में एकाध माह यह कार्यक्रम बड़ी गम्भीरता से चलता है। फिर पानी उतर जाता है। धीरे-धीरे नेताओं के चेहरे पर बाढ़ देखकर आई शरम उतर जाती है। परेशान हाल लोग फिर बसने लगते हैं, जीवन बिताने लगते हैं और नेता फिर मुस्कुराने लग जाता है। उसके पास डूबने को और भी कई चीज़ें हैं, जैसे—सत्ता, राजनीति, ऐश। वह बाढ़ में नहीं डूबते। आज तक कोई बाढ़ ऐसी नहीं आई, जिसमें किसी नेता के डूब जाने का सौभाग्य देश को प्राप्त हुआ हो। यों डूबने को चाहें, तो ये चुल्लू भर पानी में डूब सकते हैं, मगर न चाहें, तो ऐसी बड़ी बाढ़ भी इनके लिए नाकाफ़ी है।

पर उन्होंने चिन्ता व्यक्त की। वे हेलीकॉप्टर में बैठ आकाश में उड़े और उन्होंने बाढ़ को देखा। शायद सभी नेताओं को यह भ्रम है कि उनके हेलीकॉप्टर से देखने से बाढ़ का पानी कम हो जाएगा। हर साल जब बाढ़ आती है, मैं देखता हूँ कि नेताओं को लेकर हेलीकॉप्टर उड़ रहे हैं। क्या करते हैं ये लोग? आँसू बहाते हैं नक़ली ताकि बाढ़ का पानी और बढ़े। इनके असली आँसू, तो समाज और देश की व्यथाएँ देखते अब तक कभी के सूख चुके।

इस बार ये नेता फिर वही बोले, जो हर साल बोलते हैं। वे बोले कि बाढ़ की समस्या का कोई स्थायी हल खोजना चाहिए। हमेशा जब पानी बढ़ता है, ये लोग यह बयान देते हैं और पानी उतरने के साथ यह बयान भी उनके दिमाग़ से उतर जाता है। बाढ़ की समस्या का कोई स्थायी हल इन लोगों ने कभी नहीं खोजा और जो प्रस्ताव सामने आए भी, उन पर विचार करने और अमल करने की इच्छा भी नहीं जुटा पाए। गन्दगी में डूबे लोगों की गंगा-जमुना के पानी में डूबे लोगों की क्या फ़िक्र! देश की नदियों को जोड़कर सिंचाई बढ़ाने और बाढ़ का लेबल गिराने की जो योजना विचारी गई थी, उसका रह-रहकर ज़िक्र हो जाता है। रोज़गार उत्पन्न करने और कृषि विकास की स्थायी नींव डालने वाले इस विराट प्रोग्राम को देख पहले कांग्रेस की नानी मरती थी, अब जनता सरकार की मरती है। जिस तरह और मंसूबे डूबे, वैसे ही यह मंसूबा भी डूबा रहेगा।

यह इसके बावजूद कि सरकार ने ज़ोर-शोर से घोषणा की है कि हम अगले पाँच सालों में बाढ़ नियन्त्रण पर सात सौ करोड़ रुपया ख़र्च करेंगे। यह ख़र्च पिछले तेईस सालों में इस काम पर हुए ख़र्च से ज़्यादा है। तेईस साल तक जो छह सौ करोड़ रुपयों से ऊपर ख़र्च हुआ, उसका ही सुपरिणाम है कि दिल्ली से बंगाल तक गंगा-जमुना के किनारे का हर शहर आज बाढ़ से डूबा हुआ है। अब ये सात सौ करोड़ पिएँगे और पानी का लेबल वही रहेगा। अगर रुपया ख़र्चने से कुछ होता तो यह देश इतने करोड़ ख़र्च करने पर तीस सालों में स्वर्ग हो गया होता। पर ऐसा नहीं होता। इस सात सौ करोड़ में तीन सौ करोड़ रुपया वेतन, दफ़्तर, भत्ता, टेंडरों के भ्रष्ट कमीशन में जाएगा, दो सौ ख़र्च नहीं हो पाएगा और सौ करोड़ ग़लत ख़र्च होगा। इस देश का भ्रष्ट अफ़सर वर्ग और नेता जनता के हर दुख-दर्द से अपनी कमाई करना जानते हैं। वे इस बार भी यही करेंगे।

और बाढ़ का मौक़ा तो नेता के लिए जनसेवकाई के प्रदर्शन का मौक़ा होता है। अब वे दल-बदल सहित कम्बल बाँटने निकलेंगे, थाली-कटोरा और साड़ी देते हुए न्यूज़ रील बनवाएँगे, जगह-जगह घूमकर आँसू बहा अपनी पार्टी के वोट पक्के करेंगे। यही अवसर है, अपनी जड़ें उस बाढ़ से गीली ज़मीन में मज़बूत करने का। यह बाढ़ सबका नुकसान करती है पर नेताओं का इसमें लाभ होता है। विरोधी नेता परस्पर लड़ेंगे। एक-दूसरे पर बाढ़ से उत्पन्न कीचड़ उछालेंगे। अब यह होगा। गंगा-जमुना का यह पानी बड़े फ़ायदे देगा नेताओं को।

और अब चन्दे माँगने वाले निकलेंगे। ऐश करने वाले देश के उच्च वर्गों को अपनी उदारता और करुणा के प्रदर्शन का अवसर मिलेगा। चन्दा होगा तो चन्दा खाने वाले भी होंगे। जब तक बाढ़ की तस्वीर अख़बारों में छप रही है, समाज सेवक टाइप का राजनीतिक दलाल वर्ग इस बहाने थोड़ी ऊपरी कमाई और जनसम्पर्क कर लेगा। बाढ़ के पानी में से चन्दे की रसीद बुक लिए हाथ बाहर आएँगे। पानी उतरेगा और कमेटियों के दफ़्तर हेरा-फेरी की राष्ट्रीय गतिविधियों में व्यस्त हो जाएँगे। दिखावे होंगे, ढोंग होंगे, और रुपया खाया जाएगा। सरकारी भ्रष्ट सात सौ करोड़ के बजट में से खाएँगे, गैर-सरकारी भ्रष्ट चन्दे में से। ठेकेदार लोग वातावरण को उत्तेजित करेंगे और निर्माण-कार्य सेंक्शन होगा, तो कमीशन बाँटेंगे, रेत मिलाएँगे। इस बाढ़ का दृश्य तो नज़र आ रहा है, वे दृश्य तो नज़र भी नहीं आएँगे।

तीस साल से जो भ्रष्टाचार की बाढ़ आई है, वह नहीं उतरेगी। यह बाढ़ अन्ततः उस बाढ़ की मददगार हो जाएगी।

धर्म से डॉलर बड़ा है

इस देश में आदमी अपनी क़िस्मत, या बदक़िस्मती के कारण पहचाना जाता है। वह क्या कर रहा है, उसके भाग्य में क्या करते रहना लिखा है? वह हरिजन से मुसलमान, या मुसलमान से पुनः हरिजन हो जाए, तो कोई अन्तर नहीं पड़ता, बशर्ते झाड़ू और टोकरा यथावत् उसके हाथ में रहे। वह स्वयं को 'दिल बहलाने को ग़ालिब ख़याल अच्छा है' के अन्तर्गत ख़ान मुसलमान समझ ले, पर कहने वाले उसे भंगी ही कहेंगे और चमार उसे अपने से छोटा ही समझेंगे। भारतवासी थोक में ईसाई हुए और होते चले गए, पर गोरी चमड़ी वाले विजेता अंग्रेज़ों ने कभी उन्हें अपनी बराबरी का नहीं माना। न भारतीय ईसाइयों और अंग्रेज ईसाइयों में रोटी-बेटी का, बराबरी का व्यवहार हुआ और न ही भारतीय ईसाई का मुरदा कभी अंग्रेज़ के पास गड़ने दिया गया। वे बेचारे पादरी के समस्त उपदेशों और आश्वासनों के बावजूद ख़ानसामागीरी करने, बैंड बजाकर म्यूज़िक पैदा करने या क्लर्क हो जाने से अधिक ऊँचा भविष्य नहीं बना सके। ब्राह्मण, क्षत्रिय और बनियों ने कभी ऐसे क्रिस्तानों को अपनी बराबरी का नहीं माना। उलटे उन्हें उनकी कन्याओं से सार्वजनिक रूप से नज़रें मिलाने, बतियाने, कमर में हाथ डालने और उन्हें गर्भिणी बना देने की सुविधा प्राप्त हो गई। पहले, जब वे हरिजन या नीच जात की कन्या थीं, तब यह सुविधा नहीं थी।

नव क्रिस्तानों ने समझा था कि बस नए ढंग के कपड़े पहनने, अंग्रेज़ी बोलने और चर्च जाने से उनके भाग्य बदल जाएँगे, पर वे बरसों कोशिश के बावजूद निम्न वर्ग से निम्न मध्यम वर्ग हो जाने के आगे प्रगति न कर सके। ठर्रा छोड़ 'विलायती' पीने से मनुष्य जितनी प्रगति कर सकता है, उतनी उन्होंने कर ली। आपसी सम्बन्धों का भी मज़ा यह है कि पंजाब में ईसाई बना शख़्स गोआनी या मरहट्टी ईसाई लड़की से शादी नहीं करेगा, महज इसलिए कि वे काली होती हैं।

हरिजन से मुसलमान हो जाने से भी कुछ नहीं होता, क्योंकि आप ऊँची जाति के मुसलमान तो हो नहीं सकते। मसलन सिद्दीकी लोगों को मुसलमानों में वही माननीय दर्जा प्राप्त है, जो हिन्दुओं में ब्राह्मणों को है। सैयद लोग उतने ही बड़े माने जाते हैं, जितने हिन्दुओं में वैश्य माने जाते हैं। कोई मुसलमान यदि हिन्दू धर्म अपना

ले, तो यह आग्रह नहीं कर सकता कि मैं कान्यकुब्ज या सरयूपारीय ब्राह्मण कहलाना चाहूँगा, या मुझे नागर, या औदिच्य जाति में मिला दीजिए। उसी तरह कोई हरिजन यह समझे कि मुसलमान हो जाने पर मैं सैयद हो जाऊँगा, तो ग़लत सोचता है। यह उसकी क़िस्मत में नहीं लिखा है और न होगा। हाँ, यदि कोई सैयद साहब किसी धोबिन की लड़की की अदाओं पर मर मिटें और उसे मुसलमान बनाकर घर में डाल लें, तो उसके बच्चे अपने को सैयद कह सकते हैं। मगर यदि इसका उलटा हो कि कोई धोबी का लड़का सैयद की लड़की पर कुरबान हो जाए, और इस्लाम धर्म अपनाकर उससे निकाह कर ले, तो उसके बच्चे सैयद नहीं कहला सकेंगे। रहेगा वह धोबी-का-धोबी।

आजकल हरिजनों में मुसलमान हो जाने का फ़ैशन शुरू हुआ है। ताज्जुब नहीं, यह चाव बढ़ता जाए और कुछ दिनों में ब्राह्मण भी मुसलमान होने लगें। कारण आर्थिक है। धर्म-परिवर्तन के कारण सदैव आर्थिक होते हैं। जाति की सुरक्षा के लिए भी धर्म-परिवर्तन कर लिया जाता है। कई बार सामाजिक सुरक्षा प्राप्त करने के लिए भी एकाध जाति धर्म-परिवर्तन कर लेती है। भूखों मरने से धर्म-परिवर्तन करना ग़लत नहीं लगता। मनुष्य के जीवन में धर्म का कितना ही महत्त्वपूर्ण स्थान हो, पर वह रोटी से ऊपर नहीं है। पिछले सालों में बेकारी, बेरोज़गारी जिस तरह बढ़ी है, ब्राह्मणों, राजपूतों और हरिजनों में छीना-झपटी बहुत बढ़ गई है। ब्राह्मण, राजपूत लगातार इस कोशिश में रहते हैं कि हरिजनों को उनकी सही औकात दिखा दी जाए कि बेटा लोगो, अधिकार पाने-वाने की बात बेकार है, रहोगे हमेशा तुम हमारी टाँग के नीचे। हरिजनों के झोंपड़े जला देने, हरिजन कन्या नज़र आते ही उसे सामूहिक रूप से दबोच लेने का इरादा बाँधने, या हरिजनों को ज़िन्दा जला देने के मूल में यही धौंस-पट्टी का मामला है कि बेटा, अपनी लिमिट में रहो। आय के साधनों पर कब्ज़ा जमाने की कोशिश मत करो।

बरसों से मुसलमान और हरिजन सत्तारूढ़ कांग्रेस को वोट देते रहे हैं और कांग्रेस की ठोस जीतों में उनका बड़ा हाथ रहा है। ऐसा सिर्फ़ कांग्रेस के प्रभाव के कारण नहीं होता। मुसलमान और हरिजन यह उम्मीद लगाते रहे हैं कि कांग्रेस सरकार कमाई के साधनों में उन्हें उचित हिस्सा देती रहेगी और कुछ हद तक ग़रीबी को सहन करते हुए वे सुरक्षित रह सकेंगे। ऊपर से कांग्रेस के सिद्धान्त जो भी रहे हों, उसके अन्दर बड़ी और उच्च जातियों का गहरा प्रभाव है। इसी कारण कांग्रेस सरकार में यह कभी सम्भव नहीं हो सका कि हरिजन या मुसलमान व्यवहार में बराबरी का दर्जा पा सकें। पहले भारतीय मुसलमान आशाभरी निगाहों से पाक़िस्तान की तरफ़ देख लेता था और भारत के प्रति अपनी पीड़ा ज़ाहिर भी कर देता था, पर पिछले वर्षों में उसने ऐसा करना बन्द कर दिया है। बांग्ला देश का मामला हो जाने के बाद उसने अपना भाग्य

भारत से जोड़ लिया है। इतने दंगे होने पर भी वह पाक़िस्तान जाने की बात नहीं करता। उसे पता है कि पाक़िस्तान की अन्दरूनी हालत क्या है। एक विशेष वर्ग के हाथ में सत्ता, शक्ति और पैसा है और आम मुसलमान वहाँ भी परेशान है। उसके लिए हिन्दुस्तान या पाक़िस्तान बराबर हैं। कोई एक जगह नहीं, जहाँ वह जिन्दगी को बेहतर बना सके। पिछले दिनों हुए दंगे संकीर्ण मुस्लिम नेताओं को फ़ायदेमन्द सिद्ध हुए हैं, क्योंकि इसके सन्दर्भ में वे अरब रईसों के सामने अपना करुण चित्र प्रस्तुत कर कुछ रुपया खींच सकते हैं।

भारतीय मुसलमान की नज़र इस समय अरब देशों पर है। वहाँ काम-धन्धा निकल रहा है, अच्छी नौकरियाँ मिल सकती हैं। वह इस अवसर का लाभ लेकर अपनी क़िस्मत बदलना चाहता है। वह कोई ग़लत नहीं सोच रहा, क्योंकि सभी इस नज़र से सोच रहे हैं। अरब पैसा देख भारत सरकार के मुँह में भी पानी आता है। मध्य-पूर्व के देशों में जाकर नौकरी के उम्मीदवारों की संख्या बढ़ती जा रही है। यों उम्मीदवारों में दक्षिण भारतीय तथा सभी जातियाँ और धर्म के लोग हैं, पर मुसलमान यह सोचता है कि मुसलमान होने के कारण अरब उसे प्राथमिकता देंगे। ग़रीब मुसलमानों में यह होड़ बढ़ गई है। अरबों को अपनी लड़की दे घर की क़िस्मत बदलने के लिए वे लालायित हो गए हैं। वे चाहते हैं कि उनके लड़कों को इराक, ईरान कहीं भी बड़ी नौकरी मिल जाए। अरब चाहे ऐसा न सोचें, क्योंकि उन्हें तो मज़दूरों से मतलब, पर भारतीय मुसलमान चाहते हैं कि अरब उन्हें प्राथमिकता दें।

अपनी क़िस्मत सिर्फ़ ग़रीब मुसलमान ही नहीं बदलना चाहता, हरिजन भी बदलना चाहता है। काम मिल रहा है, तो उसे मुसलमान हो जाने में हर्ज नहीं लगता। यों भी मेहतर कौन-से देवता की पूजा करता है, कोई व्रत रखता है या नहीं, इस दिशा में कभी हिन्दू पंडितों ने नहीं सोचा। मेहतर हिन्दू देवी-देवता से लेकर पीर की दरगाह तक सबको मानता है। हिन्दुओं की असल फ़िक्र यह नहीं है कि भंगी की श्रद्धा क्या है। उनकी असल फ़िक्र यह है कि वह अपने गन्दे हाथों से कहीं हमारे पवित्र स्थल या देवता को न छू ले। हिन्दुओं में शूद्रों के लिए केवल एक ही आचार-संहिता बनाई गई है कि वे दूर रहें, हटकर बैठें, सामने न आएँ, अपनी छाया न पड़ने दें, जूठन खाएँ तथा बासी भोजन, फ़ालतू सामान और फटे-उतरे कपड़ों को स्वीकार कर सेवा में डटे रहें। इसके अलावा हरिजनों के मामले में हज़ारों वर्षों के इस हिन्दू चिन्तन में कुछ और नहीं सोचा गया। हरिजनों में से बौद्ध बने, मुसलमान बने, सिख बने, ईसाई बने। हिन्दू धर्म के पंडितों ने कभी यह फ़िक्र नहीं की कि हिन्दुओं में से कोई धर्म-परिवर्तन कर रहा है। वे मानते थे कि नीच जाति के लोग कर रहे हैं। व्यवहार में जाति का दर्जा और भेद धर्म से बड़ा रहा है। आजकल फ़िक्र हो रही है। बड़ी हद तक यह राजनीतिक फ़िक्र है।

दूसरी समस्या उन सक्रिय एजेंटों की है, जो अरबों से पैसा खींचने के काम में बरसों से लगे हैं। आख़िर आप किसी भी जाति या देश से उनके मूल्यों और पसन्दों को मान्यता दिए बिना पैसा नहीं खींच सकते। जब अमरीकी डॉलर के भारत में आने का लालच था, लोग अमरीकनों की तरह कन्धे उचकाकर, मुँह टेढ़ा कर अंग्रेज़ी बोलने लगे थे। यह 'यस' करने वाला भारतवासी पिछले बरसों से एकाएक 'या-या' क्यों करने लगा? उसकी आधी आस्तीनें ऊपर क्यों उठ गईं? अमरीकी सैनिकों की पोशाक की तरह उसके शर्ट-पैंट में जेबों की संख्या क्यों बढ़ने लगी? यह सब इसलिए कि आप जिनसे रुपया बटोरना चाहते हैं, उनकी तरह व्यवहार कर, उन जैसे लगना एक बेहतर 'पॉलिसी' मानते हैं। सरकार और राजनीतिक पार्टियाँ भी इसी तरह सोचती हैं। सोवियत रूस से सहायता लेने के लिए निरन्तर कैपिटलिस्टों के हितों की सुरक्षा करने वाली कांग्रेस अपने को समाजवादी घोषित कर वैसा लिबास धारण करने का नाटक रचती है। यदि कल से जापानी येन (मुद्रा) के देश में आने की सम्भावनाएँ जग जाएँ, तो ताज्जुब नहीं, लोग आँखें छोटी-छोटी कर बातें करने लगें, अपने क़द को छोटा करने की दवाएँ तलाशने लगें और अमिताभ बच्चन की ओर प्रेम से देखना बन्द कर दें। आपको जिससे कमाई करनी है, उसकी सभ्यता और व्यवहार को अपनाना होता है। धरमधुरधारी ब्राह्मणों ने अंग्रेज़ी राज में अपनी आदरणीय पोज़ीशन बनाए रखने के लिए अंग्रेज़ी सीखी, विदेशी पोशाक धारण की, घर की व्यवस्था बदली और नई चाल अपनाकर समाज के सिरमौर बने रहे। संस्कृत और संस्कृति से चिपक पददलित होने का जोखिम वे मोल लेना नहीं चाहते थे। सनातनधर्मी चिल्लाते रहे, पर ब्राह्मण के बेटों ने एक नहीं सुनी। यही होता है। आज अरबों के पेट्रो डॉलरों से अंश बटोरना है, तो केवल निम्न वर्ग ही मुसलमान नहीं बनेगा, उच्च वर्ग भी शेखों जैसा व्यवहार करेगा। अरब खरे आदमी हैं और उनके शौक स्पष्ट हैं। वे औरत चाहते हैं, धर्म पर डटे रहकर, हर कुकर्म करते हुए अपने आर्थिक प्रभाव का विस्तार चाहते हैं। उनके अनुसार भारत में नैतिक एडजस्टमेंट आरम्भ हो गया है। वे मसजिदों के सुधार और निर्माण, मुस्लिम धार्मिक संस्थाओं की स्थापना और विकास तथा धर्म-प्रसार के नाम पर भारी रकम दे सकते हैं। दे रहे हैं। राष्ट्र का आर्थिक स्वार्थ इस या उस बहाने उससे डॉलर खींच लेने में है। पर हिन्दुओं को डर है कि मुसलमान आर्थिक रूप से ताक़तवर होकर नई समस्या न खड़ी कर दें। सारी राजनीति इसी घबराहट की राजनीति है। दंगों के मूल में ऐसे ही चक्कर हैं। मुस्लिम संस्थाएँ सरकार से समझौता चाहती हैं कि उन्हें पनपने दिया जाए और सरकार को भी इससे क्यों उज्र होने लगा, क्योंकि हरिजन और मुसलमान मिल कर वोटों की बड़ी गारंटी देते हैं।

पर इससे यह सोचना भूल है कि ग़रीब मुसलमानों की क़िस्मत पलट जाएगी। बस, इतना होगा कि उसे रोज़गार मिलने लगेगा। होगा यह कि अरब रुपयों के सहारे

मुसलमानों में उच्च वर्ग का पाया मज़बूत हो जाएगा और वे मुसलमान मज़दूरों के थोक में ठेकेदार हो जाएँगे। चर्च बने, या मस्जिद, काम तो ग़रीब को मिलता है। अरब देशों में बेटों को नौकरियों पर भेज भारतीय मुसलमान अपनी हालत दुरुस्त करेगा। ज़मीन ख़रीदेगा, सम्पत्ति बनाएगा। इसमें उज्र नहीं होना चाहिए। जहाँ देश की योजनाएँ और प्रशासन आदमी की क़िस्मत बदलने में मजबूर हो, वहाँ यह सब होना स्वाभाविक है। हरिजन मुसलमान बनेंगे ही। कल से ब्राह्मण के बेटे अरबी का अध्ययन करने लगें, तो आश्चर्य नहीं करना चाहिए। अंग्रेज़ी हो, या अरबी, हैं तो दोनों परायी भाषाएँ। पेट की गरज सब कुछ सिखा देती है।

अपने ढीले लिबासों में डॉलर भरे अरब भारत आ रहा है। हर सशक्त और समृद्ध विदेशी ने यहाँ आकर हमारी संस्कृति, सभ्यता, धर्म, नैतिकता और सामाजिक ढाँचे की ऐसी-तैसी की है। वह भी करेगा। एक सुस्त, परजीवी, सुविधाएँ तलाशते देश के लोग उसके अनुसार चारित्रिक हेर-फेर कर लें, तो इसमें ताज्जुब नहीं। डॉलर धरम से बड़ा होता है।

पच्चीस रुपए का काम

जनरल जिया तीन रात और तीन दिनों से सो नहीं पाए थे। रात तो ख़ैर जैसे-तैसे गुज़र जाती थी, मगर दिन को नींद न आ पाने की वजह से वे बहुत परेशान थे। क़रीबी चमचों और दूर के रिश्तेदारों ने बताया कि वे अकेले कमरे में सिलो मार्च करते रहते हैं और गहराई से सोचने की कोशिश करते हैं, जो कभी उनके बस की बात नहीं रही। वे जनरल हैं, हुक्म देने और हुक्म सुनने की उन्हें आदत रही है, मगर जब से प्रेसिडेंट हुए हैं, वे मुल्क़ और इस्लाम की ख़िदमत में अपने दिमाग़ का इस्तेमाल भी कर रहे हैं, चूँकि वे यह महसूस करते हैं कि उनके दिमाग़ है। क़रीबी चमचों और दूर के रिश्तेदारों ने (जब से क़रीब के रिश्तेदार जनरल से दूर हुए हैं, दूर के रिश्तेदार क़रीब हैं) बताया कि पिछले कई दिनों से जनरल के कमरे से यही आवाज़ सुनाई देती है--मारूँ कि छोड़ दूँ? मारूँ कि छोड़ दूँ? काफ़ी सोचने के बाद वे उसी नतीजे पर पहुँचे, जिस पर वे पहले पहुँच चुके थे कि भुट्टो को मार दिया जाए।

लरकाना में गढ़ी ख़ुदाबख़्स की एक क़ब्र में जब भुट्टो की लाश उतारी जा रही थी, तब जनरल जिया-उल-हक चन्द क़रीबी चमचों के साथ धीरे-धीरे पी रहे थे।

"मुल्क़ को निजात मिल गई।"—एक ने कहा।

"मुल्क़ को डिमोक्रेसी से निजात मिल गई।" दूसरे ने कहा।

"मुल्क़ को अपनी हिस्ट्री से निजात मिल गई।" जनरल ने कहा।

इस पर सबने वाह-वाह की और एक-एक पैग और लिया। तभी चपरासी ने ख़बर दी कि "जल्लाद मियाँ तशरीफ़ लाए हैं।"

"आइए, आइए।" जनरल ने कहा।

जल्लाद साहब भुट्टो को फाँसी चढ़ाने के बाद सीधे जेल से चले आ रहे थे और उस वक़्त चेहरे से मुल्क़ के सबसे ज़िम्मेदार शख़्स लगते थे।

"हो गया?" जनरल ने पूछा।

"जी, हो गया।" जल्लाद ने कहा।

"लीजिए।" एक चमचे ने जल्लाद की तरफ़ जाम बढ़ाया।

“गुज़ारिश थी हुज़ूर!” जल्लाद ने घूँट लेकर कहा।

“बोलो।”

“हुज़ूर, बरसों बरस से हमें फाँसी चढ़ाने के पच्चीस रुपए मिलते चले आ रहे हैं...”

जल्लाद ने अपनी बात शुरू की थी कि जनरल के बीच में बात काटकर कहा, “काफ़ी हैं। इतने तो हमें फाँसी का हुकुम देने के नहीं मिलते।”

इस पर सब हँसते हुए जल्लाद की तरफ़ देखने लगे।

जल्लाद ने फिर हिम्मत बटोरी और कहना शुरू किया, “हुज़ूर, पच्चीस बहुत कम होते हैं। मरने को आदमी मर जाता है, निकलने को चाय-पानी का ख़र्च नहीं निकल पाता। आख़िर हमारे भी बाल-बच्चे हैं, उन्हें क्या फाँसी पे चढ़ा दूँ?”

जल्लाद ने ज़िन्दगी से उठा कर मुहावरा इस्तेमाल किया था, जिसने जनरल को एक बार फिर सोचने को मजबूर कर दिया।

“देखो जल्लाद मियाँ, बच्चों को फाँसी चढ़ाने की तो कोई बात नहीं। हमने यह हुक्म तो अभी दिया नहीं। अब रही बात पच्चीस रुपयों की तो वह तो हम नहीं बढ़ाएँगे, क्योंकि इस्लामी क़ानून में ऐसा कहीं नहीं लिखा कि जल्लाद का मेहनताना बढ़ाओ या क़ाजी का कम करो। जो चला आता है सो चलेगा। अफ़सोस है कि तुम इस काम को कमाई का ज़रिया मान बैठे हो। यह तो मुल्क की ख़िदमत है। अब आज ही देखो, तुमने भुट्टो को फाँसी चढ़ा पाकिस्तान की हिस्ट्री की क्या गत कर दी और यह भी याद करो, एक ज़माना था जब साल-सालभर बीत जाते थे, तुम्हें एक फाँसी लगाने को नहीं मिलती थी। अल्लाह के फ़ज़ल से हम आए और तुम्हारा काम बढ़ा। चार सौ फाँसियों के हुक्म तो हम दे चुके अभी तक। पच्चीस रुपए के हिसाब से जोड़ लो, कितने हुए? पहले मिले कभी इतने? और अभी तो शुरुआत है मियाँ! काम तो दिन-पर-दिन बढ़ेगा। क्योंकि असली पिरसीडेंटी हमारी तो अब शुरू होगी, भुट्टो के मरने के बाद। यह तो ख़ैर मनाओ, तुम्हारे यही पच्चीस रुपए गड़बड़ में थे। मालूम है, क्या नज़ारा था इस फाँसी के पहले? दरख़ास्तों पर दरख़ास्तें चली आ रही हैं, भुट्टो को फाँसी मत लगाओ। दीगर मुल्क़ों से मार बड़े-बड़े लोग अपीलें कर रहे, मत चढ़ाओ फाँसी पर। मैं परेशान सोच-सोचकर, क्या करूँ, क्या न करूँ? अगर भुट्टो की फाँसी रद्द करता हूँ तो तुम्हारे पच्चीस रुपए मारे जाते हैं। इस मसले पर बहुत सोचा। इन सबसे पूछ लो, क़सम से बहुत सोचा। भुट्टो से ज़ियादा तुम्हारा ख़याल आ रहा था और मैंने तय कर लिया कि चाहे जो हो, तुम्हारे पच्चीस रुपए मिल कर रहेंगे। मैंने सबको टका-सा जवाब दे दिया, जल्लाद का हक़ नहीं मारूँगा, भुट्टो को फाँसी तो लगेगी और तुम हो कि बजाय शुक्रिया अर्ज़ करने के पच्चीस रुपए का रोना ले बैठे!”

जनरल के इन भाषण से जल्लाद का दिल पिघल उठा (ऐसा भी होता है) और बोला, ''ग़लती मुआफ़, हुज़ूर का इकबाल बना रहे। ऐसे ही दिल में बात उठी थी तो कह दिया। उम्र ख़ुदा लम्बी करे, आपका साया पाक़िस्तान पर रहे तो फाँसियाँ-ही-फाँसियाँ।''

''फिर भी हमें ख़ुशी हुई कि तुमने दिल की बात कह दी, क्योंकि एक जल्लाद जनरल से और एक जनरल जल्लाद से अपने दिल की बात नहीं कहेगा तो कौन किससे कहेगा?''

जनरल की इस बात पर सबने दाद दी। जल्लाद भाई आख़िरी घूँट मार के सलाम करते खड़े हुए तो जनरल ने फिर दिलासा दिया, ''अमाँ पच्चीस क्या, एक-एक दिन में सौ-सौ कमा लोगे, देखते तो जाओ।''

जल्लाद इस्लामाबादी जब ख़ुशख़ुश चले गए तब एक क़रीबी चमचे ने दूर के रिश्तेदार से कहा, ''जनरल साहब सबका ख़याल रखते हैं।''

जनरल जिया-उल-हक कुछ देर सोचते रहे, फिर बोले, ''भई, जैसे-जैसे पाक़िस्तान तरक्की कर रहा है, फाँसियों का काम तो बढ़ेगा और एक शख़्स के भरोसे हम कब तक रहेंगे? मान लीजिए, इसे फ्लू हो जाए तो एक शख़्स ख़्वाहमख़्वाह ज़िन्दा रह जाएगा, फाँसी न देने की वजह से।''

मामला सीरियस था, जिसे आख़िर जनरल ने ही सुलझाया। बोले, ''ट्रेनिंग शुरू करो। नए लोग तैयार करो, जो इस काम में हाथ बटाएँ। इस्लामी कानून की स्टडी की जो ऐकेडमी हम बनवा रहे हैं उसी में हाथ काटने, कोड़े मारने, औरतों पर पत्थर फेंककर जान लेने और फाँसी लगाने के हुनर सिखाए जाएँ, कम्पलसरी। और मुल्कों से भी लोग आएँगे ट्रेनिंग लेने, क्योंकि यह ख़याल ज़ोर पकड़ रहा है कि डेमोक्रेसी की जगह रिलीजन, लीडर की जगह क़ाजी, मुल्ला और हुक्मरानों की जगह पर जेनरल्स हों।''

सबने, जैसी कि उनकी नियति और फ़र्ज़ है, जनरल की बात पर हामी भरी। जनरल अब तक़लिया चाहते थे, क्योंकि उन्हें चन्द दरख़ास्तें रिजेक्ट करनी थीं। उन्होंने सबको विदा किया। बाहर चलकर एक चमचे ने एक क़रीबी रिश्तेदार से कहा, ''जनरल साहब की इसी बात पर हम फिदा हैं कि ग़लतियाँ भी करते हैं, तो बहुत सोच-समझकर करते हैं।''

''इसमें क्या शक है! इसीलिए तो जनरल साहब का दर्जा हिन्दुस्तान के हुक्मरानों से ऊपर माना जाता है। वो कमबख़्त बिना सोचे-समझे ग़लतियाँ करते हैं।'' क़रीबी रिश्तेदार ने सहमति में कहा।

हमें और रद्दी चाहिए

शहर के रद्दी अख़बार ख़रीदने-बेचने वालों का एक डेपुटेशन पिछले दिनों मुख्यमन्त्री महोदय से मिलने बँगले पहुँचा। डेपुटेशन में शहर के सभी पुराने रद्दी वाले थे—अपने धन्धे में माहिर। पीढ़ियों से यह काम करते रहे और सभी लोगों से परिचित। डेपुटेशन का नेता बारे लाल जो मुख्यमन्त्री के सचिव महोदय के घर से रद्दी ख़रीदता था, उन्हें अच्छी तरह जानता था। उसे देखते ही मुख्यमन्त्री के सचिव ने पूछा, ''आप लोग क्या रद्दी ख़रीदने आए हैं? अभी तो मुख्यमन्त्री के भाषणों का संकलन प्रकाशित ही नहीं हुआ।''

इस पर बारे लाल ने कहा, ''हम लोग मुख्यमन्त्री से मिलने आए हैं।''

''आपको कुछ समय प्रतीक्षा करनी पड़ेगी। यद्यपि इस समय मुख्यमन्त्री ख़ाली हैं, उनके पास कोई काम नहीं तथापि नियम की बात है कि जब तक इन्तज़ार न करवाया जाए, किसी डेपुटेशन को मिलने नहीं दिया जा सकता।''

कुछ समय बाद मुख्यमन्त्री मिले।

''श्रीमान्, हम इस शहर के रद्दी वाले हैं और आज बहुत परेशानी में फँसे यानी मुसीबत का शिकार आपसे मिलने आए हैं। इधर सालभर से हमारा धन्धा बड़ा मन्दा चल रहा है।'' बारे लाल ने कहा।

''अरे, यह तो बड़े दुख की बात है। धन्धा कोई भी हो, मन्दा नहीं चलना चाहिए।'' मुख्यमन्त्री बोले।

''श्रीमान्, हमें कहने में अफ़सोस होता है कि रद्दी के भाव तेज़ी से बढ़ रहे हैं और व्यापारी को रद्दी मिल नहीं रही है। काग़ज़ की पुड़िया बाँधने का रिवाज उठता जा रहा है और प्लास्टिक की रेडीमेड थैलियों का कामकाज बढ़ रहा है। हम बरसों से रद्दी बेचने-ख़रीदने के पवित्र कार्य में लगे व्यापारी इस समय बुरी स्थिति में फँस गए हैं। ख़ासकर छोटे काग़ज़ों की रद्दी तो बिलकुल नहीं मिल रही है।''

''मैं सिवा आश्वासन देने के और क्या कर सकता हूँ!'' मुख्यमन्त्री ने दयनीय मुद्रा में कहा।

"नहीं श्रीमान्, आप बहुत कुछ कर सकते हैं। जिस राज्य में आप जैसे यशस्वी वक्ता मुख्यमन्त्री हों और जिनके अन्तर्गत विभागों में बड़े-बड़े लिक्खाड़ नौकर हों, वहाँ की जनता रद्दी को तरसे, यह कैसे हो सकता है?" बारे लाल ने कहा।

इस पर मुख्यमन्त्री बारे लाल के कान में फुसफुसाए, "तो बोलो, क्या करें?"

"अपने विभागों को आदेश दें कि वे अधिकाधिक पुस्तकें और पत्रिकाएँ छापें और जनता में मुफ़्त बाँटें। जनता उसे तुरन्त रद्दी में बेचेगी और हमारा संकट दूर हो जाएगा। भाव गिरने लगेंगे और बाज़ार में माल आ जाएगा।" बारे लाल बोला।

"यह तो सरल है," मुख्यमन्त्री ने कहा।

"इस हेतु आपको अनेक लम्बे भाषण देने पड़ेंगे श्रीमान्!"

"यह तो और भी सरल है।"

"वे भाषण बाद में पुस्तिकाओं के रूप में लाखों की तादाद में छापे जाएँ और जनता में वितरित किए जाएँ।"

"आप चाहें तो सीधे ही हमें दे सकते हैं रद्दी में बेचने के लिए।" डेपुटेशन का एक और सदस्य बीच में चिल्लाया।

बारे लाल ने उसे घुड़क दिया। इस पर अन्य सदस्य चिल्लाए, "ठीक तो है, इसमें हर्ज क्या है?"

"सरकार पुस्तिकाएँ जनता में बाँटेगी और जनता हमें तौल देगी," बारे लाल ने उन लोगों को समझाया।

"हम सीधे ही सरकार से क्यों न रद्दी तुलवा लें?" वह बोले।

"यार, उसमें ज़मानेभर की टेंडरबाज़ी होगी, तुम समझते नहीं हो!" बारे लाल ने कहा।

इस पर सब सदस्य चुप हो गए। वे जानते थे कि टेंडर के काम में देर लगती है। मार्केट में रद्दी तुरन्त आनी ज़रूरी थी।

"इस प्रस्ताव पर भी विचार किया जा सकता है!" मुख्यमन्त्री ने बात को न समझते हुए कहा।

"श्रीमान्, जब यह प्रस्ताव ही हमने नहीं रखा तब आप कैसे विचार कर सकते हैं?" बारे लाल ने कहा।

मुख्यमन्त्री धर्मसंकट में फँस गए। वह चाहते थे कि पुस्तिकाएँ शीघ्र रद्दी विक्रेताओं के पास पहुँचें मगर रद्दी विक्रेता उनकी इस सद्भावनापूर्ण नीति का लाभ लेने को उत्सुक नहीं थे।

"आप जनता पर विश्वास रखें।" बारे लाल ने कहा, "आप अपने भाषण वितरित-भर कर दें, जनता उन्हें एक मिनट अपने पास नहीं रखेगी। तुरन्त बेच देगी। इससे उन्हें भी चार पैसे मिल जाएँगे।"

मुख्यमन्त्री मुस्कुराए। बोले, "जनता पर मुझे पूरा विश्वास है। मैं सदैव उनके ही हित में सोचता हूँ।"

'श्रीमान्, आप सोचें नहीं, आप भाषण दें—लम्बे भाषण। आप और आपके मन्त्रिमंडल के सभी सदस्य। इन भाषणों को पुस्तकाकार छपवाकर जनता में बँटवाएँ। जनता को उसकी आवश्यकता है। जनता रद्दी बेचना चाहती है। इसमें उनका लाभ है। हमारा लाभ है। आपका लाभ है।"

"सभी दृष्टि से यह उचित है।" मुख्यमन्त्री सहमत थे।

"एक और निवेदन है श्रीमान्!"

"वह क्या?"

"विधानसभा का सत्र बहुत दिनों से नहीं हुआ, उसे शीघ्र आरम्भ करवा दें।"

"क्यों? तुमको क्या? तुम सदस्य हो क्या? तुमको विधानसभा की बैठक से क्या करना?" वह क्रोधित से बोले। वह विधानसभा का सत्र बुलाना पसन्द नहीं करते थे।

बारे लाल नम्र था, वह नम्रता से ही बोला, "विधानसभा से हम रद्दी बेचने वालों का गहरा सम्बन्ध है। आप सदस्यों को जो साहित्य, प्रतिवेदन आदि बाँटते हैं, वह रद्दी बाज़ार में बढ़ते भावों को रोकने में सहायक होती है। वे बिना पढ़े सारी सरकारी रिपोर्ट, प्रस्ताव, कार्यवाही आदि हमें तौल देते हैं।"

"स्वाभाविक है। जब मैं विधायक था, तब मैं भी बड़े परिमाण में रद्दी बेचता था।" मुख्यमन्त्री बोले।

"मैं आपसे लिया करता था श्रीमान्।" डेपुटेशन के एक सदस्य मुकन्दीलाल ने मुख्यमन्त्री को स्मरण दिलाया और वह उसकी ओर देखकर मुस्कुराए। जेब में चुम्बक रख रद्दी तौलने में मुकन्दीलाल का जवाब नहीं था। उसने इसी धन्धे में तीन-मंज़िला बिल्डिंग खड़ी की है।

"यदि विधानसभा का सत्र आप बुला लें और सारी शेष रिपोर्टें प्रकाशित कर दें तो हम ग़रीब लोग रोज़गार से लग जाएँ!" मुकन्दीलाल ने कहा, "बाज़ार में मार रद्दी काग़ज़ आ जाएँ।"

"बुला लेंगे, निश्चिन्त रहो। जल्दी ही बुलाएँगे!" मुख्यमन्त्री ने कहा।

"सूचना विभाग वाले आजकल समाचार बुलेटिन बहुत छोटा निकाल रहे हैं। आप बड़े नेता हैं और आपका पूरा भाषण प्रकाशित नहीं होता। सिर्फ़ संक्षेप में दिया जाता है," बारे लाल ने कहा।

"पिछले कुछ दिनों से मैं यह देख रहा हूँ।"

"भाषण पूरे जाने चाहिए, ख़बरें बढ़नी चाहिए। उससे भी हम रद्दी काग़ज़ों का व्यापार करने वालों को सुविधा होगी।"

मुख्यमन्त्री कुछ देर विचार करते रहे। फिर उन्होंने फोन उठाया और उद्योग विभाग के एक अधिकारी से बात की, ''क्यों भई, यह रद्दी के भाव बहुत बढ़ रहे हैं, जनता को परेशानी है, आपने इस विषय में कुछ सोचा?''

''जी हाँ, सर, मैंने आपको एक नोट 'पुट-अप' किया था।''

''क्या था उसमें?''

''सर, मेरा प्रपोजल था कि गवर्नमेंट को रद्दी का बफर-स्टॉक बाज़ार में तुरन्त छोड़ देना चाहिए जिससे भाव डाउन हो जाएँ। और सर, सेकंड यह था कि फ़्यूचर के लिए शासकीय प्रकाशनों का प्रिन्ट ऑर्डर बढ़ा दिया जाए और सर, कलेक्टरों से कहा जाए कि वे अपने-अपने क्षेत्रों में रद्दी के भावों पर कड़ी नज़र रखें। विधानसभा और चुनाव के दिनों में रद्दी का व्यापार करने वालों को स्टॉक करने के लिए छोटे लोन्स दिए जाएँ।''

''क्या दिए जाएँ!''

''लोन्स सर, कर्ज!''

''हूँ।''

''और सर, थोड़ा अख़बार वालों का भी कोऑपरेशन ठीक करना पड़ेगा। वे लोग विशेषांक वगैरा निकालें।''

''अरे, हमारे कहने से थोड़े निकालेंगे वे लोग!'' मुख्यमन्त्री बोले।

''ऐसा नहीं है सर, हें-हें!'' वह बोला, ''वे लोग क्राइसिस में मदद नहीं करेंगे तो कब करेंगे? हम थोड़ा विज्ञापन रिलीज कर सकते हैं।''

''वह तो है ही। मगर हम सोचते हैं कि इन प्रकाशकों से क्यों न कहें! वे भी कुछ करें, कविताएँ वगैरा छापें।''

''मैंने बात की थी सर, उनकी प्राब्लम यह है कि वे सिर्फ़ ऐसी किताबें छापना चाहते हैं जिनकी बिक्री हो, लाइब्रेरी वगैरा के लिए।''

''ख़ैर, कोई बात नहीं। वे न करें, हम करेंगे। वी विल टेक अप द चैलेंज—एँ?''

''यस सर! करेक्ट सर!''

''साहित्य कैसा भी हो, छपना चाहिए। हमारे पास सुविधाएँ हैं, हम लोग मासिक और साप्ताहिक निकाल रहे हैं और उससे लाभ हो रहा है। देश को उससे रद्दी मिल रही है।''

''यस सर, करेक्ट सर!''

''आप मुझसे चर्चा कर लीजिए इस पर, वह नोट लेते चले आइए। ऑर्डर्स कर देंगे।''

''जी सर।''

मुख्यमन्त्री ने फ़ोन रख दिया और सामने खड़े डेपुटेशन के सदस्यों की ओर देखा और बोले, "आप लोग अब कैसे खड़े हैं?"

"रद्‌दी कागज़ों के..." बारे लाल ने कहा ही था कि मुख्यमन्त्री ने बीच में कहा, "कह दिया न आप लोगों से कि हो जाएँगे ऑर्डर्स, और क्या चाहते हैं? अब आप जाइए। आख़िर हमें और भी काम करने हैं! क्या आप ही का एक काम है?"

"श्रीमान् से निवेदन था कि आपके घर की रद्‌दी अगर मिल जाती तो ले जाते। हम तराज़ू लाए हैं साथ में।"

"सचि वालय आइए, यहाँ कुछ नहीं होगा। जो रद्‌दी कागज़ है, सब वहाँ है।" मुख्यमन्त्री ने गरज कर कहा।

वे लोग प्रणाम कर बाहर आ गए।

बाहर आते ही मुकन्दीलाल बोला, "सब कहने की बातें हैं भैया, होना-जाना कुछ नहीं है। आश्वासन हैं कोरे, इनमें धरा क्या है!"

"भई, कह तो रहा है कि कर देंगे। नहीं करेगा तो फिर से आकर गला पकड़ेंगे।" बारे लाल ने कहा।

पर उनका ख़याल ग़लत था। मुख्यमन्त्री वास्तव में चाहते थे कि रद्‌दी का अभाव दूर हो। शाम को साहित्य-सभा में आयोजित उनके भाषण में उन्होंने साफ़ कहा, "हम चाहते हैं कि प्रकाशन बढ़ें, पुस्तकों की संख्या ज़्यादा हो और सबको पढ़ने को मिलें। इस विषय में हमारी नीति सदैव यही रही है कि अभाव दूर हो। बड़ी जल्दी ही हम ऐसी योजना बना रहे हैं जिसके अन्तर्गत सभी अप्रकाशित साहित्य प्रकाशित हो जाएगा। इससे एक ओर साहित्यकारों को लाभ होगा कि उन्हें एकमुश्त रुपया मिल जाएगा तथा दूसरी ओर रद्‌दी बेचने वालों के लिए अभाव की पूर्ति हो जाएगी। आप जानते हैं कि साहित्य समाज का दर्पण है..."

होता रहता है वही, जो हुआ करता है

कुछ बातें हैं, जो इस देश में हमेशा होती रहती हैं। जैसे—कोई विदेशी सत्ताधारी हवाई जहाज़ से उतरता है और हमारी तारीफ़ करता है। फिर वह दिल्ली, जयपुर, आगरा वगैरा घूम-लौटकर आता है और फिर हमारी तारीफ़ कर देता है। हमारे विदेश मन्त्री किसी-न-किसी देश में पहुँच जाते हैं और भारत के अच्छे होने का प्रमाण-पत्र प्राप्त कर लेते हैं। हम शान्ति चाहते हैं, प्रजातन्त्र में भरोसा करते हैं, कमाल की प्रगति कर रहे हैं वगैरा। एक समझौता होता है, जिसमें कुछ समझौता हो जाता है। नेहरू के ज़माने से ऐसा कुछ होता रहा है। तब भी नई सरकार थी, अपने क़ाबिल और महान होने के प्रमाण-पत्र बटोरते नेहरू-मेनन हर कहीं जब मौक़ा लगा, पहुँच जाते थे। आजकल नई सरकार है। यात्राएँ करने की वही बालोचित उमंग काफ़ी परिमाण में है।

मदद मिल जाती है। यह कमबख़्त हमेशा मिलती रही है। आत्मनिर्भर होने के चक्कर मे हम मदद माँगते फिरते हैं और जो हमें पैरों पर खड़े देखना चाहते हैं, वे सहारा देने में चूकते नहीं।

देश प्रगति करता रहता है। हम शान्ति चाहते रहते हैं। अपने हवाई जहाज़ों की मारक शक्ति और गति से निरन्तर असन्तुष्ट हम शान्ति चाहते रहते हैं। हम शान्ति और शस्त्र की तलाश में भटकते रहते हैं सारी दुनिया में। हमें देश में सदा नई सम्भावना का पता चलता रहता है। जैसे पेट्रोल कहीं मिल सकता है अथवा अमुक बाँध बन जाने पर सिंचाई बढ़ने की सम्भावना है अथवा तीन वर्षों में हम फलाँ चीज़ में न सिर्फ़ आत्मनिर्भर हो जाएँगे, वरन् निर्यात भी करने लगेंगे। लौंग से एटमबम तक सम्भावनाएँ व्यापक हैं। तेल की बूँद से नदी की धार तक हमें स्थिति को नियन्त्रित करना है।

हर सरकार साल में चार बार यह कहती है कि हरिजन, आदिवासी तथा अन्य पिछड़े वर्गों की समस्याओं को हम प्राथमिकता देंगे। बरसों से यह बात कही जाती रही है। वादों का श्रीगणेश हरिजनों से होता है और निर्णय और क्रियाओं की इतिश्री बनियों पर होती है। गाँवों में ख़ुशहाली लाने की बातें तीस साल से क़रीब-क़रीब फाइनल हैं और अब भी पक्की हो रही हैं। बेकारी दूर करने की तरफ़ सबका ध्यान

बगुले की तरह लगा है। ठोस कदम बड़ी हद तक उठाए जा रहे हैं। बहुत ठोस होने के कारण ही शायद क़दम भारी पड़ रहा है और उठ नहीं पाता है। पोले कदम उठाना शायद ज़्यादा ठीक होता है। यों शिकायत आम है कि ठोस कदम पोले हैं। फिर पता नहीं क्या बात है! कृषि उद्योग का विकास, बेकारी का निवारण होता रहता है।

स्थिति में सुधार करने के लिए शासन कटिबद्ध होता है। कटि तो बद्ध हो जाती है, स्थिति वही रहती है। कटि को बद्ध करने के लिए बजट में प्रावधान रखा जाता है, विभाग खोले जाते हैं, अफ़सर नियुक्त होते हैं। काफ़ी ख़र्च के बाद कटिबद्ध हो जाती है। लोग भी दाद देते हैं, वाह! क्या कटि है और कमाल की बद्ध है। अब शासन को फ़िक्र होती है कि कहीं कटि ढीली न हो जाए। बजट में और प्रावधान बढ़ाया जाता है ताकि कटि दिन-प्रतिदिन अधिक बद्ध हो। कटि ठीक हो जाती है, स्थितियाँ वही रहती हैं, जिसके लिए कटि को बद्ध किया जाता है।

शान्ति बनी रहती है, धुरा चल जाता है। विचार होता रहता है, गोली चल जाती है। दशा सुधरती रहती है। बलात्कार हो जाते हैं।

कारखाने लाभ में चलते हैं, मज़दूर और वेतन के लिए हड़ताल करते रहते हैं। सरकार व्यापारियों को धमकी देती रहती है, व्यापारी पार्टियों को चन्दा देते रहते हैं। जनता कांग्रेस को गाली देती है, कांग्रेस जनता पार्टी को और लोग दोनों को गालियाँ देते रहते हैं। योजना आयोग में कुछ-न-कुछ परिवर्तन चलते रहते हैं। या तो आयोग बदलता रहता है या योजनाएँ बदलती रहती हैं। प्राथमिकताएँ निश्चित की जाती हैं, मगर वे काम ज़रूर नहीं हो पाते।

अफ़सर भ्रष्ट होते हैं, सरकार उनकी मदद से भ्रष्टाचार दूर करने का प्रयत्न करती रहती है। वह और अफ़सरों को नियुक्त करती है, उन्हें प्रमोशन देती रहती है। कुछ लोग शिकायतें करते रहते हैं, कुछ रिश्वत देते रहते हैं। फिर शिकायत करने वालों को कमीशन मिलने लगता है। सरकार कमीशन बिठाती है, कमीशन रिपोर्ट देता है, रिपोर्ट पर विचार होता है, तब तक सरकार बदल जाती है।

छब्बीस जनवरी हो जाती है, पन्द्रह अगस्त हो जाता है, दो अक्टूबर हो जाता है। सलामी हो जाती है, झंडा लग जाता है, चरखा चल जाता है। बाढ़ आती है, सूखा पड़ जाता है, वायु दुर्घटना हो जाती है, नाव उलट जाती है, मकान गिर जाते हैं। सरकार को दुख होता है, अफ़सोस होता है, चिन्ता होती है, सहानुभूति रहती है। लोग मरते रहते हैं, मन्त्री शपथ लेते रहते हैं।

कुछ बातें हैं जो देश में होती रहती हैं। भाषण, अपराध, वादे, मर्डर, उद्घाटन, तालाबन्दी, यात्रा, पराजय। चलता रहता है। किसी ओर से देश अच्छा लगता है, किसी ओर से बुरा लगता है। लगता है, लगा करे। किसी को इससे क्या कि तुम्हें क्या लगता है, जब तक तुम लगते न हो किसी के!

सारे जहाँ का दर्द

देश के लिए यह सौभाग्य की बात हो या दुर्भाग्य की, मगर यह सच है कि भारत के प्रधानमन्त्री के पद का दर्जा पिछले कुछ महीनों से बहुत तेज़ी से उठ गया है। जो साधारण सड़क छाप वोटर इस ग़लतफहमी में थे कि वे अपने लिए एक एम. पी. या देश का प्रधानमन्त्री चुन रहे हैं, उन्हें यह पता लगना चाहिए कि दरअसल उन्होंने एक विश्वनेता चुना था, जो इस समय संसार की समस्याएँ सुलझाने में लगा है। संसार में समस्याएँ बहुत अधिक हैं, मगर खेद है कि यह देश अपनी संवैधानिक मजबूरियों के कारण केवल एक प्रधानमन्त्री संसार को सप्लाई कर सकता है। काश, हमारे पास चार-पाँच प्रधानमन्त्री होते, तो हम उन्हें पूरी दुनिया में फैला देते और तब शायद यह भी सम्भव होता कि उनमें से एक प्रधानमन्त्री हम अपने देश के लिए भी रख लेते जो असम समस्या, अकाली समस्या, सूखा समस्या, भूखा समस्या-टाइप की जो छोटी-मोटी समस्याएँ हैं, उनसे माथापच्ची कर लेता। हमारे पास सिर्फ़ एक प्रधानमन्त्री है। इतने सारे देश हैं। उससे जितना बनता है, वही तो करेगा। मुहावरे में कहा जाए तो 'अकेली जान क्या-क्या करे!'

हमारा प्रधानमन्त्री, जिस समय जो भी हो, संसार के देशों को एक ही बात कहता है और पिछले कई सालों से कहता रहा है कि देशों को चाहिए कि वे परस्पर शान्ति और सद्भाव रखें तथा अपने मामले आपसी बातचीत से निपटाएँ। सम्बन्ध चाहे जैसे हों, मामले जो भी हों, उनके कारण जो भी हों, हमें उनसे मतलब नहीं। बातचीत से निपटाओ और इस बात का ध्यान रखो कि बातचीत करते हुए आपस में गाली-गलौज न कर बैठो। हम सबसे बार-बार यही कहते हैं। यह इतनी ऊँची आइडिया है कि किसी और देश के प्रधानमन्त्री के माइंड में आती नहीं। भारत के प्रधानमन्त्री के माइंड में ही आती है और इस मामले में भारत का प्रधानमन्त्री भी कोई कम शरद जोशी नहीं है। आइडिया आई तो कहेगा। फिर चाहे वह कितनी ही साधारण क्यों न हो।

संसार के देश तो चाहते हैं कि हमारे भारत का प्रधानमन्त्री पूरे वक़्त उनके मुल्क़ों में ही घूमता रहे और विश्वशान्ति, परस्पर सहयोग, छोटे देशों की कड़की दूर

करने में बड़े देशों का योग आदि नियमित विषयों पर पूरे उत्साह से भाषण देता रहे। अच्छे भाषण सुनना कौन नहीं चाहता! अच्छी अंग्रेज़ी सुनना कौन नहीं चाहता! पर हमारी मजबूरी है कि हमारी प्रधानमन्त्री पूरे साल बाहर नहीं रह सकतीं। उन्हें कुछ दिनों देश में भी रहना पड़ता है। लोकसभा का सेशन होता है, कश्मीर में चुनाव आ जाता है या दीगर ऐसी कुछ बातें हैं, जब भारत के प्रधानमन्त्री को भारत में रहना ज़रूरी है। मजबूरी है। कई बार जवाबी कार्रवाई करने किसी दूसरे देश का प्रधानमन्त्री भारत में टपक पड़ता है। तू हमारे देश में भाषण देगा, तो हम तेरे देश में भाषण देंगे–बदले की भावना के साथ। उस समय उसका स्वागत तथा दीगर औपचारिकताएँ बरतने भारत के प्रधानमन्त्री को भारत लौटना पड़ता है। कई बार आपने देखा होगा कि हमारा प्रधानमन्त्री कई-कई महीने भारत में ही यहाँ-वहाँ घूमता रहता है।

भारत के प्रधानमन्त्री बनने के लिए अपने राज्य की समस्याओं की समझ न हो, पर राष्ट्रीय समस्याओं की समझ होनी चाहिए। वह भी न हो, पर अन्तर्राष्ट्रीय समस्याओं की समझ होना बहुत ज़रूरी है। इसी समझ के अभाव में हर कोई प्रधानमन्त्री नहीं बन पाता। स्कूल में भूगोल का शिक्षक मुझे संसार के नक्शे के पास खड़ा कर बेढब स वाल पूछता था कि बताओ, ब्लाडीबास्टक, होनोलूलू और कुस्तुनतुनिया कहाँ हैं और मैं उन शहरों को सारी दुनिया में तलाशता रहता था। तभी मैंने तय कर लिया था कि मैं भारत का प्रधानमन्त्री नहीं बनूँगा। लोग मुझे पालम से विदाई देंगे, इसलिए कि मुझे चेकोस्लोवाकिया जाना है और मैं पहुँच जाऊँगा फिनलैंड। स्वागत तो ख़ैर मेरा वहाँ भी होगा, क्योंकि मैं भारत का प्रधानमन्त्री हूँ और हर देश भारत के प्रधानमन्त्री का स्वागत करने की चौबीसों घंटे तैयारी रखता है। पर वे आश्चर्य करेंगे कि मैं वहाँ कैसे पहुँच गया। और इधर चेकोस्लोवाकिया में रोना-धोना होगा कि आज जो आने वाला था, वह उतरा क्यों नहीं? भारत के प्रधानमन्त्री बनने के लिए अन्तर्राष्ट्रीय समझ बहुत ज़रूरी है। उसे हमेशा यह ध्यान रखना पड़ता है कि अगर वह एक देश जा रहा है, तो आस पास के और कितने देशों में जा सकता है और लौटते समय कहाँ-कहाँ रुक सकता है।

अब चूँकि लेख समाप्त होने को आ रहा है, इसलिए ज़रूरी है कि मैं विषय पर आ जाऊँ। विषय यह है कि भारत का प्रधानमन्त्री ऐसी ऊँची चीज़ है कि वह अब दुनिया का नेता है। भारत के काम का नहीं रहा। एक तो ऐसी टुच्ची देशी समस्याओं में उसका माइंड ख़राब करवाना भी ठीक नहीं है। अगर चाहते ही हो कि भारत का प्रधानमन्त्री भारत की समस्या पर ध्यान दे, तो समस्या का लेवल उठाओ। उसे इतनी बड़ी बनाओ कि वह भारत के प्रधानमन्त्री का ध्यान आकर्षित करने के क़ाबिल लगे। आप चाहते हो कि बम्बई की कपड़ा मिलें बन्द पड़ी हैं, तो भारत का प्रधानमन्त्री उस छोटी-सी बात में लगा रहे? फिर तीसरी शक्ति के देशों की ओर पहली और दूसरी

शक्ति का ध्यान कौन चौथी शक्ति खींचेगी, अगर प्रधानमन्त्री की एनर्जी बम्बई के मज़दूरों पर सोचने में चली गई? समस्या का स्तर उठाओ। जब तक वह अन्तर्राष्ट्रीय घटनाओं का दर्जा नहीं प्राप्त कर लेती, तब तक कोई अन्तर्राष्ट्रीय स्तर का नेता उर्फ़ भारत की प्रधानमन्त्री उस पर कैसे ध्यान देंगी?

दूसरा तरीक़ा यह है कि आपस में निपट लो। शान्ति और सद्भाव से निपटो, तो अच्छी बात है। नहीं, कोई ज़रूरी नहीं, क्योंकि ये चीज़ें तो अन्तर्राष्ट्रीय मामलों में ज़रूरी होती हैं। जैसे चाहो निपट लो। जब हमारा प्रधानमन्त्री अन्तर्राष्ट्रीय मामले निपटाने में लगा है, तो हम आपसी मामले तो निपटा सकते हैं। एक व्यस्त भारतीय प्रधानमन्त्री के साथ उसके देश के निवासी इतना सहयोग तो कर ही सकते हैं। उसे तंग मत करो। ख़ुद कर लो, क्या करना चाहते हो।

संसार के विषय में मेरा जो थोड़ा-बहुत ज्ञान है, वह भारत के प्रधानमन्त्री की निरन्तर यात्राओं से ही बढ़ा है। एक बात देख मुझे हमेशा से ताज्जुब भी होता रहा है और मज़ा भी आता रहा। भारत का प्रधानमन्त्री किसी भी देश में जाकर कहता है कि मामले शान्ति और सद्भावना से निपटाए जाने चाहिए। उस देश का प्रेसीडेंट या प्रधानमन्त्री अपने भाषण में यही बात कहता है कि हम मामले को शान्ति और सद्भावना से निपटाना चाहते हैं। सभी देशों में यही वात दोहराई जाती है। मुझे हँसी इस बात पर आती है कि जब सभी देश ऐसा करना ही चाहते हैं और कह रहे हैं, तो हमारा भारत का प्रधानमन्त्री उधर जाकर क्या करता है? मगर वह जाता है। बार-बार एक ही बात को कहने वह जाता है। और न जाए तो बेचारा क्या करे! इस घटिया देश की दो कौड़ी की समस्याओं में सिर चटवाने से तो किसी अन्तर्राष्ट्रीय जमघट में बड़ी समस्या पर भाषण देना अच्छा है। भारत का प्रधानमन्त्री यही करता है। देश की हालत कुछ भी हो, पर यही हमारी महानता है। सारे जहाँ का दर्द हमारे जिगर में है।

प्रश्न करें, उत्तर दें, कूद पड़ें

यह चुनाव का मौसम है और ज़ाहिर है, इन दिनों राजनीति में घुसने के लिए उम्मीदवारों की खोपड़ी में हल्की-हल्की खुजली होने लगती है। वे बैठे-बैठे खड़े हो जाने की सोचते हैं और खड़े-खड़े कूद जाने की सोचते हैं। कुछ बुजुर्ग और थोड़ा अनुभवी होने के नाते मैं इन नाजुक क्षणों में उनका मार्गदर्शन करना ज़रूरी समझता हूँ। वे अपने-आपसे प्रश्न करें। यह चूँकि उनका स्वभाव नहीं होगा, अतः प्रश्न मैं दिए देता हूँ। यदि इन प्रश्नों के उत्तर में वे अपने लिए बित्ता-भर भी जगह पाएँ, तो उन्हें राजनीति में जाने से फ़रिश्ते भी नहीं रोक सकते, लोगों की तो बिसात क्या! दूसरे की मदद कतई न लें। सारे उत्तर बिना चमचों की सहायता से तैयार करें।

प्रश्न 1 : लोकसभा का टिकट पाने का प्रयत्न करते समय ही क्या आपके मन में भारत का प्रधानमन्त्री बनने की अभिलाषा नहीं है? इस अभिलाषा को कितने वर्षों तक सँजोएँ रखने की कूवत आपमें है? इसके लिए वर्तमान में प्रधानमन्त्री-पद के अभिलाषियों और उम्मीदवारों को मानक मानते हुए आप किस हद तक नैतिक दृष्टि से गिर सकते हैं? राजनीति का वर्तमान स्तर देखते हुए आप अपने समकालीनों की टाँग खींचने अथवा समझौता करने की जद्दोजहद में किस सीमा तक जा सकते हैं?

प्रश्न 2 : गांधी, बुद्ध, लेनिन, विवेकानन्द, माओ या नेहरू जैसे ऐतिहासिक व्यक्तित्वों के विषय में आपकी समझ नाम जानने-भर से गहरी तो नहीं है? शहीदों के प्रति सम्मान की भावुकता तो आपमें पाई नहीं जाती; या भारतीय इतिहास और संस्कृति के प्रति किसी क़िस्म का आदरभाव संस्कारवश तो आपमें नहीं है? कहीं आपको भारतीय स्वाधीनता आन्दोलन के उद्देश्य की तो जानकारी नहीं?

प्रश्न 3 : आप साहसपूर्वक तो झूठ बोल ही सकते हैं, पर क्या आप नम्रतापूर्वक भी झूठ बोल सकते हैं? मेरा मतलब विनोबा जी, जयप्रकाश नारायण, कृपलानी, राष्ट्रपति, मुख्य न्यायाधीश, जाँच आयोगों के अध्यक्ष, पार्टी के अध्यक्ष आदि के सामने झूठ बोलते हुए आपको संकोच तो नहीं होगा?

प्रश्न 4 : क्या आप इन बातों अथवा वस्तुओं की राजनीतिक महत्ता समझते हैं : (अ) राजघाट, (ब) दाढ़ी बढ़वाना और मुँड़वाना, (स) अलीगढ़ (क) बाढ़ अथवा

सूखा, (ख) हरिजन, (ग) हिन्दू-मुस्लिम एकता। क्या आप इनका आवश्यकतानुसार राजनीति में उपयोग करना जानते हैं?

प्रश्न 5 : क्या आप मानते हैं कि एक दल और दूसरे दल में कोई बुनियादी अन्तर नहीं होता? दल केवल लड़ने, पद पाने और छोड़ देने के लिए होते हैं? इन संगठनों को लेकर कोई भ्रामक आदर्शवादी धारणाएँ तो आपके मन में नहीं हैं?

प्रश्न 6 : संविधान अथवा अदालत जैसी चीज़ों के प्रति किसी क़िस्म का आदर भाव तो आपके मन में नहीं है? शपथ लेते समय आप भूल से भी गम्भीर तो नहीं हो जाते?

प्रश्न 7 : आप मानते हैं कि (अ) आप पार्टी से बड़े हैं? (ब) आपका पद घोषित नीतियों से अधिक महत्त्व रखता है? (स) आपका बेटा राष्ट्र से बड़ा है? (द) सामान्य नियमादि आप पर लागू नहीं होने चाहिए?

प्रश्न 8 : यदि किसी जनसभा अथवा प्रेस कॉन्फ़्रेंस में आपसे देश में बढ़ती हुई बेकारी अथवा बढ़ती हुई महँगाई पर प्रश्न किया जाए, तो क्या आप जवाब में इन विषयों पर ज़ोर देकर बोल सकते हैं :

(1) राष्ट्र की एकता सर्वोपरि है।

(2) चीन से हम रिश्ते सुधारेंगे मगर होशियार भी रहेंगे।

(3) शिक्षा-प्रणाली में आमूल परिवर्तन आवश्यक है।

(4) विश्व में भारत का काफ़ी सम्मान है।

(5) नसबन्दी, शराबबन्दी, प्रौढ़ शिक्षा या पेड़ लगाओ।

(6) गांधी या नेहरू से ग़लती कहाँ हो गई?

प्रश्न 9 : चुनाव जीतने के तुरन्त बाद आप क्या करेंगे? इस सम्बन्ध में क्या इस प्रकार की स्पष्ट रूपरेखा आपके मन में है :

(1) क्षेत्र से विरोधी की जड़ काटने के उद्देश्य से उसके पेटेंट लोगों के फ़ौरन तबादले करना, उनका धन्धा बरबाद करना, आदि।

(2) अपने समर्थक गुंडों को युवाशक्ति में तब्दील कर उन्हें राजनीतिक प्रतिष्ठा दिलवाना।

(3) क्षेत्र में बँगला बनवाना। ज़मीनें ख़रीदना। छोटे भाई और बेटों को लाइसेंस दिलवाकर व्यवसाय में डालना।

(4) विदेश यात्रा का अवसर प्राप्त करना।

(5) चुनाव का ख़र्च वसूलना तथा अगले चुनाव की तैयारी के लिए आवश्यक भ्रष्टाचार में जुट जाना।

(6) गुट बना प्रेशर पैदा कर मन्त्रिमंडल में घुस जाना।

(7) किसी का मर्डर, आदि।

ये उपरोक्त नौ प्रश्न हैं। आप ये नौ प्रश्न अपने-आपसे कीजिए। यदि हर प्रश्न के उत्तर में आपके अन्तर से उछल-उछलकर बार-बार 'हाँ'-'हाँ' की ध्वनि निकले, तो मित्र, आप निःसंकोच राजनीति में कूद जाइए। भारत का भविष्य अब आप जैसों के ही हाथ में है। किसी भी पार्टी से टिकट माँग लीजिए, कोई फ़र्क़ नहीं पड़ता। आपके लिए सबके द्वार खुले हैं। इस देश का भगवान ही मालिक है, मगर आपका भविष्य उज्ज्वल है, यह बात मैं दावे से कह सकता हूँ। अग्रिम बधाई लीजिए। यों चुनाव के बाद बँगले पर भी बधाई देने आऊँगा।

एक भूतपूर्व मन्त्री से मुलाक़ात

मन्त्री थे तब उनके दरवाज़े कार बँधी रहती थी। आजकल क्वार्टर में रहते हैं और दरवाज़े पर भैंस बँधी रहती है। मैं जब उनके यहाँ पहुँचा, वे अपने लड़के को दूध दुहना सिखा रहे थे और अफ़सोस कर रहे थे कि कैसी नई पीढ़ी आ गई है, जिसे भैंसे दुहना भी नहीं आता।

मुझे देखा तो बोले, "जले पर नमक छिड़कने आए हो!"

"नमक इतना सस्ता नहीं है कि नष्ट किया जाए। कांग्रेस राज में नमक भी सस्ता नहीं रहा।"

"कांग्रेस को क्यों दोष देते हो! हमने तो नमक आन्दोलन चलाया।" फिर बड़बड़ाने लगे, "जो आता है, कांग्रेस को दोष देता है। आप भी क्या विरोधी दल के हैं?"

"आजकल तो कांग्रेस ही विरोधी दल है।"

वे चुप रहे। फिर बोले, "कांग्रेस विरोधी दल हो ही नहीं सकती। वह तो राज करेगी। अंग्रेज़ हमें राज सौंप गए हैं। बीस साल से चला रहे हैं और सारे गुर जानते हैं। विरोधियों को क्या आता है, फ़ाइलें भी तो नहीं जमा सकते ठीक से। हम थे तो अफ़सरों को डाँट लगाते थे, जैसा चाहते थे, करवा लेते थे। हिम्मत से काम लेते थे। रिश्तेदारों को नौकरियाँ दिलवाईं और अपने वालों को ठेके दिलवाए। अफ़सरों की एक नहीं चलने दी। करके दिखाए विरोधी दल! एक ज़माना था, अफ़सर ख़ुद रिश्वतें लेते थे और खा जाते थे। हमने स वाल खड़ा किया कि हमारा क्या होगा, पार्टी का क्या होगा? हमने अफ़सरों को रिश्वत लेने से रोका और ख़ुद ली। कांग्रेस को चन्दा दिलवाया। हमारी बराबरी ये क्या करेंगे!"

"पर आपकी नीतियाँ ग़लत थीं और इसीलिए जनता आपके खिलाफ़ हो गई!"

"कांग्रेस से यह शिकायत कर ही नहीं सकते आप। हमने जो भी नीतियाँ बनाईं उसके खिलाफ़ काम किया है। फिर किस बात की शिकायत? जो उस नीति को पसन्द करते थे, वे हमारे समर्थक थे और जो उस नीति के खिलाफ़ थे, वे भी हमारे समर्थक थे, क्योंकि हम उस नीति पर चलते ही नहीं।"

मैं निरुत्तर हो गया।

''आपको उम्मीद है कि कांग्रेस फिर इस राज्य में विजयी होगी?''

''क्यों नहीं! उम्मीद पर तो हर पार्टी क़ायम है। जब विरोधी दल असफल होंगे और बेकार साबित होंगे, जब दो ग़लत और असफल दलों में ही चुनाव करना है, तो कांग्रेस क्या बुरी? बस, तब हम फिर 'पावर' में आ जाएँगे। ये विरोधी दल उसी रास्ते पर जा रहे हैं जिस पर हम चले थे और इनका निश्चित पतन होगा।''

''जैसे आपका हुआ?''

''बिलकुल।''

''जब से मन्त्री-पद छोड़ा, आपके क्या हाल हैं?''

''उसी तरह मस्त हैं, जैसे पहले थे। हम पर कोई फ़र्क़ नहीं पड़ा। हमने पहले से ही सिलसिला जमा लिया था। मकान, ज़मीन, बँगला सब कर लिया। किराया आता है। लड़के को भैंस दुहना आ जाए, तो डेरी खोलेंगे और दूध बेचेंगे। राजनीति में भी रहेंगे और बिज़नेस भी करेंगे। हम तो नेहरू-गांधी के चेले हैं। नेहरू जी की तरह ठाठ से भी रह सकते हैं और गांधी जी की तरह झोंपड़ी में भी रह सकते हैं। ख़ैर, झोंपड़ी का तो स वाल नहीं उठता। देश के भविष्य की सोचते थे, तो क्या अपने भविष्य की नहीं सोचते! छोटे भाई को ट्रक दिलवा दिया था। ट्रक का नाम रखा है 'देश सेवक'। परिवहन की समस्या हल करेगा। कृषि मन्त्री था, तब जो अपना ख़ुद का फ़ार्म बनाया था, अब अच्छी फसल देता है। जब तक मन्त्री रहा, एक मिनट ख़ाली नहीं बैठा, परिश्रम किया। इसी कारण आज सुखी और सन्तुष्ट हूँ। हम तो कर्म में विश्वास करते हैं। धन्धा कभी नहीं छोड़ा, मन्त्री थे तब भी किया।''

''आप अगला चुनाव लड़ेंगे?''

''क्यों नहीं लड़ेंगे! हमेशा लड़ते हैं, अब भी लड़ेंगे। कांग्रेस टिकट नहीं देगी तो स्वतन्त्र लड़ेंगे।''

''पर यह तो कांग्रेस के खिलाफ़ होगा।''

''हम कांग्रेस के हैं और कांग्रेस हमारी है। कांग्रेस ने हमें मन्त्री बनने को कहा तो बने। सेवा की है। हमें टिकट देना पड़ेगा। नहीं देंगे तो इसका मतलब है, कांग्रेस हमें अपना नहीं मानती। न माने। पहले प्रेम-अहिंसा से काम लेंगे, नहीं चला तो असहयोग आन्दोलन चलाएँगे। दूसरी पार्टी से खड़े हो जाएँगे।''

''जब आप मन्त्री थे, जाति रिश्ते वालों को बड़ा फ़ायदा पहुँचाया आपने।''

''उसका भी भैया, इतिहास है। जब हम कांग्रेस में आए और हमारे बारे में उड़ गई कि हम हरिजनों के साथ उठते-बैठते और थाली में खाना खाते हैं, जाति वालों ने हमें अलग कर दिया और हमसे सम्बन्ध नहीं रखे। हम भी जातिवाद के खिलाफ़ रहे और जब मन्त्री बने, तो शुरू-शुरू में हमने जातिवाद को कसकर गालियाँ दीं।

दरअसल हमने अपने पहले वाले मन्त्रिमंडल को जातिवाद के नाम से उखाड़ा था। सो शुरू में तो हम जातिवाद के खिलाफ़ रहे। पर बाद में जब जाति वालों को अपनी ग़लती पता लगी, तो वे हमारे बँगले के चक्कर काटने लगे। जाति की सभा हुई और हमको मान-पत्र दिया गया और हमको जाति कुलभूषण की उपाधि दी। हमने सोचा कि चलो, सुबह का भूला शाम को घर आया। जब जाति के लोग हमसे प्रेम करते हैं, तो कुछ हमारा भी फ़र्ज़ हो जाता है! हम भी जाति के लड़कों को नौकरियाँ दिलवाने, तबादले रुकवाने, लोन दिलवाने में मदद करते और इस तरह जाति की उन्नति और विकास में योग देते। आज हमारी जाति के लोग बड़े-बड़े पदों पर बैठे हैं और हमारे आभारी हैं कि हमने उन्हें देश की सेवा का अवसर दिया। मैंने लड़कों से कह दिया– एम.ए. कर-करके आओ, चाहे थर्ड डिवीज़न में सही, सबको लेक्चरर बनवा दूँगा। अपनी जाति बुद्धिमान व्यक्तियों की जाति होनी चाहिए। और भैया, अपने चुनाव क्षेत्र में जाति के घर सबसे ज़्यादा हैं। सब सॉलिड वोट हैं। सो उसका ध्यान रखना पड़ता है। यों दुनिया जानती है, हम जातिवाद के खिलाफ़ हैं। जब तक हम रहे, हमेशा मन्त्रिमंडल में राजपूत और हरिजनों की संख्या नहीं बढ़ने दी। हम जातिवाद से संघर्ष करते रहे और इसी कारण अपनी जाति की हमेशा मेजॉरिटी रही।

लड़का भैंस दुह चुका था और अन्दर जा रहा था। भूतपूर्व मन्त्री महोदय ने उसके हाथ से दूध की बाल्टी ले ली।

''अभी दो किलो दूध और होगा जनाब। पूरी दुही नहीं है तुमने। लाओ, हम दुहें।'' फिर मेरी ओर देखकर बोले, ''एक तरफ़ तो देश में बच्चों को दूध नहीं मिल रहा, दूसरी ओर भैंसें पूरी दुही नहीं जा रहीं। और जब तक आप अपने स्रोतों का पूरी तरह दोहन नहीं करते, देश का विकास असम्भव है।''

वे अपने स्रोत का दोहन करने लगे। लड़का अन्दर जाकर रिकार्ड बजाने लगा और 'चा चा चा' का संगीत इस आदर्शवादी वातावरण में गूँजने लगा। मैंने नमस्कार किया और चला आया।

चुनाव गीतिका : सरलार्थ

आज तुम रस-गन्धहीन पुष्प के समान कुम्हलाए हुए-से क्यों हो मित्र! तुम पर कौन बाधा आ पड़ी है? तुम राजधानी के सुखद आवास छोड़ कर कहाँ जा रहे हो? तुम्हारी यह लपटती-झपटती धोती, जीर्ण-शीर्ण-सा कुर्ता और आन्दोलनों के ज़माने की स्मृति दिलाने वाला वास्कट सब कुछ अति ही निराला एवं भिन्न है। आज तुम वैसे नहीं लग रहे, जैसे कल तक थे। तुम्हारा मुखसरसिज आज जाने क्यों एक चिन्ताग्रस्त नेता का बोध कर रहा है। कौन-सा अमंगल तुम्हें उदास किए है? इस दिशा में किस ठौर पर जा रहे हो? सघन कान्तारों में किसका अन्वेषण करने का लक्ष्य है आज?

1

कवि ने निर्वाचन की वेला में चतुर नेता द्वारा अपनी सारी सुध-बुध खो बैठने की स्थिति का चित्रण किया है। वह कहता है कि अपने चुनाव-क्षेत्र की ओर सत्वर गति से जाता हुआ आज वह पहचानने में नहीं आ रहा।

2

इस बार चुनाव जल्दी लग गए। क्या करें, निठुर इन्दिरा से हमारा सुख देखा न गया। उसने हमें समय बीतने से पहले ही निगोड़ी जनता में पठवा दिया।

हाय! अभी तो स्वार्थों के चकवा-चकवी जी भर मिल नहीं पाए थे। निजी सुखों की कमल जोड़ी से भ्रष्ट पवन मधुर छेड़छाड़ कर ही रहा था। अभी-अभी तो यह सेवाभावी तन डनलपपिलो के मनोहर पाश में सिमटा ही था कि समय के निर्दयी मुर्ग़े ने बाँग देकर कहा कि चुनाव आ गए!

कवि कहते हैं कि एक और दल बदल करने की इच्छा नेता के हृदय में शेष ही थी कि हाय, देखो, यह कैसी अघट घटी! बेचारे क्या करें, कुछ समझ नहीं पड़ रहा।

3

अय सखी, आज चहुँ दिशि यह शोर कैसा? बकुलों के समान श्वेत परिधान धारे कार्यकर्ता जनों की पाँत कहाँ प्रयाण कर रही है? रसिक जन आज रसिकता छोड़ राजनीति की चर्चा में काहे मगन हैं? क्या शृंगार अब रसराज नहीं रहा?

फेरियाँ लगाकर तरुणियों के सौन्दर्य का अन्दाज़ लगाने वाले वे भ्रमरवृन्द आज उन्हें नम्र स्वरों में 'बहन जी' के आदर सूचक शब्दों में क्यों सम्बोधित कर रहे हैं? सदा सहमत होने वाली प्रौढ़ाएँ भी आज मानिनी मुग्धाओं के समान रूठी हुई क्यों लग रही हैं? मेरा प्रीतम आज इतनी सुबह मुझे सोता छोड़ नारों से मंडित पोस्टरों का बंडल बग़ल में दाबे कहाँ चल दिया?

कवि कहते हैं कि देश में अकस्मात् चुनाव आ जाने से पुर की सुन्दरियाँ परस्पर जिज्ञासा कर वास्तविकता जानने को बड़ी आकुल हैं।

4

सुन सखी, आज मुझे वह फिर दिखाई दिया जो पिछली बेर गलियों में आकर भाषण दे गया! मीठी-मीठी बातों का धनी, वह चतुर नट जिसने फुसलाकर हमारा वोट हर लिया। आज मुझे सुबह की वेला वह फिर दिखाई दिया।

मैं नहाई हुई आँगन में थी। निचोड़ने पर मेरे बालों से जलधारा यों झर रही थी मानो मोती झर रहे हों। वस्त्र भीगे हुए थे। मैं ठिठुरती धूप में बैठी हुई थी। क्या कहूँ, तभी उस निर्लज्ज ने मुझे देखा और मैंने उसे। वह ऐसे ललचाए नेत्रों से मुझे देख रहा था मानो मुझसे कुछ चाह रहा हो!

कवि कहते हैं कि कौन नहीं जानता कि चुनाव की वेला में सुन्दरियाँ वोट मात्र रह जाती हैं। चतुर नट उनसे बस वही माँगता है।

5

नारों ने आकाश छू रखा था, भोंगे गुंजायमान थे, पदत्राण शिरस्त्राण हो रहे थे अर्थात् जूते चल रहे थे। देखो, चुनाव की यही शोभा है।

नगर के गुंडे उस समय कार्यकर्ता बन गए थे, स्मगलरों का त्याग अति सराहनीय था। चोर-बाज़ार के व्यापारी प्रजातन्त्र के दायित्वों के प्रति जागरूक हो गए थे।

व्यक्ति समाज का ही अंग है, यह इस चुनाव ने फिर सिद्ध कर दिया, जब लोगों ने अपनी जीपें तथा अन्य वाहन राजनीतिक दलों को दे दिए।

बागों, वनों, गृहों, गलियों और चौमुहानों पर खुलेआम झूठ बका जा रहा था। सत्य क्या है, असत्य क्या है, इसका भेद करना गुणीजन के लिए भी कठिन था।

कवि कहते हैं, ऐसी गन्दगी में विचरण करना और सफल होना उसी छबीले का काम है जो हमारे गीतों का नायक है। चुनाव-रूपी पंक का वही पंकज मेरा आराध्य है।

6

आज तो विचित्र ही प्रसंग हुआ। नेता ने अपने मित्रों को एक करुण-कथा सुनाई।

हुआ यह है कि सकल दिवस चुनाव-प्रसार में व्यस्त रहने के उपरान्त चुनाव का वह उम्मीदवार एक अफ़सर मित्र के आवास पर पहुँचा और यह अनुनय करने लगा कि मुझे रात्रि में अपने यहाँ विश्राम करने दें, प्रातः होने पर मैं चला जाऊँगा। तिस पर उस अफ़सर मित्र ने असहमत होकर जो कहा, वह अत्यन्त 'निराला' था :

बाँधो न नाव इस ठाँव बन्धु
चलते हैं इधर चुनाव बन्धु

उसने नेता को द्वार से बिना सत्कार ही इन्कार कर दिया। नेता ने व्यथा भरे स्वरों में मित्रों को बताया कि यह वही अफ़सर था जिसके प्रमोशनार्थ मैंने केबिनेट पर ज़ोर डाला और विगत वर्षों में तीन बार जिसके तबादले रुकवाए।

कवि कहते हैं, चुनाव की बलिहारी है जिसमें मित्र शत्रु सम और शत्रु मित्र सम व्यवहार करने लग जाते हैं।

7

चुनाव-श्रम-जल-कण-झलमल
जनता के आलिंगन से दुर्गन्धित वक्ष देश
आश्वासन रत, स्वीकृतियों में पसोपेश

प्रथम पंक्ति से तात्पर्य प्रचार-कार्य की व्यस्तता के परिश्रम से शरीर पर आई पसीने की बूँदों से है जो झलमला रही हैं। चुनाव के समय जनता से बार-बार आलिंगन करने की मजबूरी के कारण नेता के वक्ष-देश (कुर्ता, वास्कट आदि के भाग) दुर्गन्धित हो गए थे। वह आश्वासन देता था, पर स्वीकृतियों में पसोपेश रहता था।

पद की शेष पंक्तियाँ, जो नेता के सार्वजनिक चरित्र के ऐसे विरोधाभासों का परिचय देती हैं, सरल हैं। (पसोपेश के प्रयोग से सिद्ध है कि कवि अरबी-फ़ारसी का अच्छा ज्ञाता है।)

8

उस दिन वह छलिया मेरे द्वार भी आया था। मैं तन को अंगराग लगा नाना आभूषणों से स्वयं को सजा रही थी। लम्पट ने तभी कुंडी खटखटाई।

मैंने कार पर ही उससे वार्ता की। उस समय तेल से सनी हुई उसकी घुँघराली लटें तथा तम्बाकू के बीड़े चबाते हुए श्याममुख में दन्त-पंक्तियाँ अलग ही शोभा दे रही थीं।

चुनाव को ध्यान में रख उसने कुर्ते में सूराख कर लिए थे और उन पर पैबन्द लगा अपनी अजब धज बनाई थी। उस दिन तो वह बड़े जनवादी ठाठ में था।

हे सखी, इसे भाग्य कहूँ या दुर्भाग्य कि चुनाव आया और उस शठ के किए विगत शब्दों की स्मृतियाँ मन में फिर ताजा हो गईं, जिन्हें मैं सचमुच ही भुला चुकी थी।

कवि कहते हैं कि राजनीति के रसिया ने गलियों में ऐसी धूम मचाई थी कि पुर की बनिताएँ चकित थीं अर्थात् कुछ समझ नहीं पा रही थीं।

9

बहुत-बहुत कर अनुनय
पहले भी ले गए थे वोट ओ स्वार्थ हृदय
बहुविध चाटु वचन
अवसर-प्रेरित सिद्धान्त रचन
तव तकनीक जनमोहन
गमन करो सत्वर इस बार
अन्य दिशा सदय

अर्थात् हे स्वार्थी हृदय वाले नेता, पिछली बार भी तुम बहुत विनय कर वोट ले गए थे। अनेक प्रकार से मन को प्रसन्न करने वाले वचन बोलने वाले तुम अवसर से प्रेरित सिद्धान्त रचने में प्रवीण हो अर्थात् जैसा मौक़ा देखते हो, वैसी बात करते हो। तुम्हारी शैली जनता को मोहित करती है, पर जहाँ तक मेरा प्रश्न है, तुम यहाँ से जल्दी खिसको। दया करो, कहीं और जाओ।

10

उस दिन तो नगरी के युवावर्ग ने उस पुराने नेता को बड़ा दिक किया। वह चले तो उसे चलने न दें। वह बोले तो उसे बोलने न दें। यह भी ख़ूब रही।

अरे युवको, वह तो उन दिनों जब कल्याणी भाषा बोलता था, मानव मात्र को नौकरी दिलाने की डींग भरता था। आश्चर्य है, ऐसे सुखदायी स्वर भी तुम्हें उस बार कानों को कटु लग रहे थे।

अरे युवको, उसे व्यर्थ आतंकित करने से क्या लाभ! वृथा शंकित करने से क्या प्रयोजन! उसे वोट देने के लिए अभिशप्त होकर अकारण सन्ताप देने से क्या लाभ!

कवि कहते हैं कि चुनाव की वेला ही ऐसी है, जब नेता की इज़्ज़त पर धूल उड़ती है। प्रजातन्त्र पर आस्था रखने वाला हमारा चतुर नट इसका बुरा नहीं मानता।

11

विरोध वृथा
तव असहमति मम व्यथा
त्यागो विपरीत भाव
छोड़ो अब सकल ताव
कर दो सरस समर्थन
सविनय समुपस्थित
मम तव दर्पन

अर्थात् नेता कहता है कि मेरा विरोध करना वृथा है। तुम्हारी असहमति से मुझे व्यथा हो रही है। तुम यह विरोधी भाव छोड़ो। व्यर्थ के ताव मत दिखाओ। मेरा हृदय से समर्थन कर दो। मैं पूरी विनय के साथ उपस्थित हुआ हूँ और तुम्हारी ही भावनाएँ मुझमें प्रतिबिम्बित होती हैं। 'मम तव दर्पन' में नेता में जनता ही प्रतिबिम्बित होती है, इस प्रजातान्त्रिक उक्ति को ही कवि ने अभिव्यंजित किया है।

12

अरी सखी, इस चुनाव ने मेरे प्रेमियों की संख्या बढ़ा दी। देख नहीं रही थी, उन दिनों गलियों में कितने चक्कर काट रहे थे! हर कोई आकर मुझसे मेरा वोट माँग रहा था। वोट-रूपी कमल एक था, पर उसे पाने को उत्सुक भ्रमर अनेक।

वह दिन वह मुझे पोलिंग बूथ पर आने का संकेत कर गया था। मुझे वह अपना चिह्न भी दे गया था, जिसे मैंने कलेजे में छिपाकर रख लिया था।

कवि कहता है कि चुनाव के लड़ैया कितनी ही चिरौरी करें, हमारी कमलनयनों वाली नायिका ने तो उसी छली को वोट दिया जिसका कुंज-गलियों में भारी प्रचार था।

13

रात-रात भर हुई जगाई, लाल-लाल भए लोचन
कैसे भरमाएँ वोटर को, सखा सहित रत सोचन
जाओ शर्मा, जाओ वर्मा, शोधो अपनी-अपनी जाति
मैं हूँ जातिवाद से ऊपर, दुहराओ रह-रह यह ख्याति।

तात्पर्य स्पष्ट है। चुनाव-काल में रात भर जगने से नेता की आँखें लाल हो गई हैं अर्थात् वह क्रोधित है। उस दिन मित्रों के साथ बैठा यही सोच रहा था कि किस भाँति जनता को चुनाव हेतु फुसलाकर विजय प्राप्त कर ली जाए। वह कार्यकर्ताओं से, जिनके नाम शर्मा-वर्मा थे, कह रहा था कि तुम जाकर अपनी-अपनी जाति से मुझे वोट देने के लिए सम्पर्क साधो और प्रचार करो कि मैं जातिवाद से ऊपर हूँ। पद में नेता के चरित्र का विरोधाभास दर्शाया गया है। शेष पंक्तियाँ सरल हैं।

14

पूरा पद सरल है। केवल अन्तिम दो पंक्तियाँ कठिन हैं।

बेशरम नेतृत्व देखकर, तरुण करुण मुस्काए,
जन राधा की बाधा हरने, आधा मन कर आए।

तात्पर्य यह है कि युवक वर्ग ऐसा बेशरम नेतृत्व देखकर (चुनाव में खड़े व्यक्ति से तात्पर्य है) हृदय में करुणा भाव से मुस्कुरा रहा है। ये नेता लोग जनता-रूपी राधा की बाधा हरने आए तो थे, पर आधे मन से आए थे।

15

अरी जनता, अब तू बहुत मान न कर। सब कुछ उसी के वश में है, तेरे वश सिवाय वोट देने के कुछ भी नहीं। उन चतुर खिलाड़ियों से जीतना कठिन है। सिद्धान्तवादी मूर्ख की स्थिति उस वानर के समान है जिसके हाथों में उस्तरा है। दूसरा सिद्धान्तहीन व्यवहारवादी है जो पल-पल दल बदलता है। तीसरी ओर नारे लगा-लगाकर तुझे भरमाने वाला छलिया है। बता पगली, तू कहाँ जाएगी? आज तू अपने वोट का गर्व कर ले, मगर कल तुझे कौन पूछेगा!

कवि का कहना है कि प्रजातन्त्र की हाट का यह याचक बड़ा मज़ेदार रहा है, जो माँगते हुए 'मत दो, मत दो' कह रहा था।

16

निशि व्यतीत हुई। ओ, कज्जल-मलिन नयनों वाली कामिनी, उठ। पोलिंग बूथों से राजनीति का कन्त तुझे टेर रहा है।

चुनाव के कटे-फटे पोस्टरों से गृहों की दीवारें ऐसी प्रतीत हो रही हैं मानो किसी सुन्दरी के तन पर नख-क्षत हों! प्रचार बन्द हो गया है। सभी जन मतदान हेतु केन्द्रों

की ओर सत्वर गति से जा रहे हैं। ऐसे में हे गजगामिनी, तू गमन-विलम्बिनी होने की कलंकिनी मत बन।

17

आज उसकी मुस्कान समेटे नहीं सिमट रही। अपने संग सखा चमचन के साथ वह बड़ा बन-ठनकर यहाँ-वहाँ डोल रहा है। वन में, कानन में उसी की जय-जयकार है।

कल तक वह जिनके सामने करबद्ध खड़ा था, आज वे ही उसके सम्मुख करबद्ध खड़े हैं। सच ही है कि राजनीति धीरज का खेल है। मौक़े पर सिर झुकाने वाला ही इस मैदान में सिर उठा कर घूमता है।

कवि कहता है, जिन लोगों ने उम्मीदवारों को वादे दिए और पता नहीं किसको वोट दिया, ऐसे जन विजयी के जुलूस में आगे-आगे चल रहे थे।

18

अब वह अपनी क्रीड़ा-भूमि को छोड़ जा रहा है। वह चुनाव जीत गया है और व्यर्थ के मोहों से उसने मुक्ति प्राप्त कर ली है।

उसने जनता से किए अपने वादे यहीं की गन्दी नालियों में फेंक दिए हैं। अपने नारों की स्मृति मात्र से वह ऊब जाता है। अब अपने पोस्टरों की ओर वह हँसकर उपेक्षा से अवलोकता है, उसके घोषणा-पत्र मार्ग में बिखरे हुए हैं जिन्हें रौंदता हुआ वह राजधानी लौट रहा है।

कवि कहते हैं कि चुनाव तो चार दिन की चाँदनी होता है, जिसमें जनता चाहे इतरा ले, मगर बाद में तो वही अन्धकार होता है।

19

हाय सखी, वह निर्दयी चला गया। इस बार भी लगता है मानो मुझे छला गया।

मेरे हाथों पर लगा मतदान के समय का काल-चिह्न मिटा भी नहीं था कि वोट के उस लोभी ने मुझे भुला दिया। वन कानन में उसके सरस नारों की अनुगूँज अभी शेष नहीं हुई थी कि अनेक गालियों के साथ स्मरण किए जाने वाले नेता ने यह स्थल छोड़ दिया। आज मैं छज्जे पर खड़ी उसकी प्रतीक्षा कर रही थी, पर उन निष्ठुर ने इस ओर तनिक भर न झाँका। उसे मत देने के अतिरिक्त पता नहीं मुझसे कौन-सा अपराध हुआ जो मुझसे दूर हो गया।

कवि कहते हैं कि जिसके कर्म देख सहज लज्जा स्वयं लज्जित हो, उसको ओ लाजवन्ती, तू किस विधि लाएगी!

20

धूर्तों में परम धूर्त, आदर्शवादियों में परम आदर्श के रूप में शोभित वह चतुर बहुरूपिया ही अब मेरे ताप हरेगा।

उसी बहुरंगी नेता को, जिसके द्वार अपने भक्तों और चमचों के लिए सदैव खुले रहते हैं और जो सकल विरोधियों को उन्मूलित करने का प्रण लिए है, मैंने स्वयं को समर्पित कर दिया है।

कवि कहता है, मुझ अबला में इतनी सामर्थ्य कहाँ कि मैं उस नेता की जनमोहिनी शोभा और फलदायी कर्मों का बखान करूँ। मुझे तो केवल इतना ज्ञान है कि ऐसे चतुर राजनीतिज्ञों की वन्दना ही कवि के जीवन को सुखी बनाती है। चुनाव-रूपी युद्ध के विजेता, सत्तारूपी मकरन्द के परम लोभी, जनता-रूपी नायिका के मन को रिझाने में प्रवीण वह मेरे गीतों का नायक ही मेरा सच्चा सुखदाता है जो मन्त्री बनते ही मेरे कष्ट हरेगा और मुझे ऊँचा पद दिलाएगा।

राधा-रूपी जनता को बिलखता छोड़, सत्ता-रूपी रुक्मिणी में खोए हुए ओ रमणीय, तू चमचों से घिरा रहने पर कहीं यह न भूल जाना कि मैं सदा तेरी ही मूरत ध्यान में रख कलम उठाता हूँ।

कितना महान है यह देश

अफ़सर कुर्सी पर बैठा रहे या सो जाए, प्रशासन की क्षमता में इससे कोई गड़बड़ी दिखाई नहीं देती। सरकारी अफ़सर अपनी कुर्सी पर बैठे-बैठे ही सो लेते हैं। यों उन्हें इस कार्य के लिए आरामदेह कुर्सियाँ दी जाती हैं। सरकारी दफ़्तरों के चपरासी इस मामले में अफ़सरों से कहीं अधिक प्रतिभावान हैं। वे स्टूल पर ही बैठे-बैठे ऊँघ लेते हैं।

अफ़सर दो तरह से सोता है : एक तो सामान्य नींद, जिसमें आँखें बन्द रहती हैं और दिमाग़ शान्त और दूसरे जब आँखें तो खुली रहती हैं, सिर्फ़ दिमाग़ सोया रहता है। यह एक सिद्धि है, जो अनुभव से प्राप्त होती है। सरकारी अफ़सर और 'स्लीपवाकर' में सबसे बड़ा अन्तर यही है कि 'स्लीपवाकर' कम-से-कम 'वाक' तो करता है।

प्रशासन सोता है, तो फ़ाइलें तकियों का काम देती हैं। साधारण व्यक्ति अपने दुख-दर्द भुलाकर सोता है और अफ़सर सारी दुनिया के दुख-दर्द भुलाकर। साधारण व्यक्ति सोते समय यह जानता है कि उसे उठना है और वक़्त पर उठना है, कल उठ कर काम करना है। प्रशासक सोते समय जानता है कि उसे उठने की कोई ज़रूरत नहीं। साधारण बिस्तर पर नींद मात्र नींद होती है। मगर सरकारी नींद में एक नशा होता है। अफ़सरी अहं का नशा।

और जब अफ़सर को नींद आती है, फ़ाइलें विचाराधीन रहती हैं। प्रशासन सोता है और समस्याएँ विचाराधीन रहती हैं। आग लग रही है और बुझाने का प्रश्न विचाराधीन है। मर रहे हैं और डॉक्टर बुलाने का प्रश्न विचाराधीन है।

'विचाराधीन' शब्द बड़ा रोचक है। यह 'नहीं' का सरकारी पर्यायवाची है। सोते हुए शासन की अक्षमता की गम्भीर अभिव्यक्ति है। विचाराधीन की कोई काल-सीमा निर्धारित नहीं। कोई भी प्रश्न लम्बे समय तक विचाराधीन हो सकता है। इसमें समस्या विचारों के अधीन हो जाती है, सेवक या दास हो जाती है। समस्या पर विचार राज करते हैं, उसे रौंदते हैं, उठने नहीं देते। समस्या सिर उठाती है, तो विचार उसे दाब देते हैं। वे क्षण जब कोई गुत्थी, कोई मामला तथाकथित

बुद्धिमानों के ज्ञानपाश में फँसा व्यक्ति के लिए कराहता या छटपटाता है, विचाराधीन के क्षण होते हैं। फ़ाइल की कड़ी पीठ पर डोरियों, लाल फ़ीतों के नागपाश में बँधा काग़ज़ फड़फड़ाता है। यही क़ैद 'विचाराधीन' की स्थिति है। विचार मानो एक अंकुश है, जिसके नीचे वास्तविकता का हाथी भयभीत दबा रहता है। सोता हुआ प्रशासन वर्तमान को भविष्य और भविष्य को अति भविष्य में फेंककर नींद लेता है और जनता को जानकारी दे दी जाती है कि प्रश्न शासन के विचाराधीन है।

यह इस देश का सौभाग्य ही है कि भगीरथ जी ने गंगा को भूमि पर लाने की कल्पना विचाराधीन नहीं कर दी। अगर समाजवाद के प्रस्ताव की तरह उस ज़माने में यह कार्य खूँटी पर टाँग दिया जाता, तो गंगा नहीं आती, उत्तर प्रदेश ऐसा घना नहीं बसता और पवित्र घूँट पीकर गन्दी 'पॉलिटिक्स' करने वाले लोगों की बन नहीं आती। अफ़सर और नेता आज चैन की नींद सोते हैं, क्योकि वे जानते हैं कि गंगा बह रही है और लोग रामायण पढ़ रहे हैं। इस देश के भविष्य के लिए क्या रह जाता है?

इस देश में नए सुझाव राजकुमार के ठाठ से जन्म लेते हैं और कैंसर के मरीज की तरह तड़प-तड़पकर मृत्यु प्राप्त करते हैं। सारे देश में प्रस्ताव बिलबिलाते, रेंगते रहते हैं। आइडिया अचार हो जाता है, प्रस्तावों पर फफूँद लगता है। कुछ दिनों पहले कम-से-कम यह सुख था कि सारा देश कार्नि वाल लगता था और नेता जादूगर नज़र आते थे। मगर अब तो वैसा भी नहीं होता। नेता बोलते हैं या नहीं बोलते, कोई फ़र्क़ नहीं पड़ता। अफ़सर जागता है या सोता है, कोई फ़र्क़ नहीं पड़ता। निर्णय लिए जाएँ या न लिए जाएँ, कोई फ़र्क़ नहीं पड़ता। कैसी परम सिद्धि मिल गई है इस देश को! अख़बारों की हेडलाइन एक छोटी-सी काली नागिन की तरह रह-रहकर फन पटकती है, मगर धीरे-धीरे ख़बरों का सारा कथ्य सारहीन, सनसनीहीन हो जाता है।

जुलूस गुज़र जाते हैं, खिड4त़कियाँ बन्द रहती हैं। कोड़े भी पड़ें, तो कोई असर नहीं होता। मोटे तकिए, नर्म गद्दियाँ, आरामदेह कुर्सियाँ, पंखे, कूलर और ख़स के परदों के बीच हम कैसी सिद्धि प्राप्त कर रहे हैं! सचमुच हमारा देश कितना महान है!

गणतन्त्र के इस वर्ष में

भारतीय गणतन्त्र के इस वर्ष में, वर्ष जो भी हो, देश ने काफ़ी प्रगति की। दिल्ली में पूरे वर्ष यह अफ़वाह रही कि देश प्रगति कर रहा है और इस अफ़वाह का किसी ने खंडन नहीं किया। हमारे नेता सच्चाइयों से डरते हैं, अफ़वाहों से नहीं डरते। ख़बर पक्की है कि देश ने प्रगति की। अब कहाँ से की, यह पता लगाया जा रहा है।

इस वर्ष मौसम अच्छा रहा। गर्मी में गर्मी हुई, ठंडों में ठंड रही। वर्षा अच्छी हुई जिसके कारण खेतों को पानी मिला और सड़कों में गड्ढे पड़े। फ़सलों से जो लाभ हुआ, वह सड़कें ठीक करने में व्यय हुआ। सरकार ने निर्णय लिया कि जहाँ ख़ाली जगह होगी, वहाँ पेड़ लगाए जाएँगे। जहाँ ख़ाली जगह नहीं होगी, वहाँ पेड़ उखाड़कर पेड़ लगाए जाएँगे। फ़िलहाल स्थिति यह है कि निर्णय लग गए हैं, पेड़ लगना बाक़ी है। थके हुए लोग निर्णय की छाया में बैठे रहते हैं और निर्णय से फल टपकने का इन्तज़ार करते हैं।

देश की आर्थिक स्थिति अच्छी रही। नेताओं की आर्थिक स्थिति उससे भी अच्छी रही। देश ने विदेश से उधार माँगा। नेता ने किसी से उधार नहीं माँगा। जो अमीर थे, वे अमीर रहे। जो ग़रीब थे, वे ग़रीब रहे। जो दोनों के बीच में थे, वे कहीं के नहीं रहे।

गणतन्त्र के इस वर्ष में देश में प्रतिव्यक्ति आय बढ़ी। ख़ासकर उन लोगों की जो कमीशन खाते हैं और रिश्वत लेते हैं। देश में बेकार जितने भी हों, बेकारी उनसे अधिक थी। जो काम करना चाहते थे, उनके पास काम नहीं था। जिनके पास था, वे कर नहीं रहे थे। जिन्होंने किया, उसका नतीजा ठीक नहीं निकला। ख़ुशहाली इतनी बढ़ी कि लोग एक रुपए के नोट की जगह दो रुपए का नोट और दो की जगह पाँच रुपए का नोट इस्तेमाल करने लगे। चिल्लर न किसी ने लौटाई और न किसी ने दी। जीवन-स्तर इतना उठ गया कि भिखारी दस पैसे की बजाय आठ आने माँगने लगे। देश ने चाय, मसाला और कपड़ा बेचकर रंगीन टेलीविज़न ख़रीद लिये। टेलीविज़न दो हिस्सों में बँट गया। आधा नेताओं ने ले लिया, आधा अभिनेताओं

ने। कभी ये नज़र आते हैं, कभी वे। लोग देश की ओर देखने की बजाय टेलीविज़न की ओर देखने लगे। देश में टेलीविज़न क्या घुसा, देश टेलीविज़न में घुस गया। जीवन-स्तर उठा। जो जमीन पर चलते थे, फ्लाइओवर पर चलने लगे।

बाहर से टीमें आईं और भारत को हराकर चली गईं। भारत की टीम बाहर गई और हारकर लौट आई। जो जीता, वह पैसे वसूलने में लग गया, जैसे खेल में नहीं, चुनाव में जीता हो!

गणतन्त्र के इस वर्ष में देश चाहे अन्दर से लड़ता रहा, मगर बाहर से सुरक्षित था; जबकि कहा गया कि बाहर से ख़तरा है, अन्दर से सुरक्षित है। देश जो भी हो, नेता सुरक्षित थे। नेता के चमचे सबसे सुरक्षित थे। प्रतिदिन एक ही गति से बैंक लुटे। प्रतिदिन दस की गति से हत्याएँ और बलात्कार हुए डाकुओं ने नेताओं के सामने आत्मसमर्पण किया। नेताओं ने डाकुओं के सामने। फ़ोटू देख लोग पूछने लगे कि इनमें नेता कौन है और डाकू कौन? डकैती की कला ग्रामीण क्षेत्रों तक सीमित नहीं रही। गणतन्त्र के इस वर्ष में डकैती नगरों में होने लगी। महानगरों में होने लगी। डाकुओं ने घोड़े बेचकर मोटरसाइकिलें ख़रीदीं। जिसके पास मोटरसाइकिल थी, उसने पिस्तौल ख़रीदी। जिसके पास दोनों थे, उसे कुछ ख़रीदना नहीं पड़ा। पिस्तौल दिखाइए, जो चाहें ले लीजिए।

अपनी आर्थिक स्थिति सुधारने के लिए इस वर्ष भी दामादों ने ससुर की ओर आशाभरी नज़रों से देखा। वधुओं को जलाने के लिए किरोसिन का अभाव नहीं था। हालाँकि जिसे किरोसिन चाहिए था, वह क्यू में खड़ा रहता था। नपुंसकों की शादियाँ धूमधाम से हुईं। सामाजिक वातावरण अच्छा रहा। जब गुंडे सक्रिय हुए, शान्ति रही। जब पुलिस सक्रिय हुई, अशान्ति हो गई।

शिक्षा के क्षेत्र में स्थिति यह रही कि जहाँ लड़के थे, वहाँ पढ़ाने वाले नहीं थे। जहाँ पढ़ाने वाले थे, वहाँ लड़के नहीं थे। जहाँ दोनों थे, वहाँ पढ़ाई नहीं हुई। रिज़ल्ट फिर भी अच्छे निकले। नौकरियाँ फिर भी नहीं मिलीं। हमारे देश में जब पढ़ने के बाद नौकरी नहीं मिलती, लोग पढ़ाने की नौकरी करने लगते हैं। सिद्धान्त यह है कि जब दवा मिल नहीं रही तो बीमारी बढ़ाने में क्या हर्ज है! साक्षरता आन्दोलन का विकास हुआ। जिसे दस्तख़त करना आ गया, वह विदेश जाने की सोचने लगा। जिनके देश में घर हैं, वे विदेश में नौकरी करने की सोचने लगे। जिनकी विदेश में नौकरी है, वे देश में घर बनाने की सोचने लगे। यह समझ में नहीं आई कि लोग यह क्यों चाहते हैं कि घर से दफ्तर दूर रहे।

मरीज़ों का स्वास्थ्य अच्छा रहा। मिलावट का माल खा लोग बीमार हुए, मिलावट की दवाई पी ठीक हो गए। जो डॉक्टर का मरीज था, वह वैद्य तलाशने लगा। जो वैद्य का मरीज़ था, वह होमियोपैथ तलाशने लगा। जो होमियोपैथी से

इलाज करवाता था, वह डॉक्टर के पास गया। इस प्रकार देश के अस्पतालों में मरीज़ों की कुल संख्या वही रही जो पहले थी।

प्रधानमन्त्री विदेश जाते रहे। जब नहीं गए तो विदेशी यहाँ मिलने आ गए। इनसे समय निकाल प्रधानमन्त्री ने देश के विषय में विचार किया। उससे समय निकाल अपने विषय में विचार किया। नेता डरते रहे कि कहीं चुनाव न हो जाए। लोग डरते रहे कि कहीं ये ही लोग फिर से न आ जाएँ। बोफ़ोर्स तोप के कारण देश सुरक्षित और मज़बूत हुआ, नेता अस्थिर और लड़खड़ा गए।

डाक-व्यवस्था गड़बड़ रही। टेलिफ़ोन लगे नहीं। लगे तो एंगेज थे। असम की समस्या निपटी नहीं, कश्मीर की खड़ी हो गई। दूसरे राज्य केन्द्र से आवेदन कर रहे हैं कि हम भी समस्या खड़ी करना चाहते हैं, कृपया समय दें। इस वर्ष देश में अकाल नहीं पड़ा, अकाली पड़े। जिसे मरना था, अकाल से नहीं मरा, अकाली से मरा।

सांस्कृतिक मोर्चों पर स्थिति यह थी मित्रो, कि देश में सभी भाषाओं का विकास हुआ। पहले चौदह थीं, अब सत्रह-अठारह लगने लगी हैं। हिन्दी चूँकि देश की सबसे बड़ी भाषा है, इसलिए हर राष्ट्रीय नेता उसे चरणों के क़रीब रखता है। फिर भी वह ग़रीब है। जो साहित्यकार हैं, वे लिखते नहीं। जो लिखते नहीं, वे पुरस्कृत हो जाते हैं। जो हो गए, वे और होना चाहते हैं। जो पुरस्कृत हो गए, वे लिखने लगे।

गणतन्त्र के इस वर्ष में नर्तकियों की आर्थिक स्थिति सबसे अच्छी रही है। जो शास्त्रीय संगीत गाते थे, वे ग़ज़ल गाने की सोच रहे हैं। जिनके सुर नहीं मिलते, वे भजन कर रहे हैं। बहाना जो भी हो, भोजन कर रहे हैं।

गणतन्त्र के इस वर्ष में बस अमन-चैन है मित्रो, सब खा रहे हैं, सब गा रहे हैं। सबके अपने-अपने आलाप हैं। बाक़ी सब ठीक है, शुद्ध नागरिक होना-भर श्राप है।

□□□